우리 아이
독특한 행동, 특별한 뇌

우리 아이
독특한
행동
특별한
뇌

기능성 신경학 전문의 **장원웅** 지음

전나무숲

글쓴이의 말

필요한 도움만 준다면 우리 아이도 충분히 가치 있게 살아갈 수 있다

자녀가 스펙트럼장애로 진단을 받으면 그때부터 부모들은 이제까지와는 다른, 마라톤과 같은 여정을 시작한다. 이 길고도 험한 여정은 행복한 부부의 결혼생활을 파탄 낼 수도 있고, 맞벌이로 시작했지만 결국 한 사람은 일을 그만두고 아이에게 전념해야 할 수도 있다. 부모 스스로 내 아이의 전문의가 되어야 하기 때문에 치료법을 알아보고 전문가들을 찾아 다니는 일도 해야 한다. 그뿐인가? 부모 스스로 감정을 추스리며 살아가야 한다.

고등 교육을 받고 자기 분야에서 일가견을 이룬 부모라도 자녀가 스펙트럼장애 진단을 받으면 당황하고 어찌할 줄 모르며 초기에는 그 사실을 부정하게 된다. '이건 절대로 나한테 벌어진 일이 아닐 거야'라고. 하지만 전문가의 예후는 부모들을 낙담시키다 못해 절망의 늪으로 빠뜨린다.

"아이는 대학을 가지 못할 것이며, 운전을 못 할 것이고, 운동이나 스포츠를 절대 다른 아이들과 함께 하지 못할 것이며, 결혼도 절대 할 수 없을 것입니다. 할 수 있는 일이라곤 옷을 입고 벗거나 음식을 먹는 정도일 것입니다. 아이의 뇌는 일반 동물들과 비교했을 때 별반 다르지 않기 때문에 개선의 여지가 별로 없습니다."

태어나 처음 아이의 해맑은 웃음을 보고, 아이를 품에 안고 체온과 살냄새를 느끼면서 한없는 감격을 누린 부모들에게 의사의 이 말은 실상 사형선고나 다름없다. 부모가 더 이상 자식을 향한 그 어떤 꿈도 꿀 수 없게 만들어버리기 때문이다.

주위의 부정적인 시선과 많은 어려움을 극복하고 가느다란 희망이라도 있기를 기대하며 시작한 힘든 여정도 수 년 이상 지속되면 아이는 물론 부모도 지치기 마련이다. 더욱 큰 문제는 아이에게 최선이며 가장 효과적이라고 생각했던 치료법에 대한 확신이 사라지는 것이다. 내가 만난 부모들 중에도 한 줄기 희망을 놓치지 않기 위해 갖은 노력을 했지만, 자녀가 중증 이상의 증상을 계속 보이자 결국 치료에 대한 희망을 버린 사람도 있었고, 아이가 사춘기에 들어서서 폭력적으로 변하거나 더 이상 돌볼 수 없는 시기가 오자 원하든 원치 않든 기관에 맡긴 경우도 있었다.

스펙트럼장애 아이를 둔 부모들은 세상에서 더 이상 아이를 돌봐줄 수 없는 상황이 오기 전에 아이가 사회에 적응해 혼자서도 무리 없이 생활하기를 바라고 또 바란다. 영화 〈말아톤〉을 보면 주인공 초원이의 엄마는 항상 말한다. "제 소원은 초원이가 제가 죽기 하루 전에 죽는 거예요." 자식을 위하는 마음은 어느 부모나 같겠지만 스펙트럼장애아를 둔 부모의 마음은 경험하지 않고는 헤아릴 수 없을 것이다.

스펙트럼장애를 둘러싼 현실

안타깝게도 스펙트럼장애의 치료를 둘러싼 현실은 부모들의 간절한 소망을 반영하기보다는 이용하고 있다고 해도 과언이 아니다.

우선, 자신의 이익을 위해 검증되지 않은 정보를 여기저기에 전달하는 사람들이 너무나 많다. 그중에서도 특히 인터넷은 스펙트럼장애의 치료에 대한 많은 광고와 홍보로 넘쳐나고 그 사이에서 부모들은 올바른 선택을 하기가 쉽지 않다. 자기들의 치료법만이 대단하다고 추켜세우며 상대방의 치료법에 대한 노골적인 비난을 서슴지 않는다. 미디어나 검색을 통해서 얻은 정보들은 잘못되거나 온전치 않은 정보들이 더 많음에도 불구하고 익명을 통해 전파되고, 전문가가 시키는 대로 하고 전문가의 손에 맡기면 모든 것이 해결될 것이라는 믿음까지 준다.

제약회사는 또 어떠한가? 예를 들면, ADHD/ADD의 경우 과잉행동이 있고 통제가 안 되거나 집중력이 떨어지는 증상은 뇌 신경전달물질의 화학적 불균형으로 발생한다. 이 사실을 알고 향정신성 의약품을 만드는 대형 제약회사들은 1950~1960년부터 '뇌 신경전달물질의 화학적 불균형'이라는 이름 아래 정신질환 유형 진단체계인 DSM 4판에 새로운 병명을 지속적으로 업데이트하고 있다. 그 결과 1952년에는 112개였던 병명이 1994년에는 374개로 늘어날 만큼 새로운 정신질환들이 급속도로 증가하고 있다.

ADHD 치료제인 리탈린(ritalin)을 만드는 제약회사 노바티스(Novartis)는 있지도 않은 병명을 만들어 약을 홍보하는 데 이용했다는 이유로 미국 주정부 지방법원에 수십 개의 소송이 진행되고 있는 실정이다. 미국 소아신경과의사 프레드 브라먼(Fred Brughman) 박사는 "ADHD는 정신과와 관련된 치료약을 만드는 대형 제약회사의 담합에 의해 생겨난 100퍼센트 사기극이다"라고 과격하게 주장한다. 그의 말에 따르면 ADD라는 병명은 1980년에, ADHD는 1987년에 만들어졌지만 병 자체로 한 번도 원인이나 진상을 실증하는 데 성공한 적이 없다고 한다. 어떤 정보가 사실이고 어디까지 믿어야 하는 것일까?

스펙트럼장애의 증상을 약으로 해결하겠다는 의지만 있을 뿐, 스펙트럼장애가 왜 생기며, 왜 그런 행동을 하는지, 정말 무엇이 문제인지에 대한 의문은 제약회사의 관심 밖에 있다. 그렇다 보니 뇌의 문제로 인해 생기는 스펙트럼장애의 과학적인 분석이 배제된 것은 물론이고, 그 영향으로 지난 반세기 동안 아이들의 문제를 적극적으로 해결하지 못한 채 지금에 이르렀다.

스펙트럼장애 아이들의 문제가 뇌보다는 부모의 양육이나 유전적·심리적인 요인에서 발생한다는 믿음도 스펙트럼장애의 과학적인 치료를 방해했다. 최근에 와서 뇌과학의 발달로 풍부한 임상적 경험들이 추가되었음에도 대부분의 치료들은 치매를 예방하기 위해 생선이나 견과류를 먹고 수학 계산을 하면 도움이 된다는 차원과 비교해볼 때 큰 변함이 없다.

이제라도 부모가 먼저 생각을 바꿔야 한다. 스펙트럼장애는 뇌의 문제로 생기는 질환이며, 치료에 대한 올바른 선택을 하기 위해서는 반드시 스펙트럼장애에 대한 올바른 지식과 이해가 있어야 한다고 말이다.

기능성 신경학의 관점에서 보면 스펙트럼장애는 나아질 수 있다

필자는 미국의 병원에서 한 자폐스펙트럼장애 아이를 치료하기 시작하면서 스펙트럼장애에 관심을 가지게 되었다. 돌이켜보면 그때 그 아이와의 운명적 만남이 뇌 기능성 신경학을 토대로 한 자극치료와 생의학 영양치료를 접목하는 방향성을 다지게 된 것 같다. 뇌의 심각한 기능장애로 생긴 틱장애, 파킨슨병을 포함한 운동장애, 소뇌위축증도 뇌의 기능을 향상시키는 자극치료를 하면 뇌 재활이 가능하다. 스펙트럼장애 역시 뇌의 신경가소성(뇌는 자극을 가하는 만큼 발달할 수 있다) 개념에서 보면 치료가 이르면 이를수록 좋고 성인과는 다르게 예후도 좋은 편이다.

아직까지도 일부 전문가들은 "자폐스펙트럼장애는 어떠한 노력으로도 쉽게 좋아질 수 없다, 절대로 좋아질 수 없다"는 선입견을 가지고 있는데 기능성 신경학을 이용한 뇌 재활치료는 서서히 그러한 벽을 허물고 있다. 기능성 신경학의 뇌 재활프로그램은 미국에서 뇌 외상상해(brain trauma)를 당한 프로 운동선수들에게 가장 효과적이고 적합한 치료 프로그램으로 발전하고 있으며, 뇌 기능성 신경학을 모태로 한 스펙트럼장애 치료센터인 브레인밸런스센터(주: 미국 브레인밸런스센터는 한국 밸런스브레인과 이론적 배경인 뇌 기능성 신경학을 모태로 한다)가 미국 내에 자리 잡고 있다. 뇌 기능성 신경학 이론은 우리나라의 의사나 한의사에게도 자율신경실조나 어지림, 두통은 물론 여러 증상들을 치료하는 학문적 토대로 자리매김하고 있으며 세미나와 학회도 정기적으로 열리고 있다.

한 자폐스펙트럼장애아의 아버지는 아이와 한 번만이라도 캠핑을 같이 가는 게 꿈이라고 했다. 그런데 아이가 외부 환경에 잘 적응하지 못하고 낯선 환경을 심하게 거부하거나 울면서 공포를 표현하니 남들에게는 너무도 당연한 일이 이 아버지에게는 이룰 수 없는 꿈이 되어버렸다. 나는 부모들의 작지만 외면하기 힘든 소망에 대한 얘기를 들을 때마다 가슴이 아프다.

내가 만약 이 아이들을 위해 할 수 있는 일을 업으로 선택하지 않았다면 그 순간 어떤 말을 해줄 수 있었을까? 다른 이들처럼 "이건 어쩔 수 없는 일이니 그대로 인정하고 평생을 한숨으로 살라"고 말하지 않았을까? 단언컨대, 스펙트럼장애아들은 원인과 증상이 모두 같지 않으며, 한계는 있지만 그들도 충분히 사회적 관계를 맺고 가치 있게 살아갈 수 있다고 생각한다. 그들을 장애로 제한하지 않고 단지 '조금 더 도전이 필요할 뿐이다'라고 생각할 수 있다면, 그리고 그들에게 적합한 기회와 선택을 준다면 우리가 소원하는 소망은 이뤄질 것이다.

세상을 향해 나아갈 아이들을 기다리며

17세기 증기기관의 발명으로 산업혁명이 시작된 지 불과 200여 년이 지난 현재 인공지능(AI), 로봇, 생명과학 기술이 발달하면서 먼 미래에 가능하리라고 생각되던 일들이 하나씩 이루어지고 있다. 알파고라는 인공지능이 천재 바둑프로기사를 이기고, 자율주행이 가능한 자동차가 출시되는 현실에서 4차 산업혁명은 인간이 하는 일들을 대체하는 것은 물론 우리의 삶을 더 편하고 윤택하게 만들고 있다. 과연 이러한 삶의 변화가 우리에겐 어떤 의미일까?

육체적인 삶이 편해지면 뇌도 그 혜택을 당연히 누리리라고 생각되지만 실상 우리의 뇌에 미치는 영향은 그 반대다. 특히 아이들의 뇌는 각종 스마트 기기와 게임, 실내 생활, 너무 빠른 교육으로 인해 좌뇌와 우뇌의 기능이 균형을 이루지 못하면서 스펙트럼장애와 같은 질환으로 고통받고 있다. 이는 우리나라뿐만 아니라 미국, 중국, 개발도상국과 같은 나라들도 예외가 아니다. 삶이 편해질수록 뇌 질환은 더욱 증가하고 심각해질 것이다. 그런 점에서 필자는 아이들의 미래가 걱정되고 이 사회가 염려되고 인류가 어떻게 발전할까 하는 의구심을 갖게 되었고, 이 책은 그 궁금증의 여정에 대한 물음에서 시작되었다.

최근 스펙트럼장애와 관련해서 생의학치료를 다루거나, 뇌와 관련해서 치료나 양육의 경험을 다룬 책이 많기는 하지만 주관적인 의견을 바탕으로 한 증례 위주이거나 특정 치료법만을 지나치게 부각하고 상업적으로만 접근해서 부모나 혹은 일선에 있는 치료사들에게 오히려 혼란을 가져오는 경우가 많다. 이 책은 그런 점을 개선하고자 노력했다. 스펙트럼장애의 모든 내용을 담은 백과사전은 아니지만 기능성 신경학에 기반해 스펙트럼장애 아이들의 뇌가 필요로 하는 자극과 영양의 측면에서 접근했다. 치료에서 어떤 부분을 가장 우선적으로 고려해야 하는지, 대뇌반구 통합치료와 생의학치료는 무엇이며, 식이요법과 운동은 어떻게 해야 하는지를 담았다. 이 책에서 소개하는 방법을 하기 쉬운 것부터 차근차근 실행하다 보면 눈에 띄게 달라지는 아이를 보게 될 것이다.

마지막으로, 글 쓰는 것을 업으로 하지 않아 이 책을 내기까지 많은 시행착오와 노력이 필요했지만 무엇보다 관심을 가지고 나를 지켜주신 모든 사람들에게 감사의 뜻을 전한다. 특히 글을 정리하고 초안을 쓰게 도와주신 주연진 님이 없었다면 이 책은 세상의 빛을 보기 힘들었을 것이며, 그 외 편두리의 모든 구성원들, 그리고 가족에게 깊은 감사의 말을 전한다. 누가 딱히 알아주지 않아도 묵묵히 최일선에서 센터를 운영하며 조금이라도 많은 사람들에게 자극치료와 영양치료를 몸소 알리고 실천하고 있는 밸런스브레인의 모든 구성원들에게도 존경과 감사의 뜻을 전한다.

장원웅

독자들의 이해를 돕기 위한

용어 정리

이 책에서는 이상행동 분야의 질환들 중에서 자폐스펙트럼장애를 집중적으로 다룬다. 자폐스펙트럼장애에 대해 자세히 알아보기 전에 혼란을 초래할 수 있는 용어들을 정리해본다.

●● DSM 5판, 질환 명칭의 변화와 그 이유

19세기를 지나서 서양의학은 질병이 다르면 치료 방법도 그에 맞게 달라져야 한다는 분위기가 형성되었다. 그 영향으로 이상행동 분야도 진단 분류체계를 정비하게 되었고, 그 결과 DSM(정신질환의 진단 및 통계 편람)과 ICD(국제질병분류)의 진단 체계가 성립되었다. 그러나 정신질환은 질환의 경중에 따라 구분은 될지언정 공통된 병리적 원인이 있기 때문에 실제로 진단 기준을 명확히 하기가 어려운 부분들이 있다.

최근까지 미국정신의학협회에서 정신질환의 진단에 사용된 준거 기준인 DSM 4판에서는 자폐 질환을 다음과 같이 분류했다.

> **DSM 4판에 의한 자폐 질환의 진단 기준**
>
> - **자폐증, 전반적 발달장애(Autism, PDD)** : 모든 영역의 발달 지연
> - **비전형적 전반적 발달장애(PDD-NOS)** : 자폐증과 비슷하나 진단 기준을 완전히 만족시키지는 못하는 경우
> - **아스퍼거증후군** : 언어, 인지 기능이 크게 문제되지 않는 자폐증
> - **레트증후군** : 생후 6개월간 정상적인 정신·운동 능력의 발달 후에 손발 및 운동 능력을 잃어가는 경우
> - **소아기붕괴성장애(Childhood Disintegrative Disorder)** : 3~4세까지는 정상적으로 발달하다가 심하게 악화되어 유아치매처럼 되는 경우

그러나 2013년에 개정된 DSM 5판에서는 이런 진단 기준을 통합해 '자폐스펙트럼장애(Autism Spectrum Disorder: ASD)'라고 통칭했다. 즉 DSM 4판에서는 증상에 따라 자폐증, 아스퍼거증후군, 전반적 발달장애(PDD), 레트증후군 등으로 분류했으나 DSM 5판에서는 증상의 차이에 따른 구분을 없애는 대신 사회적 의사소통 문제, 제한적이고 반복적인 행동이 있으면 넓은 의미에서 자폐스펙트럼장애로 분류한 것이다. 이미 미

국의 기능성 신경학회(Functional Neurology)에서는 이러한 자폐스펙트럼장애 증상들이 대뇌 기능의 불균형으로 발생하기 때문에 증상으로 질환을 구분하거나 경계 짓는 것이 의미가 없다고 지속적으로 주장해왔는데 DSM 5판이 되어서야 받아들여진 것이다.

●● 이 책에서는…

자폐스펙트럼장애를 포함한 ADHD, 틱장애, 뚜렛증후군과 같은 운동장애들은 대뇌 기능 문제 중에서 특히 대뇌 특정 부위의 기능 저하가 원인이기 때문에 기능성 신경학회에서는 2000년대 초반부터 이 질환들을 스펙트럼장애(Spectrum Disorder)로 정의해오고 있다. 그래서 이 책에서는 **자폐스펙트럼장애를 포함해 학습장애, ADHD, 강박증, 틱장애 등을 통틀어 '스펙트럼장애'** 로 정의하고 **자폐증, 아스퍼거증후군, 전반적 발달장애(PDD) 등은 '자폐스펙트럼장애'** 로 정의한다. 예외적으로 '자폐증'이라고 표시된 부분은 자폐스펙트럼장애로 통합 되기 전의 통계나 논문 자료에서 발췌한 것으로, 부득이하게 사용한다.

스펙트럼장애란?

스펙트럼장애의 범위

ADD   ADHD   틱장애   학습장애   강박증   자폐증   발달장애

조금 심함 ————————————————————→ 아주 심함

스펙트럼의 원래 정의는 '햇빛이 프리즘을 통과할 때 여러 가지 색의 빛으로 나뉘는 것'이다. 프리즘을 통해 빛이 하나가 아닌 여러 빛의 합성체라는 것을 알게 되는데, 근본적으로 하나의 빛이 실제로는 다양한 색깔로 표현된다.

이처럼 ADD, ADHD, 강박증, 아스퍼거증후군 등과 같은 뇌 기능 문제로 발생하는 질환들도 각각 분리된 질병이 아니라 특징적인 패턴과 원인을 서로 공유하며, 해당 질병의 중증도와 기능장애를 가진 해부학적 영역에 따라 차이가 생긴다 해서 스펙트럼장애라 통칭한다.

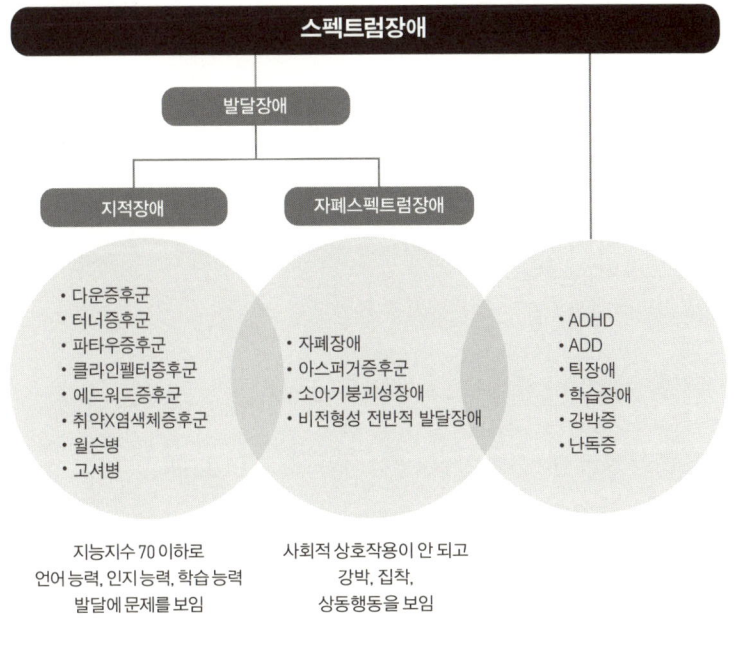

용어정리

차 례

글쓴이의 말 _ 필요한 도움만 준다면
　　　　　　　 우리 아이도 충분히 가치 있게 살아갈 수 있다　4

독자들의 이해를 돕기 위한 용어 정리　12

1부　우리 아이가 스펙트럼장애? 왜?

1장 _ 내 아이만 이런 걸까?

엄마는 잘못이 없다　28

스펙트럼장애가 전 세계적으로 증가하는 이유　32

자폐스펙트럼은 왜 남아들에게 더 빈번할까?　36
　　먹을거리가 오염됐다　37
　　편리한 생활용품 속에 독소가 들어 있다　42
　　엄마의 호르몬 불균형　45

괴짜는 괴짜를 낳는다?　51
　　실리콘밸리에서 일하는 자폐 성향 천재들　53
　　부모의 성향을 물려받은 아이들　54

유전되는 자폐, 치료는 가능할까?　56
　　　유전자만으로는 자폐의 원인을 모두 설명할 수 없다　57
　　　유전의 영향은 40% 이하, 희망은 있다　58
　　　유전적 발현을 위해 뇌에 꼭 필요한 것은?　62

행동요법은 스펙트럼장애 치료에 적합하지 않다　63

2장 _ 내 아이의 특별한 뇌 이해하기

대뇌의 불안정한 시소 놀이　68
　　　대뇌의 기능 불균형　71

대뇌의 역할을 알면 어디에 문제가 있는지 보인다　73
　　　좌뇌와 우뇌의 역할　74
　　　뇌 기능 불균형의 신호들　78
　　　우리 아이는 좌뇌형일까, 우뇌형일까? : 정상 범주의 뇌 기능 불균형 알아보기　81
　　　심한 뇌 기능 불균형 자가진단 테스트　84

뇌 기능의 발달에도 순서가 있다　86

운동 능력의 발달 정도로 뇌 기능의 발달을 측정한다　92
　　　만 3~4세의 발달 정도 체크하기　94

3장 _ 내 아이의 독특한 행동 이해하기

우리 아이에게 나타난 이상 징후들　98

뇌의 안정감을 찾기 위한 행동들　102

외부 자극을 인지하는 감각체계가 남들과 다르다　106

감각을 통합하는 데 어려움이 있다　111
　소뇌의 문제　113
　원시반사 작용의 지속　115
　청지각의 문제　116
　시지각의 문제　119
　전정신경계의 문제　120

생활 속에서 다양한 증상들이 불쑥불쑥 튀어나온다　122
　ADHD　124
　틱장애　129
　언어장애　134
　그 외의 문제들　137

공감력과 상황 인지 능력이 턱없이 낮다　139
　마음이론 프로세스가 고장 나다　140
　뇌 영역 간의 교신 불량　143

독특한 수 개념으로 학습에 어려움을 겪다　149

사소한 일에 강박증이 심하다　154

특정 분야에 천재적 재능을 보인다　156

2부 스펙트럼장애 치료의 현주소와 올바른 치료법

스펙트럼장애 치료의 현주소　160
　　근본 원인에 대한 이해 없이 증상만 치료　161
　　기존의 치료법들은 뇌 기능 불균형을 얼마나 개선할까?　162

순차적인 뇌 발달에 맞춰 자극을 준다　169

기능이 부족한 뇌 영역에 강한 자극을 준다　172

뇌 기능 재활 프로그램, 대뇌반구 통합치료　178
　　ADHD를 위한 프로그램　181
　　틱장애를 위한 프로그램　183

홈케어 1_ 부모로서의 삶, 스스로 되돌아보기　185
　　아이의 뇌 발달을 저해하는 부모의 삶　186
　　아이의 뇌 기능 균형을 위해 부모가 해야 할 일　186

홈케어 2_ 뇌 자극 재충전하기　187
　　시각 자극　188
　　청각 자극　188
　　촉각 자극　189
　　후각 자극　190
　　미각 자극　191
　　전정감각 자극　191
　　위치감각 자극　192

홈케어 3_ 상과 벌 활용하기　194

홈케어 4_ 조기교육과 스마트 기기는 멀리~ 운동은 충분히!   **196**
　　좌뇌만 자극하는 TV와 컴퓨터 게임　197
　　턱없이 부족한 운동량　200

3부 뇌 기능에 밸런스를 찾아줄 생의학치료

1장 _ 내 아이의 몸속 상태는?

생의학치료가 필요한 이유　**208**
　　이상행동 개선보다 위장관 문제 해결이 시급하다　209
　　자극치료만으로는 안 된다　210
　　왜 생의학치료만 해서는 안 되는가?　212
　　생의학치료에 대한 국내외 반응　213
　　내 아이에게 맞는 치료로 체내 염증반응을 줄여라　214

장과 뇌는 연결되어 있다?　**216**
　　장은 제2의 뇌　218
　　뇌 기능 불균형과 자율신경계의 역할　220
　　위장관장애는 자율신경계 기능 저하의 한 증상　221

스트레스와 뇌　**226**
　　스트레스 호르몬 '코티솔'　227
　　염증반응과 뇌 기능의 손상　230
　　자가면역질환과 뇌 불균형　231
　　엄마에게 물려받는 것들　234

면역 강화보다 면역 조절이 더 필요할 때　**239**
　　면역 시스템 이해하기　241

해독이 먼저일까, 면역 안정이 우선일까?　247
　　알레르기, 자가면역이 유행하는 세상　248
　　환경독소, 이젠 피할 수 없다　249
　　과연 해독이 만병통치 치료법일까?　250
　　이럴 땐 꼭 면역 기능을 고려한다　252

2장 _ 가려 먹어야 잘 낫는다

믿고 먹었는데, 믿을 만한 식품이 아니라니…　256
　　환경독소에 찌든 고기　257
　　영양소가 턱없이 줄어든 채소와 과일　258
　　알레르기를 유발하는 밀가루, 유제품, 콩, 옥수수　259
　　내 아이를 위한 심사숙고　261

밀가루를 먹지 말아야 하는 이유　263
　　당뇨병 환자에게만 해당되는 얘기가 아니다　264
　　GMO 밀, GMO 글루텐은 우리 몸엔 외부 독소　265
　　글루텐이 일으키는 부작용 : 갑상선기능저하증, 셀리악병　267
　　점점 증가하는 셀리악병, 한국인들도 위험하다　271
　　글루텐은 뇌 기능도 손상시킨다　273
　　글루텐은 세로토닌 합성도 방해한다　275
　　끊기 힘든 글루텐의 중독성　276

혈당을 높이는 음식을 멀리하라　279
　　뇌 기능과 혈당　280
　　탄수화물 중독, 잠깐의 행복감과 맞바꾼 뇌 건강　284

우유는 불완전식품이다　287
　　우유가 불완전식품인 이유　289
　　우유를 대신할 것들 : 질 좋은 지방, 충분한 수면, 햇볕 쐬기　294

단백질 섭취로 뇌에 필요한 신경전달물질을 만든다　**298**

좋은 지방은 뇌 기능을 좋게 하고 몸도 건강하게 한다　**302**
　　저지방 식이는 뇌 기능을 떨어뜨린다　**303**
　　뇌에 좋은 지방은 따로 있다　**306**
　　아이들에게 오메가-3가 꼭 필요할까?　**308**

3장 _ 생의학 검사 및 치료법 알아보기

생의학치료를 위한 검사들　**312**
　　유전자 검사(소변 및 혈액)　**314**
　　알레르기 검사(음식)　**315**
　　모발 검사　**315**
　　다양한 해독요법들　**318**

스펙트럼장애의 생의학치료 3가지　**319**
　　댄(DAN) 영양요법　**321**
　　에이미(Dr. Amy) 영양요법　**322**
　　갭스(GAPS) 식이요법　**326**

4장 _ 식이요법, 본격적으로 시작하기

장 건강과 뇌 기능 발달에 좋은 다양한 식이요법들　**330**
　　식단에서 뺄 것, 식단에서 더할 것　**331**
　　GFCF 식이요법 : 글루텐과 카제인을 제한한다　**333**
　　SCD 식이요법 : 복합탄수화물을 가려서 먹인다　**336**
　　저퓨린 식이요법 : 퓨린의 함량을 제한한다　**337**
　　갭스 식이요법 : 복합탄수화물과 유제품, 페놀이 함유된 식품을 제외한다　**338**
　　팔레오 식이요법 : 지방과 단백질 섭취를 늘리고, 가공식품은 먹지 않는다　**341**
　　뇌를 위한 영양요법　**346**

초기 6개월간의 식이요법과 그 후의 영양제 섭취법　　**348**

　　초기 6개월간의 식이요법　　349
　　초기 6개월간의 식이요법 이후에 섭취하면 좋은 영양제들　　352

견과류, 현미, 콩이 우리 아이에게 위험한 이유　　**357**

　　견과류와 현미에는 피트산이 많다　　358
　　콩의 에스트로겐 성분과 피트산이 건강을 해친다　　359

참고문헌　　361

별책부록_ 홈셀프 운동법 & GFCF 레시피

1부

우리 아이가 스펙트럼장애? 왜?

스펙트럼장애아의 부모들은 자녀를 위해 무엇부터 어떻게 시작해야 할지를 몰라 혼란에 휩싸인다. 안타까운 점은, 정보가 너무나 많아 헷갈려 하다가 그 정보나 치료법들이 우리 아이에게 맞지 않는다는 것을 깨달을 때쯤이면 이미 치료에서 중요한 시기가 훌쩍 지나가버리는 경우가 많다는 점이다. 정보의 홍수 속에서 헤매다가 그나마 경험을 해본 다른 부모들에게 자문을 구하지만 그 아이에게 맞는 치료법이지 내 아이에게 맞는 치료법은 아니다. 무엇보다 스펙트럼장애가 왜 생기고 무엇이 문제인지, 내 아이의 뇌와 스펙트럼장애가 어떤 관련이 있는지를 정확히 파악하지 않으면 이도저도 아닌 치료로 시간을 낭비하기 쉽다. 내 아이의 뇌 상태를 파악하기 전에 일단 스펙트럼장애의 원인과 증상을 알아보자.

내 아이만 이런 걸까?

엄마는 잘못이 없다

스펙트럼장애인 주의력결핍장애(ADD), 자폐스펙트럼장애(ASD), 주의력결핍 과잉행동장애(ADHD), 틱장애, 학습장애, 강박증 등으로 고통받는 아이들이 매년 증가하면서 이에 따른 연구들도 활발히 이루어지고 있다.

최근(DSM 5판)에 와서 자폐스펙트럼장애로 통합된 자폐증은 1943년 소아정신과의사이자 정신분석학자인 레오 캐너에 의해 처음으로 정의되었고, 1944년에는 호주의 소아과의사 한스 아스퍼거에 의해 자폐와 비슷하지만 언어적 표현이 가능한 아스퍼거증후군이 처음 알려졌다. 이후 한

스 아스퍼거는 아스퍼거증후군이 가족 간, 때로는 아버지에게서 아들로 이어지는 경향이 있음을 밝혀냈다. 이러한 연구 방향은 유전자와 자폐증의 연관성을 알아낼 수 있을 것으로 기대됐으나 2차 세계대전의 여파와 프로이트적 불가항력 심리 이론(인간의 본성을 무의식의 개념으로 원인과 결과로만 해석)이 확대되면서 다른 방향으로 전개되었다.

그 당시 전문가들은 부모, 특히 엄마가 아이를 차갑게 대하거나 제대로 보호하고 양육하지 않아 자폐가 생긴다고 주장했다(냉장고 어머니 학설). 이 주장은 최근까지도 사람들의 뇌리에 자리잡고 있었고, 그 영향으로 자폐스펙트럼장애의 치료도 심리치료나 인지치료를 통해 특히 행동을 정상적으로 바꿔주는 것이 가장 효과적이라고 믿어왔다.

이러한 시류는 1981년 영국의 소아과의사 로나 윙 박사의 논문이 발표되면서 바뀌기 시작했다. 로나 윙 박사는 논문에서 자폐증의 원인을 행동과 심리학적 관점에 국한해서 보지 않고 아스퍼거 박사의 관점처럼 유전적 연계성에 대해서도 관심을 가질 것을 촉구했다. 그리고 '아스퍼거증후군은 자폐증의 변형'이라면서 그 둘의 공통점을 확인시켰다. 이 논문은 지금까지도 많이 인용되고 있는데, 이후의 연구자들은 자폐스펙트럼장애에서 유전이 공통적으로 중요한 요인임을 결국 인정했다. 학계에서 유전적 요인을 인정했다는 것은 자폐스펙트럼장애의 원인이 더 이상 행동장애나 부모의 양육 문제 혹은 심리적 요인에 국한되지 않는다는 것을 증명하며, 그 이상의 무언가가 원인으로 작용한다는 사실을 알리는 계기가 되었다.

새로운 연구 결과들에 따르면 ADHD가 유전자 측면에서 다른 자폐스펙트럼장애와 비슷한 성향이 있다고 한다. 토론토대학교에서 실시한 연구에서는 자폐스펙트럼장애 유전자가 발견된 9명의 환자들에게서 ADHD 환자들에게 있는 유전자가 똑같이 발견되었다. 이 특정 유전자들은 ADHD 증상을 발현시키는 영향력이 강한 유전적 형질을 가지고 있는데, ADHD 아이들이 적어도 공황장애, 행동장애 또는 언어장애 중 한 가지 이상의 증상이 중복적으로 나타나며, 자폐증 아이의 30~80%에서 ADHD가 공존하고 ADHD 아이들의 20~50%에서 자폐증이 있다는 사실을 보면 가히 놀랍지도 않다(%의 범위가 넓은 것은 기존 DSM 4판의 제한된 진단 기준으로 인해 연구의 수는 적고 연구에 대한 결과는 다양하기 때문이다).

미국의 기능성 신경학회에서는 ADHD, 틱장애, 발달장애, 자폐증 등의 질환을 스펙트럼장애라고 이미 수년 전에 정의했다. ADD, ADHD, 강박증, 아스퍼거증후군 등의 정신·발달 질환들이 뇌 기능 면에서 공통된 문제를 가지고 있기 때문이다. 원인은 같지만 다른 증상으로 발현되는 이유는 기능이 저하된 뇌의 영역이 다르고, 비정상적인 발달 단계에서 발달이 지연된 시간 역시 다르기 때문이다.

필자가 기능성 신경학(Functional Neurology)을 공부하면서 알게 된 또 다른 원인은 뇌와 전정기관(귀 안에 있으며 몸이나 머리가 회전하거나 움직이는 것을 감지하는 기관. 문제가 있거나 기능이 약할 경우 성인들은 쉽게 어지럼을 느낀다)이 직접적으로 연관이 있고 자폐스펙트럼장애아들은 뇌 발달 과정에서 전정기관이 제대로 발달하지 못한다는 사실이다.

실제로 아빠나 엄마가 안아올리려고만 하면 울며 자지러지는 아이를 보았는데, 심리센터나 감각통합센터에서는 그 증상에 대해 "심리적으로 불안하기 때문에 적응될 때까지 지켜보자"거나 "성장하면 괜찮아질 것"이라고 얘기했다고 한다. 그러나 그 아이를 신경학 측면에서 검사하자 다른 신경계 기능보다 전정신경계가 너무나 불안했다. 전정신경계와 연결되는 소뇌의 기능도 좋지 않아 균형감각도 저하되어 있었지만 안구운동성, 자율신경계의 조절에도 문제가 있었다. 그래서 전정신경계의 기능을 보정하거나 기능을 향상할 수 있는 자극을 주었더니 얼마 되지 않아 아이를 올려 안아도 아이가 전혀 두려워하지 않게 되었고, 부모의 활발한 성격과는 달리 소극적이었던 아이가 너무나 활발해져서 운동을 좋아하고 움직이는 것을 꺼리지 않게 되었다.

아직까지도 아이가 왜 그런 행동을 보이는지를 제대로 이해하기보다는 엄마의 양육법에서 원인을 찾고, 증상이나 특이 행동을 고치는 데에만 집중하는 부모들이 많다. 그러나 확실한 것은 스펙트럼장애의 원인을 단순히 부모의 양육 문제로 볼 수만은 없다는 것이다.

스펙트럼장애가 전 세계적으로 증가하는 이유

스펙트럼장애는 우리가 생각하는 것 이상으로 우리 곁에 가까이 다가와 있다. 특히 노산이거나, 임신의 어려움을 겪고 가까스로 아기를 가진 예비 엄마들은 태어날 아기에 대한 기쁨과 기대감만큼이나 아기의 뇌 건강에 많은 관심과 우려를 동시에 가지고 있다. 불과 30년 전만 해도 자폐증은 1만 명당 1명 이하로 나타나는 비교적 드문 질환이었다. 그러나 그로부터 10년의 시간이 흐른 시점인 2000년대 초반의 연구에 의하면 10세 이하 어린이 중 150명당 1명꼴로 자폐증 또는 유사 질환이 나타나고, 미국에서만 30만 명의 아이들이 자폐증, 아스퍼거증후군, 발달장애 증상을 보이는 것으로 보고되었다. 또 미국자폐협회(Autism Society of America)에 의하면 미국 내에서만 성인을 포함한 100만 명 이상의 사람들이 전반적 발달장애(Pervasive Developmental Disorders: PDD)를 앓고 있다고 한다. 이는 다운증후군보다 5배 많고 어린이 당뇨보다 3배나 많은 수치다.

국내에서도 스펙트럼장애를 알리고 치료하던 2000년대 초반에 비해 최근에는 ADHD, 틱장애, 뚜렛증후군, 발달 지연, 자폐증과 같은 단어들이 더 이상 낯설지 않고, 이를 대하는 보호자들의 태도도 달라지고 있다. 그때만 해도 별로 관심이 없고 내 아이와는 전혀 무관한 일로 생각된 스펙트럼장애가 국내 유병률이 증가하면서 이제는 더 이상 남의 얘기가 아닌 내 얘기로 바뀌고 있기 때문이다.

불과 지금으로부터 10년이 채 안 되는 2009년 통계에 따르면 미국에서 자폐 증상이 심한 아이들은 취학 아동 100명당 1명으로 나타났고, 가장 최근인 2014년 미국 질병예방센터(The Centers for Disease Control and Prevention: CDC)에 따르면 68명 중 1명꼴(남아는 42명 중 1명, 여아는 189명 중 1명)로 자폐스펙트럼장애 증상이 존재한다. 실로 상상을 초월하는 숫자가 아닐 수 없다. 그리고 자폐증, 아스퍼거증후군, 발달장애를 포함해 ADD, ADHD, 틱장애, 학습장애, 발달장애 등의 스펙트럼장애를 가진 아이들은 6명당 1명인 것으로 예상한다. 이러한 통계는 자식을 직접 키우거나, 손자·손녀가 있거나, 몇 달 뒤면 자녀가 생기는 예비 부모들에게 이 문제가 그저 강 건너 남의 일이 아닐 수 있음을 의미한다. 1990년대에는 0.01%도 못 미치던 자폐증의 유병률이 20%대로 증가한 것을 보면 이는 마치 예전의 흑사병처럼 현 세대의 아이들을 위협하는 전염병처럼 보인다.

그렇다면 불과 한 세대 전인 1980년대만 해도 1만 명 중 1명에게 보일 만큼 희귀 질환이었던 스펙트럼장애가 20년 만에 이렇게 증가한 원인은 무엇일까? 이에 대해서는 여러 의견들이 있다.

우선, 진단이 정교해지고 정확해지면서 진단율 자체가 높아진 데다 미디어 정보의 확산으로 자폐스펙트럼장애가 많은 사람들에게 알려지면서 유병률이 높아졌다는 의견이 있다. 실제로 자폐스펙트럼장애 중 아스퍼거

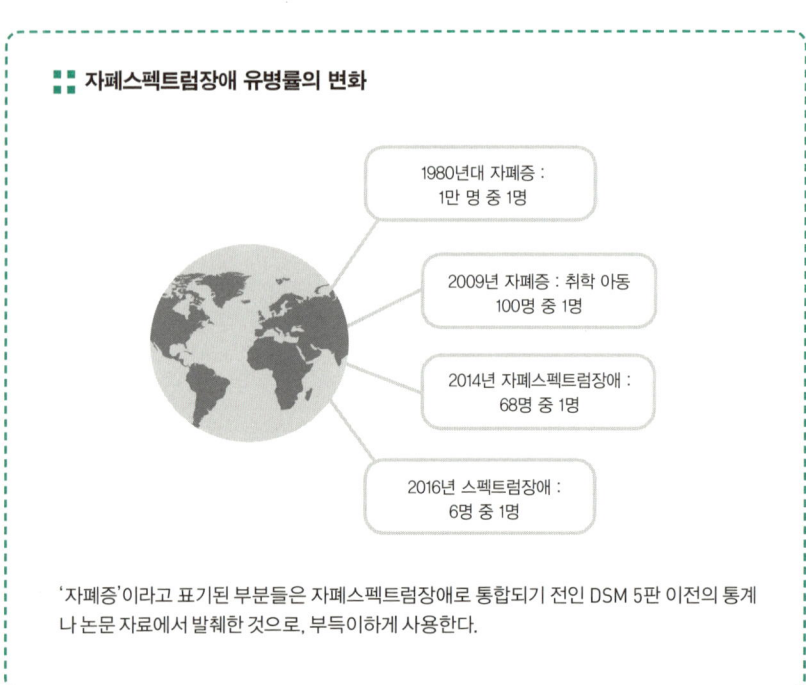

■■ 자폐스펙트럼장애 유병률의 변화

1980년대 자폐증:
1만 명 중 1명

2009년 자폐증: 취학 아동
100명 중 1명

2014년 자폐스펙트럼장애:
68명 중 1명

2016년 스펙트럼장애:
6명 중 1명

'자폐증'이라고 표기된 부분들은 자폐스펙트럼장애로 통합되기 전인 DSM 5판 이전의 통계나 논문 자료에서 발췌한 것으로, 부득이하게 사용한다.

증후군은 대부분 과거의 자폐증 진단법으로는 진단되지 않았다. 그러나 1만 명 중 1명이었던 유병률이 단순히 진단 방법의 발달과 정보의 확산만으로 6명 중 1명으로 증가한 것은 논리적으로 납득하기 어렵다.

스펙트럼장애의 증가를 문화적·역사적인 특정 현상으로 이해하는 의견들도 있다. 자폐스펙트럼장애의 유병률을 병리적·환경적 관점에서 고찰한 여러 논문에서는 환경오염으로 인해 자폐스펙트럼장애가 폭발적으로 증가하는 추세라고 밝히고 있으며 틱장애, ADHD, 학습장애와 같은 질환들도 함께 증가하고 있다고 경고하고 있다. 자폐스펙트럼장애가 유전적 요인에서만 기인한다면 이러한 증가 추세는 보이지 않았을 것이다.

최근 십수 년 동안 급속도로 이루어진 기술의 발전으로 생활방식이 변화한 것도 스펙트럼장애의 유병률을 높였다는 의견이 있다. 특히 자폐스펙트럼장애 중에서도 '고급 기능'을 가진 아스퍼거증후군은 1960년대에 시작되어 현재에 이르는 정보혁명과 그를 둘러싼 경제적·사회적 변화, 이로 인한 양육 환경의 변화 측면에서 이해되어야 한다. 아스퍼거증후군은 기술적으로 재능이 있고 컴퓨터 기술의 숙련도와 많은 연계가 있기 때문이다.

기술의 변화가 아스퍼거증후군의 성향을 증가시키는 것인지 우리 인식이 변화한 것인지는 좀 더 살펴봐야 하지만 '환경 변화나 오염 증가가 자폐스펙트럼장애를 증가시킨다'는 의견에는 의심의 여지가 없다.

자폐스펙트럼은 왜 남아들에게 더 빈번할까?

앞서 언급한 2014년의 자폐스펙트럼장애의 유병률 통계(남아는 42명 중 1명, 여아는 189명 중 1명)를 보며 느꼈겠지만, 자폐스펙트럼장애는 여아들보다 남아들에게 더 빈번하게 나타난다. 아들을 가진 엄마들에게 반갑지 않은 소식이겠지만, 사실이다. 이러한 현상은 환경의 변화와 기술의 발전과 관련이 있다.

먹을거리가 오염됐다

18세기 산업혁명이 시작되면서 사람들이 도시로 모이고 물자의 제작과 생산이 대형화되었다. 물론 이런 발전이 있었으니 지금 스마트폰이라는 편리한 물건으로 혁신적인 생활을 하게 되었지만 그 이면에는 환경오염과 먹을거리의 오염이라는 피해 갈 수 없는 부작용이 생기고 말았다.

농약과 항생제로 키워지는 '깡통' 먹을거리들

예전에 대뇌반구 통합치료(HIT Program) 컨퍼런스로 미국 아이오와주립 아동병원에 갔었다. 컨퍼런스를 마치고 병원 교수의 농장 겸 집으로 저녁식사 초대를 받아 갔다. 그런데 도심에서 차를 타고 10여 분 정도 달렸을 즈음 입이 떡 벌어지는 장관을 보게 되었다. 옥수수 농장이 끝없이 펼쳐져 있는데 농장마다 비행기로 농약을 뿌리는 것이 아닌가! 미국 아이오와주는 감자와 옥수수의 대량 재배로 유명하다는 얘기는 들어봤지만 끝이 보이지 않을 정도로 넓어 광활하다 못해 황량하게까지 느껴지는 밭과, 기계로 대량 재배되고 수확되는 감자와 옥수수를 직접 눈으로 확인하니 대단하다는 생각밖에 나지 않았다. 한편으로는 그곳에서 수학되는 농작물이 먹을거리라기보다 마치 공장에서 대량으로 생산되는 제품같아 보였다. 실제로 그곳에서 생산되는 감자와 옥수수는 대부분 가축의 사료로 쓰인다. 이처럼 대량으로 옥수수, 밀, 콩, 쌀을 재배했으니 공장식 축산업도 가능했으리라.

문제는 단위면적당 재배량을 늘리기 위해 단일 품종을 기반으로 화학비료, 농약을 쏟아부으며 농사를 짓는다는 것이다. 단일 품종을 한 곳에서 오랜 기간 반복적으로 재배하면 그 땅에 함유되어 있던 영양소가 점점 고갈된다. 그 영향으로 그 땅에서 자란 작물은 외형은 건강해 보이지만 실제는 병충해에 취약하고, 영양소가 적을뿐더러 무절제한 농약 살포로 농약이 잔류하게 된다.

이렇게 재배된 곡물을 사료로 쓰는 축산업도 오염되기는 마찬가지다. 점점 늘어나는 육류 소비를 충당하기 위해 좁은 축사에서 많은 수의 가축들을 키우다 보니 배설물이 제대로 관리될 리 없다. 가축들은 오염된 배설물 때문에 병에 걸리기 쉽고, 농장주들은 이를 치료한다는 명목으로 항생제를 투여한다. 이러한 현실은 어류 양식에서도 피해 갈 수 없는 문제가 되었다.

공장식으로 재배된 작물과 축산물, 수산물은 각종 가공식품의 재료가 된다. 우유와 콩으로 만든 조제분유, 콩고기를 포함한 각종 콩 가공식품, 소시지, 어묵, 두부 등이 대표적인데 가공 과정에서 원재료에 함유돼 있던 영양분이 소실되어 정작 가공식품에는 영양소가 충분치 않다. 그 사실을 잘 아는 제조사와 판매업자들은 판매 전략으로 우유엔 '비타민D' 혹은 '칼슘 강화'라는 문구를 적고, 시리얼과 같은 탄수화물 범벅의 제품은 비타민·무기질의 함량을 강조하며 건강에 좋은 식품으로 포장해 소비자들을 현혹한다. 원재료의 생산 단계부터 가공식품으로 재탄생하는 순간까지 오염이 되고 있으니 우리가 아무리 조심해서 식품을 골라도 먹을거리의 오염에서 벗어날 수 없는 것이다.

환경오염으로 이미 수많은 자연환경이 복구할 수 없는 수준까지 파괴되었다. 환경오염은 우리가 마시는 물, 공기, 거주하는 생활공간뿐만 아니라 먹을거리에도 영향을 미치며 인류까지 위협하고 있다. 그 결과 우리의 건강은 물론 인간의 존엄성을 대표하는 뇌까지 약해지고 있다. 특히 신체의 화학적 대사에 작용해서 성호르몬 대사를 교란하고, 남아들에게 중대하게 작용해 남아의 자폐스펙트럼 발병률을 증가시키고 있다.

GMO로 인한 환경독소의 증가

환경독소는 몸에 축적되어 면역독성반응을 일으키고 천식이나 아토피와 같은 각종 알레르기와 암, 만성질환까지 불러올 수 있다. 신경독성 작용도 나타날 수 있어 인식장애, 기억력장애를 일으키거나 호르몬에 영향을 주어 생식 작용에 문제를 일으키고 성욕 감퇴와 대사성 질환이 생기게 한다.

환경독소 문제 중에서 최근에 대두되고 있는 것이 GMO, 즉 유전자재조합 식품이다. 음식은 단순히 환경오염을 피하거나 제거할 수 있는 요인이 아니기 때문이다. 국내에서는 GMO 표시를 정직하게 한 제품을 찾기도 어렵지만, 더욱 큰 문제는 Non-GMO, 즉 GMO로부터 안전(GMO free)하다고 명명된 제품들도 법률이 제한하는 범위 안에서 괜찮다고 허용된다는 것이다. "유기농이나 직접 재배해서 먹는 우리 밀이면 괜찮지 않을까?"라고 묻고 싶겠지만 통계를 보면 반드시 그렇다고 단언할 수 없다. 사탕무의 95%, 옥수수의 88%, 콩의 94%가 유전자 재조합에 의해 재배되는 것으로 보고되는데 특히 우리나라는 전체 곡물 자급률이 22.6%로 OECD 국가 중 최하위이다. 2011년을 기준으로 우리의 곡물별 자급률은 밀 1%, 옥수수 0.8%, 대두 6.4%, 쌀 83%이다. 설령 밀로 만든 음식과 옥수수로 만든 과자, 콩으로 만든 두부 등 국산 농작물로 만들었다고 해도 종자든 씨든 외국에서 수입되는 비율이 높은 만큼 결과적으로는 수입 식품이나 마찬가지다. 또 식용으로 수입된 옥수수 약 100만 톤의 49%, 대두의 76%가 GMO(어디까지나 법률의 안전 허용범위 안에서)에 해당한다. 종자도 마찬가지이지만 땅도 수입 종자로 인해 오염되고 이 오염은 갈수록 심해질 것이 분명한 만큼 우리 밀, 우리 콩, 유기농으로 재배한 곡물일지라도 GMO에서 절대로 자유로울 수 없다.

"설마"라고 고개를 갸우뚱하실 분들을 위해 예를 하나 들겠다. 국내에 수입되는 농작물은 대부분 미국계 다국적 기업인 몬산토가 보급한 GMO 산물이다. 몬산토는 강력한 제초제인 '라운드업(Round up)'을 먼저 개발하고 라운드업에 견딜 수 있도록 유전자를 재조합한 콩, 옥수수, 사탕무, 목화, 카놀라, 파파야 종자를 판매했다. 제초제 라운드업의 주성분은 글리포세이트(glyphosate)라는 화학물질인데, 제조사인 몬산토는 소금보다 독성이 약하다고 선전을 했고 라운드업은 세계에서 가장 인기 있는 제초제가 되었다. 그러나 글리포세이트는 세계보건기구(WHO)에서 1급 발암물질로 규정한 물질이며 신경세포막과 DNA에 손상을 일으켜 기형아 출산, 조산, 불임증, 암과 파킨슨병을 유발하는 것은 물론 항생제처럼 장 내 유익균을 파괴하는 독성물질이다. 실제로 GMO 식품을 먹은 농부들의 손과 다리에는 알레르기반응이 나타났으며, GMO 콩과 옥수수를 먹으며 자란 돼지는 위장관의 염증반응으로 고생하고, 동물들의 조산율은 급증했다.

GMO 식품을 먹은 소, 돼지, 쥐의 생리학적·신경학적·행동적 증상들은 자폐스펙트럼장애 증상들과 정확히 일치한다. GMO 식품을 먹은 쥐들은 GMO 식품을 먹지 않은 쥐들에 비해 사회성이 떨어지고(다른 쥐들과 잘 어울리지 못한다), 실험 조작을 할 수 없을 정도로 항상 흥분해 있다. GMO 식품을 먹은 돼지들도 극도의 불안감을 보이고 서로 귀나 꼬리를 물어뜯는 등 공격성이 강해져 격리해야 하는 경우가 늘어났다. 심지어 초기 치매처럼 먹이를 받는 장소를 기억하지 못하는 경우도 있었다.

위장관에 문제가 있는 자폐스펙트럼장애 아이들이 증가하는 것도 GMO 식품과 관련이 있다. 하버드의대 매사추세츠종합병원은 2006년의 연구발표에서 자폐스펙트럼장애 아이들의 70% 이상이 위장관 문제를 가지고 있다고 했다. 그런데 2010년의 개정 발표에서는 "자폐스펙트럼장애아들 대부분이 위장관 문제를 가지고 있다"며 그 심각성에 대해 다시 한 번 강조했다. 1990년대 중반에 GMO가 소개된 이후로 미국에서 소아과를 비롯한일반 병동에서 위장관 염증반응과 관련된 증상들이 최소한 40% 이상 증가되었다. 이러한 현상은 GMO 식품에서 비롯된 것이라고 많은 전문가들은 유추하고 있다.

대한민국은 GMO 콩을 가장 많이 수입하는 두 번째 국가이며, 한식의 영향 때문이겠지만 개인 섭취량은 세계 1위라고 할 수 있다. 식용유, 두부, 간장, 된장 등은 대부분 GMO 콩을 통해 만들어진다. 안전하다고 믿는 유명 수입 브랜드의 분유에도 42~66%의 GMO 식품이 들어간다.

글리포세이트의 부작용 때문에 크론병과 같이 장 내 염증반응이 증가하고 있다. 2011년 캐나다에서 임산부를 대상으로 한 연구에서는 임산부뿐만 아니라 아직 태어나지도 않은 아이에게서 글리포세이트가 다량 검출되었으며, 일반 아이들도 비염·천식과 같은 알레르기반응이 증가하고 있음을 밝혀냈다. 이러한 현실은 단순히 제초제에 들어가는 글리포세이트뿐만 아니라 우리가 피하기 쉽지 않은 환경오염의 단면을 보여준다.

GMO 식품과 자폐스펙트럼장애의 유병률 증가의 직접적인 인과관계를 증명하는 연구 결과는 아직 없다. 하지만 많은 동물실험을 통해 밝혀진 바와 현재 진행되고 있는 연구 결과를 보면 그 연계성이 밝혀지는 것은 시간문제라는 생각이 든다. 환경독소와 마찬가지로 GMO 식품은 장 내 염증반응을 가속화해 새는장증후군(leaky gut syndrome)을 일으켜 신체 내 생의학적 대사 과정에 영향을 미치고 뇌의 기능을 손상시킴으로써 자폐스펙트럼장애를 유발하는 가장 큰 원인임은 부인할 수 없는 사실이다.

편리한 생활용품 속에 독소가 들어 있다

먹을거리의 오염도 문제지만, 평소에 익숙하게 사용하는 화학제품도 환경오염의 주범으로 손꼽힌다. 특히 화학제품을 통해 몸에 축적되는 환경호르몬(외인성 내분비 교란 물질)은 불임의 원인으로 지적되고 있다. 환경호르몬은 전자레인지에 넣어 음식을 데울 때 쓰는 플라스틱 용기는 물론이고 향수, 화장품, 세제, 드라이클리닝 약품을 통해서 우리 몸으로 들어온다. 그뿐인가? 카펫이나 페인트에도 있다.

이렇듯 환경호르몬의 폐해는 우리 곁에 아주 가까이 와 있다. 특히 인체의 생식기, 내분기, 면역계, 신경계에 전반적인 영향을 미치는데 가장 심각한 영향은 정자 수의 감소다. 통계상 결혼한 다섯 커플 중 한 커플은 불임 때문에 고통을 겪는데 연구 결과에 의하면 남자들의 정자 수가 1932년에서 1998년 사이에 1㎖당 1억 2500만에서 3500만으로 감소했다. 일반적으로 1㎖당 2500만이 되지 않으면 임신이 되지 않는다. 이런 추세를 지켜본 어떤 성급한 과학자들은 70년 후에는 모든 남성이 불임이 될 것이라고 예견하기도 했다.

정자 수의 감소로 불임 진단을 받은 남성은 혈액이나 소변 검사를 통해 어떤 환경호르몬이 문제를 일으키는지를 찾아내고, 만약 그런 환경호르몬이 있다면 해독과 해독에 필요한 영양을 공급해야만 가임이 된다.

편리한 생활용품은 어떻게 독이 되었나?

생활용품에 들어 있는 환경호르몬이 우리 몸속에 스며들어 나쁜 영향을 준다니, 충격이 아닐 수 없다. 생활용품에 가장 흔히 쓰이는 소재인 플라스틱을 살펴보자.

우리가 생활에서 흔히 쓰는 플라스틱은 대부분 PVC이다. 열가소성 플라스틱의 하나로 폴리염화비닐, 염화비닐수지라고도 한다. PVC에는 가소성을 높이기 위해, 향수나 화장품 같은 경우는 향의 지속성을 위해 프탈레이트(phthalates)라는 물질을 넣는다. 프탈레이트는 향수나 화장품에서는 약방의 감초처럼 많이 쓰이는데 유아용 분유(baby milk formula), 치즈, 마가린, 스낵용 칩과 같은 식품의 포장 용기에 쓰이는 폴리에틸렌으로 만든 랩을 비롯해 비닐 바닥재나 유화 페인트에서도 발견되고 향수, 샴푸, 컨디셔너, 헤어스프레이, 매니큐어 등의 생활용품에서부터 어린이 장난감, 병원에서 쓰이는 혈액 보관용 팩이나 링거주사의 줄에도 들어 있다.

프탈레이트는 몇 가지 종류가 있는데 그중 하나인 BBP는 에스트로제닉 활성물질(oestrogenic. 대표적인 여성호르몬인 에스트로겐을 활성시킬 수 있는 물질)을 가지고 있어 인체에 들어가면 여성호르몬인 에스트로겐처럼 반응해 문제를 일으키고, 남자에게는 정자를 만드는 기관인 정소에 영향을 미쳐 비정상적인 태아를 발생시킬 수도 있다.

동물실험에서는 이미 BBP가 투여된 2세 수컷에서 남성호르몬인 테스토스테론이 줄어들고 간과 신장에 악영향을 미친다고 밝혀졌다. 최근에 실행된 하버드대학교 보건대학원 연구팀의 인체실험에서는 불임클리닉을 찾은 168명의 남성을 대상으로 정액과 소변의 MBP(프탈레이트 대사 산물의 하나로 프탈레이트에 얼마나 노출되었는지를 확인하는 물질) 농도를 비교했더니 MBP 농도가 높을수록 정자의 수와 운동성이 떨어지는 결과를 얻었다고 한다. 프탈레이트 중 DBP와 DEHP는 종이나 마분지로 포장된 케이크,

유지류, 당과류에서 발견되는데 영국 농수산식품부(MAFF)의 실험 결과에 따르면 육즙소스(gravy)나 초콜릿 케이크, 햄버거는 말할 필요도 없고 15개 브랜드의 유아용 조제분유 중 프탈레이트의 농도가 가장 높은 제품은 0.2mg/kg이나 됐고, BBP의 최고농도는 0.25mg/kg나 됐다. 가장 심하게 오염된 유아용 분유에는 1일 섭취량이 0.023mg/kg 정도로 추정되는 에스트로제닉 활성물질(BBP, DBP)이 들어 있었다. 이 양은 쥐의 정자 수를 감소시킬 수 있는 양의 4분의 1이나 된다.

프탈레이트는 버려져서도 문제를 일으킨다. 부패되지 않고 그대로 흘러 나와 식수를 더럽힘으로써 먹이사슬의 가장 처음 단계를 오염시킨다. 이것은 인류가 피해갈 수 없는 환경오염의 가장 큰 문제점이다.

엄마의 호르몬 불균형

대부분의 환경독성 전문가들은 "우리는 여성호르몬 홍수의 시대에 살고 있다"고 말한다. 쌍둥이 출산율이 늘어나는 것은 가임이 어려운 환경에서 인공임신을 하기 때문이고, 여성스러워지거나 성 정체성에 혼란을 느끼는 남성들이 많아지는 추세는 문화적 환경의 변화뿐만 아니라 환경오염과 관련이 있다는 것이다. 스펙트럼장애아들 중 남아의 수가 특히 많은 것도 같은 이유다.

남아의 자폐스펙트럼장애 유병률이 여아보다 높은 이유에 대해서는 환경오염 외에 여러 가설이 존재한다. 뇌 구조적으로 볼 때 여아들은 감정적으로 동정심을 쉽게 느끼고 그 영향으로 여러 사회적 상황에 잘 대처하는 반면, 남아들은 시스템적인 구조로 외부 환경을 이해하려고 하기 때문에 자폐스펙트럼장애의 유병률이 높다는 가설이 있다. 자세히 말하면, 자폐스펙트럼장애 남아들은 극단의 남성 뇌(Extreme Male Brain) 성향을 가지고 있는 반면, 여아들은 남성 뇌의 특이한 구조나 기능에서 좀 더 자유롭기 때문이라는 것이다. 또 엄마와 아빠로부터 동일하게 X 염색체를 받는데 XY 염색체를 가진 남아들에 비해 XX 성염색체를 가진 여아들의 경우 아빠에게서 받은 X 염색체가 자폐스펙트럼장애로부터 자신을 보호하는 역할을 한다는 가설도 있다. 기능성 신경학에서는 태아의 뇌 발달 과정에서 성호르몬 문제로 인해 남아 특유의 뇌로 형성되는 데 어려움을 겪기 때문에 자폐스펙트럼장애가 남아에게서 많이 나타난다고 유추한다.

이러한 가설들 중 가장 설득력이 높은 것은 태아의 성호르몬이 원인이라는 가설이다. 착상 후 유전정보가 남아(XY)로 결정된 후 남아의 뇌로 발달하는 데 문제를 겪는 것이다.

그럼, 성호르몬 문제는 왜 생기는 걸까? 누구는 문제가 있고 또 다른 누구는 정상적으로 태어나는데 그 차이는 무엇 때문에 생길까? 47쪽의 호르몬 관계도를 보면서 이해해보자.

콜레스테롤은 성호르몬과 스트레스 호르몬을 비롯해 여러 가지 호르몬을 만드는 데 반드시 필요한 물질이다. 콜레스테롤은 포화지방산이다.

호르몬 관계도

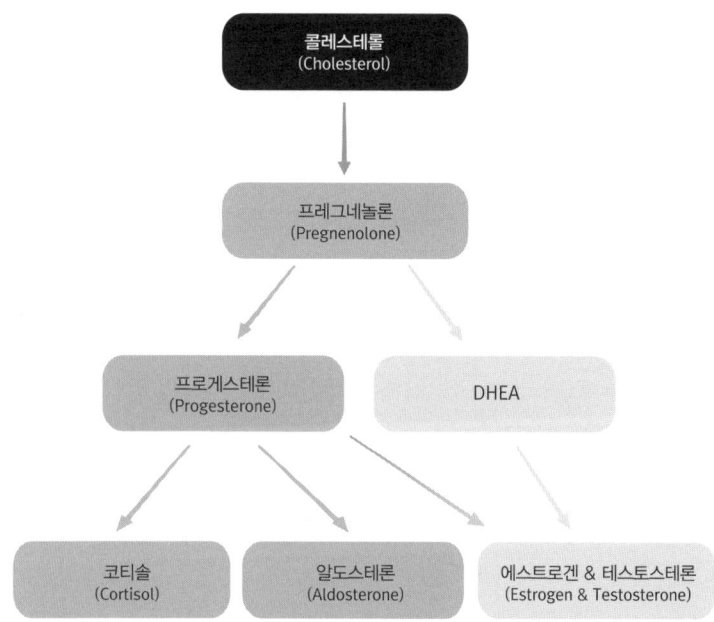

콜레스테롤은 프로게스테론을 만드는 세포 안에서 먼저 프레그네놀론으로 전환되며, 그것은 다시 프로게스테론으로 전환된다. 프로게스테론은 임신(gestation)을 위한 호르몬이며 주로 코티솔로 변환되지만 에스트로겐, 테스토스테론과 같은 다른 스테로이드 호르몬의 생합성에 사용되기도 한다. 이런 이유로 프로게스테론을 다른 스테로이드 호르몬의 '전구물질(precursor)'이라 한다. 임신과 같은 갑작스럽고 강도 높은 스트레스나 만성적인 스트레스는 프로게스테론을 코티솔이라는 스트레스 호르몬으로 변화시킨다. 코티솔이 증가하면 프레그네놀론이 DHEA를 통해 성호르몬인 테스토스테론과 에스트로겐으로 갈 수 있는 경로가 상대적으로 비활성화될 수 있다. 이로 인해 남성호르몬과 여성호르몬의 불균형이 가속화되기 시작한다.

(출처 http://drsaulmarcus.com/hormone/naturopathictestosterone.html)

포화지방산을 적게 섭취하면 인체는 그 부족분만큼 간에서 합성해내지만 스트레스를 많이 받을수록 스트레스 호르몬인 코티솔을 더 많이 만들게 되어 성호르몬의 급작스런 불균형이 야기된다. 성호르몬의 불균형에 대한 연구는 영국 케임브리지대학 자폐증연구센터의 사이먼 바론-코헨 박사에 의해 처음 밝혀졌는데, 양수의 남성호르몬 증가가 자폐스펙트럼장애를 유발하는 원인이라고 한다.

양수에 남성호르몬인 테스토스테론이 증가하는 것뿐만 아니라 스트레스 호르몬인 코티솔이 비정상적으로 증가하는 것도 문제가 된다. 임신 3기(임신 26주부터 출산까지)에 코티솔은 태아의 폐 기능을 발달시키기 위해 평상시보다 2~3배 높아진다. 그런데 엄마가 느끼든 느끼지 못하든 스트레스반응에 의해 코티솔이 태아가 필요로 하는 것보다 더 증가하면 태아의 성호르몬 균형은 깨지게 된다.

이를 좀 더 자세히 살펴보면, 남성호르몬인 테스토스테론과 여성호르몬인 에스트로겐은 뇌 발달에 중요하게 영향을 미치는 RORA라는 유전자에 각각 작용하는데, 테스토스테론은 RORA 유전자의 기능을 억제하고 에스트로겐은 반대로 RORA 유전자의 기능을 활성화한다.

RORA 유전자는 기본적으로 다음과 같은 특징이 있다.

- 뇌 염증반응을 억제하고 스트레스로 야기되는 반응을 제어한다.
- 밤과 낮을 구분하는 24시간 주기에 관여해 잠을 잘 자게 한다. 자폐스펙트럼장애가 있으면 잠을 설치는 경우가 많다.

- 쥐 임상실험에서 RORA 유전자의 감소는 자폐 성향이나 행동을 증가시키는 것으로 나타났다.

RORA 유전자의 농도가 낮다 해도 여아가 가지고 있는 여성호르몬인 에스트로겐이 RORA의 활성화를 어느 정도 촉진시키고, 이를 통해 여아는 자폐스펙트럼장애 남아들보다 좀 더 안전할 수 있다고 생각된다. 물론 RORA 유전자가 단독으로 자폐스펙트럼장애의 발병에 관여하는 것은 아니지만 남아들이 임신 중인 어머니의 호르몬 변화에 더 취약하며, 이는 최근에 잠복고환이나 요도하열(또는 요도밑열림증. 요도의 위치가 비정상적으로 위치한 것)과 같은 외적인 남성 형태의 문제가 증가하는 것과도 무관치 않다.

중금속 오염이나 환경호르몬으로 인한 뇌 기능 손상이 스펙트럼장애의 가장 큰 원인으로 보는 생의학치료 전문가들이 많다. 중금속 오염에서 완전히 자유로운 사람은 이 세상에 존재하지 않으며, 환경호르몬을 피해 갈 수 있는 사람도 없다. 물론 오염 정도는 사람마다 다르겠지만 만약 오염 정도가 비슷한 사람들을 비교한다면 어떤 이는 중금속 오염의 영향으로 심각한 증상과 커다란 피해를 입는 반면, 어떤 이들은 증상이나 피해 없이 정상적으로 살아간다. 이러한 천국과 지옥을 결정하는 것이 신체의 면역기능이다. 면역계가 중금속이나 외부의 환경호르몬에 민감하지 않다면 만성 염증반응, 알레르기반응, 뇌세포 파괴가 일어나지도 않을뿐더러 체내에 잔존하는 중금속이나 환경호르몬도 시간이 지나면서 자연스럽게 배출될 것이다.

중금속의 오염 정도를 정확히 측정할 수 있는 방법은 현재까지는 없다. 체내에 쌓인 중금속이 얼마나 배출되는지, 오염의 정도가 표본 정상에 비해 얼마나 상대적인지를 알 수 있는 모발 검사가 있긴 하지만 신뢰도가 높지 않은 게 문제다.

괴짜는 괴짜를 낳는다?

미국의 시사 주간지 〈타임(TIME)〉의 2002년 5월 6일자를 보면 내쉬 매데레인(J. Madeleine Nash) 기자가 쓴 기사 '자폐증의 비밀(The secret of Autism)'이 눈에 들어온다. 그 보도는 미국에서 연일 증가하고 있는 자폐증과 아스퍼거증후군에 대해 조금은 다른 관점에서 설명하고 있다. 내용을 정리하면, IT 업체나 벤처기업 종사자들이 많은 캘리포니아에서 사회적인 도움을 필요로 하는 자폐아의 수가 1987년 4000명에서 2002년 1만 8000명으로 15년간 4배나 증가했다. 2001년에 월간지 〈와이어드

DSM 4판에 의한 아스퍼거증후군의 증상

1. 사회적 관계에서 문제가 있거나 또래와 관계를 형성하기 어렵다.
2. 같은 동작을 반복하거나, 사물의 반복적인 움직임에 지나친 관심을 보이거나, 특정 물체에 지나치게 집착한다.
3. 신경심리학적인 평가에서는 언어성 지능이 동작성 지능보다 높은 경향을 보인다.
4. 운동 기능이 저하되거나 불균형적으로 발달한다.
5. 특정 감각을 선호하거나, 혹은 매우 거부한다.

〈WIRED〉〉에서는 실리콘밸리에서 아스퍼거증후군 아이들이 비정상적으로 증가하는 현상을 언급하면서 지적 능력은 높지만 사회성이 약한 괴짜들이 많아지는 실리콘밸리의 현상을 '괴짜 신드롬(Geek Syndrome)'이라 정의했다.

영국의 주간지 〈이코노미스트(The economist)〉는 2012년 6월 2일자에서 아스퍼거증후군 성향의 성인들이 점차 늘어나는 현실을 파헤친 '부적응자(misfits) 찬양'이라는 기사를 발표했다. 실리콘밸리에 위치한 기업들의 대표들이 아스퍼거증후군과 유사한 성향을 보인다는 내용과, 이런 괴짜들이 어떻게 기업을 일구고 성공하는지를 분석한 내용도 언급되었다. 더불어 IT 업계에서 아스퍼거증후군이나 집중력 장애, 난독증이 있는 사람들에게 관심을 가지고 구인하는 현상에 대해서도 의문을 풀어나간다.

실리콘밸리에서 일하는 자폐 성향 천재들

2001년 〈와이어드〉에서 처음 정의된 '괴짜 신드롬'은 미국 IT 기업들의 집약지인 실리콘밸리에서 아스퍼거증후군으로 진단된, 혹은 진단할 수 있는 괴짜 같은 어른들이 상당히 많은 현상을 의미한다. 〈뉴욕타임즈(The New York Times)〉의 인터뷰에서 페이스북의 초기 투자자 중 한 사람인 피터 티엘은 지난 10년간 만들어진 IT 기업들에 대해 "그 회사 사람들은 어느 정도 자폐적"이라고 말했다. 페이스북의 전 직원인 이샨 왕은 페이스북의 CEO인 마크 쥬크버거에 대해서 "그는 아스퍼거증후군 성향이 있어서 직원들과 얘기할 때 듣고 있다는 피드백을 잘 주지 않는다"라고 썼다. 미국 최고의 생활정보 사이트인 크레이그스리스트(Craigslist)의 창업자인 크레이그 뉴마크는 아스퍼거증후군의 증상이 친숙하게 느껴진다고 했다.

실제로 실리콘밸리의 컴퓨터 프로그래머, 엔지니어, 수학자들은 공통된 아스퍼거증후군의 성향을 보인다. 특정 주제에 강한 관심을 가지며, 방대한 양의 데이터를 세부적으로 기억할 수 있고, 일련의 방법을 한번 정해놓으면 그 패턴에서 벗어나는 것을 싫어하는 성향이 강하다.

영국 케임브리지대학 자폐증연구센터의 사이먼 바론-코헨 교수팀은 지난 20년간 자폐증과 성 차이에 대해서 연구했는데 그 결과에 의하면, 자폐는 공감 능력이 결여되었지만 뇌의 체계화 능력은 강화되는 경향이 있다. 사이먼 교수와 동료 연구원들은 이러한 사실을 밝힌 2001년 논문을 바탕으로 성인의 자폐 성향을 측정하는 자폐스펙트럼 지수 검사(The Autism-Spectrum Quotient; AQ)를 만들어 발표했다. 자폐 성향이 있을수록 점수가 높은데, 특정 관심사에 집착하고 숫자 계산 능력과 시각 정보에 대한 기억력은 뛰어나지만 사회성이 일반인에 비해 결여되어 있다는 것이다. 이런 성향은 자기 나름의 패턴화나 독특한 분류 체계를 가지게 하는데, 생각하는 것이 일반인보다 특이하며 이를 통해 독창적인 결과물을 만들어내는 일이 많다. 이 점이 실리콘밸리에서 이들이 각광받는 이유이다.

부모의 성향을 물려받은 아이들

〈와이어드〉는 다른 지역과는 달리 실리콘밸리에서만 자폐증과 아스퍼거증후군이 비정상적으로 증가하고 있다면서 IT 업계에 종사하는 부모들이 수학과 과학 유전인자(Math-and-tech genes)를 자녀들에게 물려주기 때문이라고 조심스럽게 가설화했다.

우리나라에서도 전자회사나 IT 업계에 종사하는 부모들에게서 이런 성향의 아이들이 더 많이 태어나는 것 같기도 하다. 임상적으로도 자폐스펙트럼장애아들을 보면 부모들이 IT 업계에 종사하는 경우가 많은데, 성향이 같은 사람들끼리 배우자를 선택하는 현상도 어느 정도 영향을 끼치는 것으로 보인다.

사이먼 교수의 연구팀의 연구는 성향이 비슷한 사람들이 만나 결혼하면 아스퍼거증후군이나 자폐 성향의 아이를 낳을 가능성이 더 높다고 주장했다. 네덜란드의 IT 도시인 아인트호벤에서 태어난 아이들이 비슷한 인구를 가진 다른 두 도시에서 태어난 아이들에 비해 자폐 성향으로 진단받은 확률이 2배에서 4배가량 높다는 점을 근거로 제시했다. 사이먼 교수는 케임브리지대학의 학생들을 조사해보니 수학, 물리학, 공학을 전공하는 학생들이 영문학을 전공하는 학생들에 비해 자폐증을 가진 친척이 있을 확률이 더 높다는 것도 알게 되었다.

어릴 때부터 영재라고 생각됐던 아이들이 커서는 그 영재성이 자폐 성향의 하나였다고 진단되는 경우도 늘어나고 있다. 〈타임〉에 소개된 토미의 경우 8세가 되어서야 정신과 진단을 받고 토미가 가진 독특함이 아스퍼거증후군이라는 사실을 알게 되었다. 토미의 쌍둥이 형제인 제이슨과 대니 또한 2년 전에 자폐증 진단을 받았는데 쌍둥이는 몇 마디 말을 곧잘 하다가 그 후 언어 능력을 잃어버렸고, 장난감을 가지고 노는 대신에 부숴버렸으며, 말하는 대신 괴상한 고음을 뱉어냈다. 토미와 제이슨, 대니의 부모는 실리콘밸리에 근무하는 전형적인 전문직 종사자들이다.

유전되는 자폐, 치료는 가능할까?

살펴봤듯 부모로부터 물려받은 요소들을 완전히 배제할 수 없기 때문에 자폐스펙트럼장애는 유전성 질환으로 인정받고 있다. 그런데 자폐스펙트럼장애가 유전성 질환이라면 왜 자폐스펙트럼장애아들의 부모 대부분이 정상일까?

센터에 자녀의 자폐 성향 문제로 내원하는 대다수의 부모들은 지극히 정상이고 사회적으로도 안정된 삶을 살고 있다. 중증 자폐증일 경우에는 결혼을 해서 가정을 이루고 사는 것이 어렵기 때문에 독신으로 사는 편이라 유전적으로 전이될 확률은 적은데, 자폐스펙트럼장애의 유병률은 유전병처럼 점점 늘어가고 있다. 게다가 자폐증 아이의 부모들은 교육 수준이나 생활환경이 좋은 경우가 상당수이다. 그렇다면 일부 전문가들의 주장처럼 예전에 비해 진단율이 늘거나 사회적 인식이 증가해 자폐스펙트럼장애로 판명되는 아이들이 많아지는 것일까? 하지만 그런 가정은 논리적으로 타당치 않은 부분들이 많다.

유전자만으로는 자폐의 원인을 모두 설명할 수 없다

자폐스펙트럼장애를 결정짓는 환경적, 신경학적, 유전적, 심리적 요인 중에서 최근까지도 절대적 요인으로 꼽혀온 것이 유전적 요인이다. 과학자들은 '유전적 코드의 결함으로 인한 자폐스펙트럼장애는 절대로 치료될 수 없다'고 단정지었다. 그러나 뇌과학이 발달하고 유전자 줄기세포를 이용한 치료법들이 대안으로 제시되면서 한때 부모들의 마음은 희망으로 부풀었다. 최근까지도 이와 관련된 노력은 계속되었고 진전이 있는 듯 했다. 그러나 자폐스펙트럼장애가 유전자 자체나 유전자의 비정상적인 결합에서 비롯되고, 유전자를 찾는 것이 근본적인 해결책이 아니라고 밝혀지면서 희망은 절망감으로 바뀌고 말았다.

그러나 유전적 코드의 결함을 찾아내면 자폐스펙트럼장애를 치료할 수 있다는 한때의 희망은 헛되지만은 않았다. 희망은 자폐스펙트럼장애를 결정짓는 특정 유전자를 찾기 위한 필사적인 노력으로 이어졌고, 결국 '유전적 구성 인자들이 가족계통에서 질환까지는 아니지만 성향으로 이어질 수 있다'는 사실을 밝혀냈다. 즉 자폐스펙트럼장애를 가진 형제나 자매가 있다면 그 가족 중 형이나 남동생이 이상한 반복행동을 하거나 수줍음이 지나치게 많을 수 있고, 여동생은 언어에 문제를 보이거나 사회성이 눈에 띌 만큼 부족할 수도 있다는 얘기다.

〈미국 의학유전학 저널(American Journal of Medical Genetics)〉에 의하면 유전적 돌연변이로 인한 자폐는 '증후군성 자폐(Syndromic Autism)'로 전체 자폐스펙트럼의 5~15%를 차지한다. 나머지 85~95%는 유전적 변이가 아닌 외부 환경 변이에 의한 '비증후군성 자폐(Non-Syndromic Autism) 혹은 원인불명 자폐(Idiopathic)'다.

그렇다면 자폐스펙트럼은 유전적 소인보다 다른 요인이 더 영향을 준다는 얘기인데, '다른 요인'이란 무엇일까?

유전의 영향은 40% 이하, 희망은 있다

1970년대 후반부터 본격적으로 시작된 유전학 연구에서 밝혀진 것은 일란성 쌍둥이의 경우 한 명이 자폐면 다른 한 명이 자폐가 될 확률이 70% 이상이라는 사실이다. 특히 1977년 미국 〈소아심리 정신의학 저널(The Journal of Child Psychology and Psychiatry)〉에 발표된 논문에서는 이란성 쌍둥이와 일란성 쌍둥이를 관찰한 결과 한 명이 자폐일 경우 다른 한 명도 자폐가 될 확률이 일란성 쌍둥이가 이란성 쌍둥이보다 훨씬 높은 60~95%라고 발표했다. 물론 22명(11쌍)의 일란성 쌍둥이와 20명(10쌍)의 이란성 쌍둥이를 대상으로 한 소규모 연구라 논란의 여지가 있었지만 이 논문 이후로 전문가, 의사, 후속 연구의 연구원들은 '자폐는 유전된다'라고 굳게 믿었다. 아직도 이 믿음은 깨지지 않고 있으며, 그 영향으로 치료에 대한 희망을 가지지 않는 것 같아 참으로 안타깝다. 필자가 아는 어떤 의사 역시 이러한 믿음 때문에 자녀의 자폐 증상이 나아질 것이라는 희망을 갖지 않는다. 희망이 없으니 아예 치료를 위한 시도조차 하지 않는 부모들도 많다.

그러나 '자폐는 유전된다'는 믿음은 2011년 미국 스탠포드대학병원에서 발표한 논문에 의해 철저히 깨지고 말았다. 1977년의 연구논문과는 달리 2011년 발표된 논문은 384명(192쌍)의 일란성 및 이란성 쌍둥이를 대규모 단위로 조사했는데 놀랍게도 1977년의 연구 성과와는 다른 결과가 나왔다. 유전적 변이의 영향은 40% 이하인 반면 환경적 변이의 중요성이 60% 이상이라는 결론이었다. 즉 이란성 쌍둥이의 경우 자라나는 환경이 동일하면 일란성 쌍둥이만큼 둘 다 자폐로 될 확률이 훨씬 높다는 것이다.

유전자가 같아도 환경에 의해 유전적 성질을 강하게 하거나 약하게 하거나 혹은 그 유전적 변이를 없앨 수 있다는 주장은 후성유전학에 기인한다. 발달 과정에서 제대로 발현되지 못한 유전자를 다시 발현시킬 수 있다면, 예를 들어 유전자적 소인이 명확한 15% 미만의 증후군성 자폐도 유전자가 재발현될 수 있는 기회가 주어지고 실제로 유전자가 발현되면 유전적 소인을 바꿀 수 있다는 얘기다. 그럼 나머지 85~95%를 차지하는 비증후군성 자폐는 치료 확률이 더 높아진다.

이와 관련해서 영국의 공립대학 킹스칼리지런던의 연구는 선천적 질병이 한 가지 유전자의 변이에 의해서만 발생한다는 기존의 확신을 무너뜨렸다. 기존의 분자유전학 연구에서는 헌팅턴무도병, 근위축증(루게릭병), ADHD, 자폐증 등의 원인 유전자를 발견하는 데 매진했는데 킹스칼리지의 쌍둥이 연구에서는 '쌍둥이는 무엇이 다른가'에 초점을 맞춰 쌍둥이 중 한쪽에 질병이 발생했을 때 그들의 유전자가 어떻게 달라지는지를 중점적으로 살폈다. 그 결과 같은 유전자를 가진 쌍둥이일지라도 질병이 생길 때는 최소한 550여 개가 넘는 유전자들이 상호작용하는 것으로 밝혀졌으며, 유전자만으로는 개인이 질병에 걸리는 이유를 고작 0.1% 정도만 설명할 수 있었다. 대부분의 유전자는 그 병인을 잠재하고 있다가 특정 상황에서 특정 요인이 충족될 때 발현되는데, 평생 발현되지 않는 경우도 많다는 것이다.

연구팀은 그 이유를 미국 스탠포드대학병원의 연구처럼 '후성유전체'에서 찾았다. 후성유전체는 환경의 변화로 인해 유전자의 행동 양식과 패턴이 변화할 수 있는 생체 작용이다. 그 생체 작용의 중심에는 DNA에 달라붙어 DNA의 성질을 변화시키는 메틸(methyl) 화학원소가 있는데, 유전자에 메틸 원소가 결합되는 메틸화가 일어나면 몸속에서 유전자의 활동이 억제되거나 약해질 수 있으며 반대로 강화될 수도 있다. 메틸화는 생활방식이나 기호에 따라 다양한 형태로 나타나는데 다이어트, 질병, 노화, 외상, 환경호르몬, 화학물질, 흡연, 양약 등이 주원인이다. 결국 동일한 유전자를 가진 일란성 쌍둥이도 메틸화를 통해 전혀 다른 사람으로 변할 수 있다는 것이다.

참고로 유전자와 관련되어 발생하는 메틸화를 메틸레이션(methylation)이라고 하는데, 자폐스펙트럼장애아들은 이 중요한 메틸레이션 과

후성유전학이 준 희망

후성유전학이란 유전자의 발현이 조절되는 메커니즘이 고유의 유전자 성질이나 아미노산 서열보다는 환경에 의해 변이되고 결정된다는 것을 밝히는 학문이다. 전통 유전학에서는 부모로부터 물려받은 유전자나 유전자의 염기서열에 관심이 있지만, 후성유전학에서는 유전자의 염기서열보다는 유전자의 '발현'에 더 관심이 많다. 질병을 유발하는 유전자의 염기서열이 100% 같다 하더라도 외부환경에 따라 다르게 발현되면 그 결과는 달라질 수 있다는 것이다. 후성유전학은 1940년대 콘래드 워딩턴(Conran Waddinton)에 의해 발달되기 시작해 최근에 이르기까지 왕성한 연구가 이루어지면서 유전자 자체만으로 설명할 수 없는 질환이나 암의 변이와 같은 과정을 설명할 수 있는 이론과 증거로서 빛을 발하고 있다.

이미 밝혀진 대로 인간의 유전자 중 신체를 구성하는 데 쓰이는 유전자는 3%에 불과하다. 단 3%의 유전자를 공통분모로 하여 히스톤이라는 단백질이 97%의 DNA를 전원 스위치처럼 껐다 켰다 하면서 실제 발현되는 유전자 단백질의 형질을 바꿔놓을 수 있다. 다시 말하면 100% 같은 유전자를 가져 같은 유전자 코드로 이어진 일란성 쌍둥이들도 자라나는 환경에 따라서 한 아이는 우울증을 겪고 다른 아이는 밝고 긍정적인 성격으로 발현될 수 있다는 것이다.

부모 세대에게 받은 유전형질이 어떤 것이든 실제로 발현되는 유전자의 형질은 추후 환경적 요인에 의해 얼마든지 변형될 수 있다는 후성유전학은 식습관이나 생활습관을 바꾸면 증상이 개선될 수 있다는 희망을 준다.

정에 유전적 결함이 있는 경우가 많다. 이 중요성에 대해서는 3부에서 좀 더 구체적으로 설명하겠다.

유전적 발현을 위해 뇌에 꼭 필요한 것은?

뇌에 절대적인 영향을 미치는 후천적 요소로는 자극과 영양이 있다. 뇌 기능을 좋게 하는 데 있어 기본적인 뇌 기능만 생각하고 치료의 기본이 되는 자극과 영양을 제외한다면 신경가소성(Neuroplasticity)을 통한 뇌 기능의 개선은 절대로 이뤄지지 않는다. 신경가소성이란 플라스틱이 외부의 압력이나 열에 의해 새로운 형태로 변형될 수 있는 것처럼 신경계에서 자극에 의해 기억과 학습, 운동 등 뇌 기능이 적응되거나 좋아지는 현상을 의미한다. 뇌 재활에서 가장 중요한 개념이다.

뇌를 자극하는 재활 프로그램을 통해 뇌의 불균형이 개선되면 자폐 진단을 받은 아이들도 빠르면 3개월 만에 더 이상 자폐 증상을 보이지 않는다. 이 역시 후성유전학에 바탕을 둔다. 어떻게 치료할지에 대해서는 3부에서 자세히 다룬다.

행동요법은 스펙트럼장애 치료에 적합하지 않다

이 책을 처음부터 읽어온 독자라면 이해하겠지만 스펙트럼장애는 지금까지 알려진 것처럼 행동장애가 아니다. 오래 전부터 행동장애라 믿어왔기 때문에 부정적인 행동이나 증상을 없애고 어느 환경에서나 사회에서 용인되는 정상적인 행동을 할 수 있도록 도와주는 것이 치료의 기본이라고 여겨졌지만, 행동장애가 아니기 때문에 행동을 보정하거나 교육하는 치료들은 스펙트럼장애의 증상을 일시적으로 완화할 뿐 근본 원인을 부모들의 바람만큼 해결해주지 못한다.

행동인지치료, 미술치료, 음악치료, ABA(Applied Behavioral Analysis) 치료, 썬라이즈 프로그램이나 토마티스요법, 베라르요법, 알렌테라피 등은 "자폐를 포함하는 스펙트럼장애는 행동장애"라는 인식에서 출발했다. 아이가 보이는 정상적이지 않고 부적절한 행동의 원인들을 미숙한 뇌 발달, 부모의 양육 태도, 심리적인 원인, 청각계 손상, 시각계 손상 등과 같이 눈으로 관찰되는 증상만 살펴보고 임상에 적용했기 때문이다. 행동 증상에 초점을 맞춘 치료이고 근본적으로 원인을 조절할 수 없기 때문에 스펙트럼장애의 근본적인 치료 방향으로는 바람직하지 않다.

이 중에서 자폐스펙트럼장애 치료에 가장 효과적이라고 알려져 있는 ABA 프로그램을 살펴보자.

ABA 프로그램은 1960년대에 스키너가 실험했던 동물 대상의 행동수정요법에서 착안해 미국 캘리포니아대학교 교수인 이바 로바스가 발달시킨 자폐스펙트럼장애 혹은 발달장애 아이들을 위한 행동수정요법이다. 아이가 정상이라고 여겨지는 행동을 하면 "잘했어"라고 말하거나 아이가 좋아하는 간식으로 행동을 강화할 수 있는 피드백을 주고, 아이가 상동행동과 같은 자폐 행동을 보이면 강하게 "안 돼"라고 얘기하거나 부정적인 피드백을 주어서 아이의 잘못된 행동을 수정하는 것이 목표다. 하지만 자폐아들은 사회적 의사표현에 서툰 것일 뿐 동물처럼 고등적 사고를 할 수 없는 것이 아니다. 이는 최근에 자폐로 살아왔지만 성인이 되어 의사소통이 가능해진 여러 자폐 환자들을 통해 알게 된 사실이다.

무엇보다도 스펙트럼장애는 행동장애가 아닌 신경행동장애라는 사실을 잊지 말아야 한다. 정상적이지 않거나 잘못된 행동이 나오는 결과는 신경, 즉 뇌의 원인으로 인한 것이기 때문이다. 1960년대까지만 해도 자폐를 포함하는 자폐스펙트럼장애를 행동장애라고 생각해서 ABA와 같은 행동수정요법을 최선의 치료법으로 여겨졌지만, 자폐가 신경행동장애라고 밝혀진 지금도 행동수정요법이 최선이라고 믿는 것은 옳지 않다.

치료사들이 보상으로 주는 매개체도 자폐아들에게 도움이 되지 않는다. 보통 아이가 좋아하는 초콜릿, 사탕, 캔디, 주스와 같은 간식을 보상물로 주는데 이 식품들은 스펙트럼장애 아이들이 반드시 피해야 하는 식품이다. 이런 보상물이 얼마나 안 좋은지는 3부에서 설명하겠지만, 단순히 목적에 부합하고 단기적 효과를 볼 수 있다는 이유만으로 이렇게 치료하는 현실이 참으로 안타깝다.

내 아이의 특별한 뇌 이해하기

대뇌의 불안정한 시소 놀이

앞에서도 얘기한 것처럼 스펙트럼장애는 유전적, 환경적, 신경학적 원인들이 복합적으로 작용해 나타난다. 하지만 최근까지도 유전적 원인이 가장 큰 요인으로 꼽혀왔다. 물론 유전적 원인이 자녀들에게 전달되지만 절대적이진 않으며, 갈수록 환경적·신경학적 원인들이 중요하게 작용한다고 보고되고 있다.

유전적 원인이 지배적이라고 할지라도 뇌 재활로 유전적 형질을 변형시킬 수 있다. 이것이 뇌 기능 치료에서 중요하게 생각되는 신경가소성

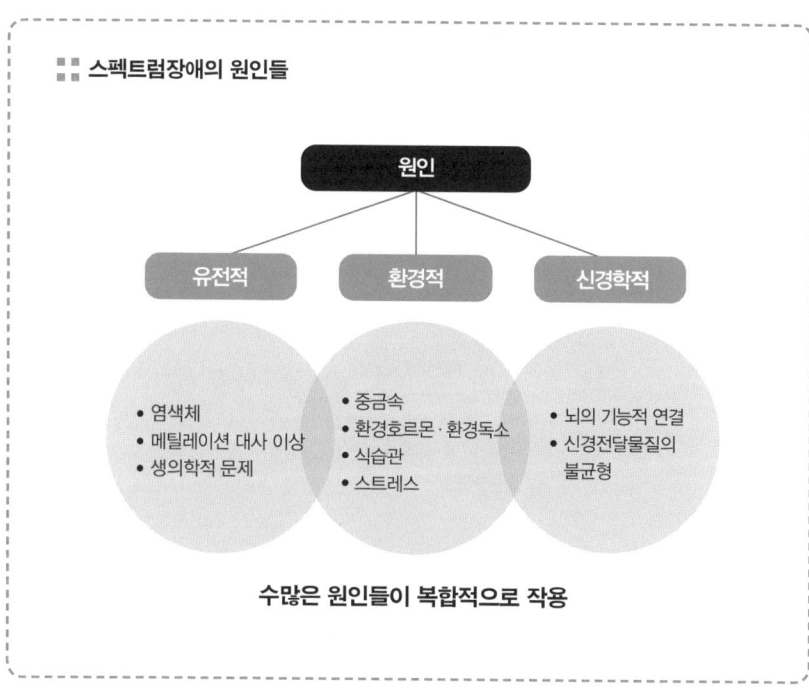

의 핵심이다. 흔히 자극치료는 반복되는 학습을 통해 기능만 향상시키는 것으로 알려져 있지만 신경가소성은 세포 내로 전달되는 자극을 통해 유전자 복제가 이뤄지는 과정인 CIEGr(Cellular Immediate Early Gene response)을 통해 신경핵 등의 세포 내 구조물을 재생·회복시킬 수 있고, 그렇게 구조가 바뀐 부분은 영속적으로 지속된다.

　신경학적 원인에서 신경 파괴의 주범은 뇌 염증반응이고, 가장 큰 문제점으로 지목되는 것은 좌우 뇌의 기능 불균형이다. 최근 많은 논문들에서도 ADHD를 비롯해 자폐스펙트럼장애의 원인이 뇌의 기능 이상, 특히 좌우 뇌의 기능이 불균형하게 발달하는 것을 원인으로 지목하고 있

■■ 스펙트럼장애아의 뇌 : 비활성화 영역

① 측두정엽의 비활성화

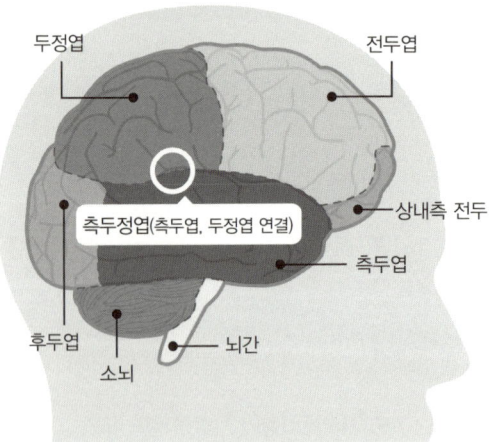

② 자폐스펙트럼장애아 그룹과 일반 아이 그룹의 뇌 비교

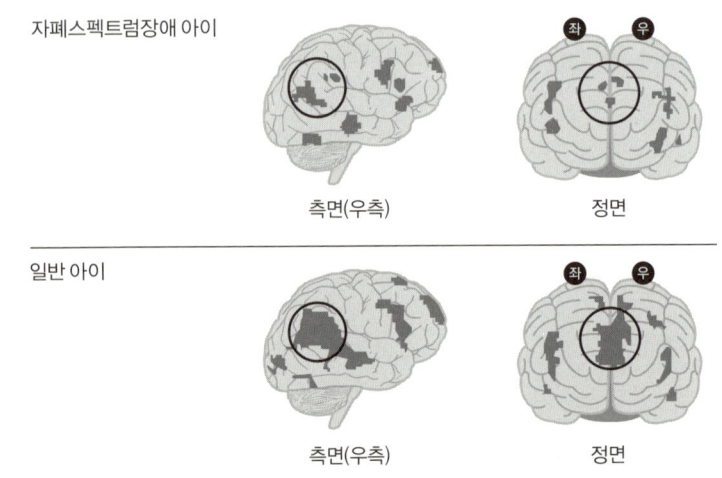

(출처 http://www.edmontonneurotherapy.com/neurotherapy_treatment_autism.html)

다. 그중 미국 카네기멜론대학의 논문은 자폐스펙트럼장애의 원인을 '좌우 뇌의 기능적 연결 이상(functional disconnectivity)'이라고 밝히고 있다. 특히 측두엽 중간 부분과 상내측전두가 정상인들보다 비활성화되는 것이 문제라고 한다.

70쪽의 그림을 보자. ①에서 두정엽(parietal lobe)과 측두엽(temporal lobe) 사이의 측두정엽(temporal-parietal junction)이 비활성화 부분이다. ②에서 위쪽은 자폐스펙트럼장애아의 뇌 활성화 그림이고, 아래쪽은 일반 아이의 뇌 활성화 그림이다. 진하게 칠해진 부분이 활성화 영역인데 아래쪽 그림에 비해 위쪽 그림에서 활성화 영역이 적다. 그것은 자폐스펙트럼장애아의 뇌 기능이 저하(hypofunction)되어 있음을 뜻한다. 위쪽과 아래쪽 그림에서 좌측 뇌와 우측 뇌를 비교했을 때 특정 영역의 기능이 저하된 것은 좌우 뇌의 기능 불균형을 의미한다.

대뇌의 기능 불균형

스펙트럼장애는 뇌세포 자체나 구성보다 뇌세포 간의 연결(시냅스)이나 뇌의 기능 상태가 좌우한다. 뇌의 기능 불균형은 전문 용어로 기능적 단절증후군(Functional Disconnection Syndrome: FDS)이라 하는데 좌우 뇌의 연결이 단절된, 즉 기능상의 문제 때문에 좌우 뇌가 정상적으로 교류할 수 없는 상태를 의미한다.

뇌 기능 불균형, 즉 Hemisphericity라는 의학 용어는 1960년대부터 논문에 등장하기 시작했다. 대뇌는 두 개의 반구로 이루어졌고 각각의 반구는 그 기능과 역할이 다른데 좌우 대뇌반구가 기능적으로 균형을 이루지 못하거나 소통 또는 통합을 할 수 없는 상태를 '뇌 기능 불균형'이라고 한다. 이는 1980년대와 1990년대에 뇌 과학에 대한 수많은 연구가 진행되면서 더욱 확실해졌다. 신경학적 질환들이 뇌의 모양, 즉 뇌의 구조적인 형태 변화에서 비롯되기보다는 뇌의 조절 능력과 같은 기능과 깊은 연계가 있는 것으로 밝혀진 것이다.

뇌에는 100억 개가 넘는 뇌세포가 있으며, 각각의 뇌세포는 1000개에서 1만 개의 시냅스를 통해 다른 뇌세포들과 연결되어 있다. 감각을 인지할 때 좌뇌는 몸의 오른쪽의 감각을, 우뇌는 몸의 왼쪽의 감각을 인지한다. 운동명령 체계도 오른손을 움직일 때는 반대쪽에 있는 좌뇌에서 명령을 내려 오른손을 움직일 수 있도록 조절한다. 그래서 뇌출혈 혹은 외상 사고로 뇌를 다치면 문제가 생긴 뇌의 반대쪽 근육 조절에 이상이 나타난다. 특히 각각의 대뇌는 반대편 신체의 지각과 운동을 담당하며 같은 쪽의 자율신경계 및 고정근, 불수의근과 같이 몸의 중심을 잡는 근육들을 조절해 근육의 톤을 결정한다. 그렇기에 대뇌가 조절하는 반대쪽 신체의 지각과 운동 기능, 그리고 같은 쪽 자율신경계 및 근육의 톤을 좀 더 면밀히 조사하면 대뇌의 기능을 파악할 수 있다.

대뇌의 역할을 알면 어디에 문제가 있는지 보인다

자폐스펙트럼장애 아동들은 처음 진단을 받으면 MRI를 찍는 경우가 많은데 MRI 상으로 뇌의 구조적 차이를 확연히 구별하기는 힘들다. 물론 MRI의 최신 기법으로 DTI(diffusion tensor imaging)가 이용되면서 대뇌피질 신경다발의 연결 상태나 신경 경로의 좌우 뇌의 차이를 어느 정도 파악할 수 있게 되었지만 여전히 한계가 있다.

대뇌의 기능은 우리가 알고 있는 것처럼 사고와 인지, 분석에 국한되지 않는다. 그러므로 감각 기능(sensory), 운동 기능(motor), 자율신경계

(autonomic)로 분류해서 모두 다 살펴보아야 한다. 스펙트럼장애아들의 경우 이 영역들에 공통적으로 문제가 있다. 하지만 대부분 검사나 상담에서는 사고 및 인지 기능을 제외하고 주관적인 심리 분석이나 부모의 관찰에 의존한다. 이는 자폐스펙트럼장애를 뇌의 문제로 인한 질환으로 보면서 실제로는 뇌의 문제를 면밀히 파악하지 않는 현실을 고스란히 드러낸다.

일례로 왼쪽 눈과 오른쪽 눈의 동공 크기가 크게 차이 나면 자율신경계가 잘 조절되지 않는다고 판단한다. 아킬레스건으로 이어지는 왼쪽과 오른쪽 종아리 근육의 경직도를 비교해보면 왜 이 아이가 어렸을 때 까치발로 걸었으며 대뇌의 어느 영역에 문제가 있어 아직도 보행에 문제가 있는지를 알 수 있다. 눈을 감고 바로 서게 했을 때 바로 서지 못하고 한쪽으로 기울거나 넘어지는 것은 균형감각이나 소뇌의 기능에 문제가 있음을 알 수 있는 방법이다. 이처럼 좌우 뇌의 기능이 어떻게 다른지를 파악하는 것은 뇌 기능 불균형 여부를 파악하는 출발점이다.

좌뇌와 우뇌의 역할

좌뇌와 우뇌는 대뇌가 조절하는 신체 기능의 효율성을 위해 따로 작동하거나 함께 작동함으로써 오감(시각, 청각, 촉각, 미각, 후각) 외에 위치감각과 균형감각, 전정감각(회전하거나 가속, 감속, 오르거나 내려갈 때 귀에 있는 세반고리관과 난형낭·구형낭을 통해 느낄 수 있는 감각)의 정보로 사회성의 기본이 되는 얼굴 표정을 인식하고 감정을 조절한다. 이 중에서 전정감각은 다른 감각들보다 먼저 발달하는 감각으로 안구운동의 안정성에 크게 기여하며 추후 균형감각, 운동성 발달과 밀접한 관련이 있다.

좌뇌는 '언어의 뇌'라고도 하며 언어 중추가 자리 잡고 있다. 좌뇌가 발달하면 논리적·합리적·수학적·이성적·실용적·직선적·긍정적 사고가 뛰어나고, 언어 능력이 뛰어나다. 우반신의 운동을 담당한다.

이에 반해 우뇌는 '이미지 뇌'라고도 하며 비논리적·공간적·남성적·부정적·창조적·직관적 사고를 관장하고, 우울감과 관련이 있으며, 좌반신과 대근육의 운동을 담당한다. 기억을 이미지화해서 머릿속에 파일 형태로 저장했다가 필요할 때 꺼내 쓰는 우뇌의 능력을 패턴 인식력이라고 말하는데, 아기가 부모와 남을 구별할 수 있는 것은 이 능력이 발달했기 때문이다. 우뇌의 공간 인식 능력은 사물의 위치를 판단하고 행동을 계획하는 능력으로, 인간으로서의 직관을 발달시키고 학습할 수 있는 기준과 체계를 형성하는 데 꼭 필요하다.

좌뇌와 우뇌가 근본적으로 하는 일에는 차이가 있지만 좌뇌는 언어 뇌, 우뇌는 이미지 뇌로서 서로 정보를 교환하면서 돕는다. 수학을 일반적으로는 좌뇌의 영역으로 알고 있는데 수학에서 계산과 같은 대수는 좌뇌에 좀 더 많이 의존하고 함수·도형·측정·기하는 우뇌의 능력이 필요하기 때문에 수학을 좌뇌 혹은 우뇌의 영역이라고 단정 지어 말할 수 없다. 음악도 단순히 우뇌 영역이라고 단정 지을 수 없다. 단조로운 박자나

좌뇌와 우뇌의 역할

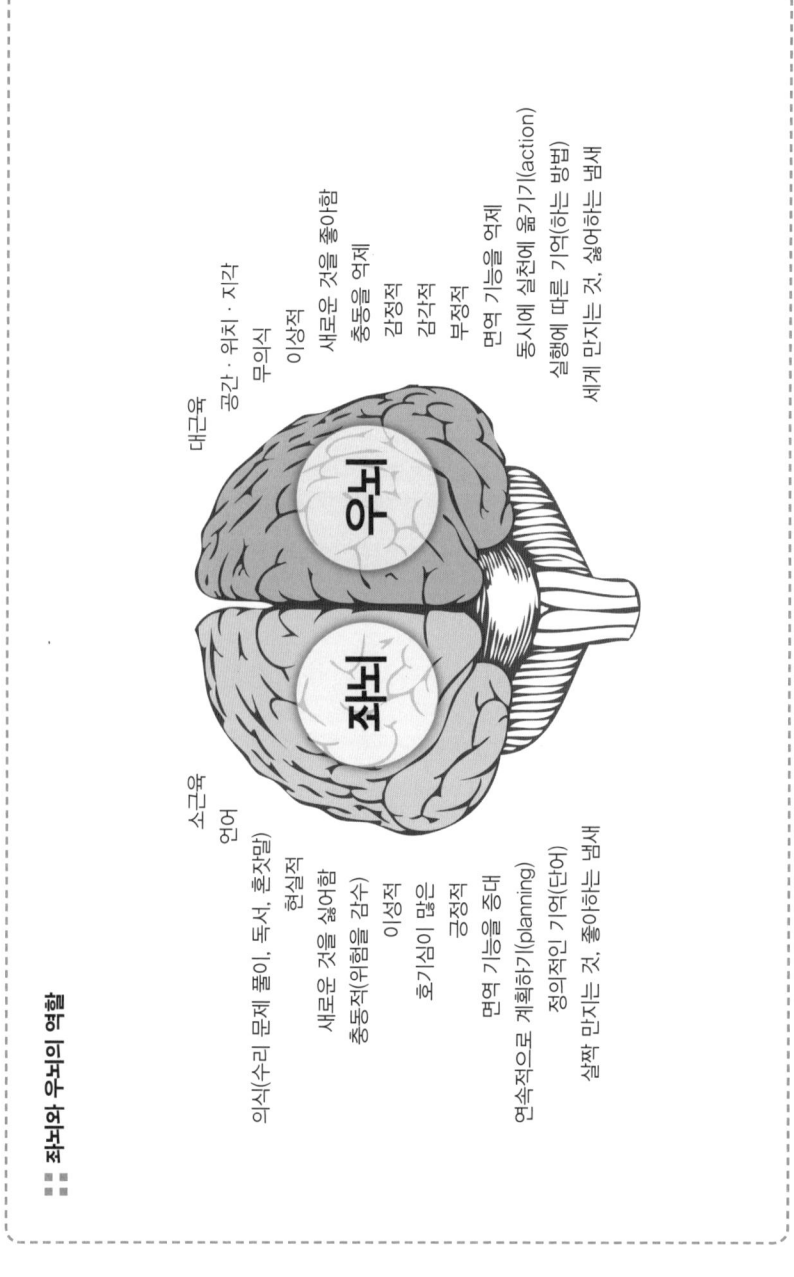

대근육
- 공간·위치·지각
- 무의식
- 이성적
- 새로운 것을 좋아함
- 충동을 억제
- 감정적
- 감각적
- 부정적
- 면역 기능을 억제
- 동시에 실천에 옮기기(action)
- 실행에 따른 기억(하는 방법)
- 세게 만지는 것, 싫어하는 냄새

소근육
언어
- 의식(수리 문제 풀이, 독서, 혼잣말)
- 현실적
- 새로운 것을 싫어함
- 충동적(위험을 감수)
- 이성적
- 호기심이 많은
- 긍정적
- 면역 기능을 증대
- 연속적으로 계획하기(planning)
- 정의적인 기억(단어)
- 살짝 만지는 것, 좋아하는 냄새

리듬은 좌뇌가 좀 더 관여하고, 음정이나 소리의 강약은 분석을 위해 우뇌의 도움을 절대적으로 필요로 하기 때문이다. 청각 인지에 있어서도 20~2만hz의 가청 주파수 중 언어를 담당하는 주파수 대역은 좌뇌로 입력되고, 배경음이나 자연의 소리와 같이 언어보다 낮은 대역의 주파수들은 우뇌로 입력되어 소리를 통한 공간 인지를 돕는다.

좌뇌와 우뇌는 각기 외부 환경에 대응하는 방법도 다르다. 인간의 행동과 감정은 급박한 위기에 처하면 생존을 위해 긴밀하게 협조한다. 이는 뇌의 조절에 따라 교감신경과 부교감신경이라는 자율신경을 통해 이뤄지는데 일촉즉발의 상황에서 싸우거나 도망가거나(fight or flight) 혹은 심리적으로 다가가거나(선호) 피하게(거부) 되며, 긴박한 상황이 아니더라도 애정관계, 교우관계, 돈, 명예 등에 있어 개인의 동기에 따라 적절한 행동을 취하게 된다. 감정을 표현하는 단어는 많지만 인간의 감정은 6가지로 압축되며, 이 6가지 감정은 뇌의 대응과 관련해 두 부류로 나뉜다(아래 도표 참조).

이상적인 행동이나 감정 패턴은 양쪽 뇌가 균형을 이루며 서로 협조할 때 실현된다. 이는 아이들뿐만 아니라 청소년과 성인에게도 해당된다.

대뇌가 외부 환경에 대응하는 방법

좌뇌		우뇌	
행동	감정	행동	감정
싸움	기쁨	도망감	슬픔
선호함	화냄	거부함	혐오
다가감	놀람	피함	두려움

뇌 기능 불균형의 신호들

이처럼 뇌는 감각 정보를 받아들여 뇌의 각 영역에 연결하는데, 만약 해당 영역의 기능이 약하거나 시냅스의 연결에 문제가 있다면 오작동이 발생하거나 정보가 왜곡되어 받아들여진다.

'다, 타, 바, 파, 차' 음들을 소리 내보자. 이런 음들은 윗입술과 아랫입술이 맞닿거나 혀가 이에 닿으면서 아주 짧게 소리가 나는데, 짧은 시간에 소리를 인지해야 하는 이 발음들은 소리가 약하면 혼동되기 쉽다. 특히 뇌 기능 불균형이 있는 경우 좌뇌와 우뇌의 정보 처리 속도가 다르기 때문에 속도가 빠른 뇌는 파열음을 인지하지만 속도가 느린 뇌에서 파열음을 조금이라도 늦게 인지하면 청각 인지에 어려움을 겪는다. 청각 인지에 어려움을 겪게 되면 언어 인지 발달에도 문제가 생긴다. 단순히 언어를 담당하는 뇌 영역에 문제가 생겨서가 아니라 뇌 기능 불균형이 근본 원인이 되어 언어 지연이 생기는 것이다.

뇌 기능 불균형이 심화되는 가장 큰 원인은 우리가 생각하는 것처럼 동일한 비율이나 속도로 좌우 뇌가 발달하지 않기 때문이다. 뇌는 시간의 흐름에 따라 발달하는 세 개의 발달 시계를 가지고 있다. 육체적 시계, 행동·감정적 시계, 사고·인지적 시계인데 이 시계들은 자신이 의식하던 못하던 간에 다른 속도로 발달한다.

뇌 기능 불균형이 가속화되는 경우는 자폐스펙트럼장애처럼 양쪽 대뇌의 일부 영역의 발달이 지연되면서 일부 대뇌의 기능이 정체되거나, 아

좌뇌와 우뇌의 기능 차이

우리 뇌가 왼쪽 사진처럼 추진체 엔진이 하나라면 스펙트럼장애에 좀 더 유연하게 대처할 수 있을 것이다. 그러나 우리 뇌는 오른쪽 사진처럼 두 개의 추진체 엔진을 가지고 있다. 좌뇌와 우뇌의 기능이 모두 정상적이라면 지구 대기권을 벗어나서 우주에 도달할 수 있겠지만, 두 개의 추진체 중에서 하나의 기능만 저하되어도 우주선은 궤도의 방향을 잃고 대기권에 도달하지 못한 채 추락하고 만다.

(사진출처 https://pixabay.com)

스퍼거증후군과 ADHD처럼 한쪽 대뇌는 정상이지만 다른 쪽 대뇌의 기능이 지연된 형태로 표현된다. 양쪽 대뇌의 기능이 정상인데 한쪽 대뇌 기능이 우월하게 활성화된 형태로 나타나기도 한다.

뇌 기능 불균형은 다음과 같은 증상으로 나타날 수 있다.

- 자신의 몸 상태를 알아채는 능력이 떨어진다.
- 대근육 운동 및 소근육 운동 능력이 떨어진다.
- 원시운동반사가 지속된다.
- 안구 조절 능력이 떨어진다.

- 사회적응력이 떨어진다.
- 감정 표현이나 반응이 비정상적이다.
- 감각처리장애 증상이 나타난다.
- 2차적 면역 문제가 생긴다.
- 심장박동이 빠르고 소화기관이 충분히 발달하지 않는다.
- 음식에 과민성을 보인다.
- 소화력이 떨어진다.
- 학습과 관련해 장애 증상들이 생긴다.
- 인지장애 증상들이 생긴다.

아직도 많은 부모들이 스펙트럼장애의 감각 문제가 감각기관 혹은 그 감각의 수용기 자체에는 문제가 없지만 감각기관과 뇌로 연결되는 뇌신경이나 신경 경로의 발달이 미숙하기 때문이라고 믿는다. 신경계의 경로는 이미 감각수용기가 외배엽으로부터 분화되는 착상 3주 후부터 발달된 상태이다. 신경계의 미숙한 발달보다는 급격한 발달과 분화로 인한 뇌 기능 불균형이 더 문제다. 그렇기 때문에 감각 자극을 통해 감각을 발달시키려는 시도는 신경계의 미숙한 발달을 돕는다는 관점에서는 논리적으로 이해되지만, 치료 면에서 효과가 없다.

우리 아이는 좌뇌형일까, 우뇌형일까? :
정상 범주의 뇌 기능 불균형 알아보기

좌뇌와 우뇌의 개별적 특이성으로 볼 때 유전적으로 남성은 우뇌의 특이성을, 여성은 좌뇌의 특이성을 띨 확률이 높다. 이런 특이성에 따라 본인의 뇌가 사고·인지, 분석, 결정, 감정 조절, 행동 조절, 운동 조절 등에 있어 어떤 뇌를 좀 더 우성적으로 사용하는지를 파악하는 것은 개인의 성향이나 장단점을 파악할 수 있는 근거가 될 뿐만 아니라 어떤 특이성을 좀 더 개발할 것인지, 열성인 뇌를 어떻게 보완할 것인지에 대한 해결책을 찾는 계기가 될 수 있다.

82쪽의 테스트는 뇌와 관련되는 일들을 수행할 때 우리가 어떤 뇌에 좀 더 의존하는가를 파악하는 것으로, 중학생 이상이나 성인도 할 수 있다. 테스트의 결과 답변의 개수에 따라 좌뇌형인지, 좌우 뇌를 골고루 사용하는지, 우뇌형인지를 알 수 있다.

일반 성인이나 아동의 경우에도 좌뇌와 우뇌의 기능 차이는 항상 존재한다. 스펙트럼장애라고 한다면 좌뇌와 우뇌의 기능적 차이가 원인일 테고, 정상 범주에서 좌우 뇌 기능 차이는 충분히 극복할 수 있는 범위이니 안심해도 된다.

A형 : 좌뇌형

A형으로 결과가 나왔다면 평소 우뇌보다 좌뇌를 상대적으로 많이 사

정상 범주의 뇌 기능 불균형 여부 알아보기

	질문	답 1	답 2
1	처음 본 사람의 이름과 얼굴 중 잘 기억하는 것은?	이름	얼굴
2	노래를 들을 때 가사와 멜로디 중 신경 써서 듣는 것은?	가사	멜로디
3	미로 찾기를 수월하게 하는 편인가?	아니오	예
4	꼼꼼한 스타일인가?	예	아니오
5	그림 그리는 것을 좋아하는가?	아니오	예
6	수학을 좋아하고 계산을 잘하는 편인가?	예	아니오
7	일상 속에서 에너지를 충전하는 방법은?	혼자만의 시간	다양한 활동
8	문제를 이해할 때 이론과 이미지 중 어떤 것이 도움이 되는가?	이론	이미지
9	평소 긍정적으로 생각하는 편인가?	예	아니오
10	그림을 볼 때 세부 사항과 전체 그림 중 먼저 보는 것은?	세부	전체
11	종이접기 등 손으로 만들고 조립하는 놀이가 좋은가?	아니오	예
12	자신의 의사를 전달할 때 말보다 글이 편한가?	예	아니오
13	DIY나 제품을 조립할 때 설명서를 먼저 보는가?	예	아니오
14	맞춤법을 잘 지키는 편인가?	예	아니오
15	주어진 일은 어떻게 처리하는가?	계획적	닥치는 대로
16	문제 해결을 할 때 직관과 분석 중에서 어느 것을 통해 해결하는가?	분석	직관
17	주위 사람으로부터 눈치 없다는 소리를 듣는가?	예	아니오
18	비염이나 아토피가 있는가?	예	아니오
19	집 안이 더럽다고 느끼면 수시로 정리를 하는가?	예	아니오
20	온몸을 움직이는 활동적인 운동이 좋은가?	아니오	예

* 1번에 해당하는 답변이 11개 이상이면 ➜ A형 : 좌뇌형
 1, 2번에 해당하는 답변이 각각 10개씩이면 ➜ B형 : 좌우 뇌 밸런스형
 2번에 해당하는 답변이 11개 이상이면 ➜ C형 : 우뇌형

용하고 있을 것이다. 이 경우 우뇌를 발달시킬 무언가가 필요하다. 축구나 농구처럼 공으로 하는 운동은 대근육의 조절과 공간 위치 파악, 창의성 발휘 등을 통해 우뇌를 자극시킬 수 있고, 악기를 연주하는 것은 음조(멜로디)를 인지함으로써 우뇌를 자극시킬 수 있다. 미로 찾기 같은 경우 공간과 이미지 등을 파악함으로써, 틀린 그림 찾기는 이미지를 보고 판단하는 과정을 통해 우뇌를 자극할 수 있다.

B형 : 좌우 뇌 밸런스형

B형으로 결과가 나왔다면 평소 좌뇌와 우뇌를 균형 있게 사용한다는 얘기다. 좌뇌와 우뇌 중 어느 한쪽에 자극을 줄 것이 아니라 좌뇌와 우뇌를 모두 사용할 수 있는 계기를 마련해주는 것이 좋다. 레고나 블록 쌓기 등 새로운 것을 만들면서 우뇌의 영역인 창의성을 키울 수 있다. 뿐만 아니라 손가락을 사용하는 소근육 운동과 반복적인 패턴을 통해 좌뇌를 자극할 수 있다. 보드게임은 정해진 루트와 반복적인 이동을 통해 좌뇌를 자극하고, 새로운 미션을 수행하는 과정을 통해 우뇌를 자극할 수 있다.

C형 : 우뇌형

C형으로 결과가 나왔다면 좌뇌보다 우뇌를 상대적으로 많이 사용하

는 경향이 있다. 좌뇌를 자극할 수 있는 놀이나 수단이 필요하다. 그림 퍼즐이나 큐브 같은 경우는 정해진 패턴의 반복을 통해 좌뇌를 자극할 수 있고, 책은 언어적인 자극을 통해 좌뇌를 자극한다. 다트나 양궁 같은 경우는 소근육의 미세하고도 반복적인 조절을 통해 좌뇌를 자극할 수 있다.

심한 뇌 기능 불균형 자가진단 테스트

좌우 뇌의 기능은 좌우 뇌의 우성, 열성과는 다르다. 우성인 뇌가 항상 기능이 좋은 것은 아니다. 우성인 뇌의 기능이 나쁠 수도 있는데, 좌뇌와 우뇌의 불균형이 심각한 정도면 질환으로 구분될 수 있다.

85쪽의 테스트는 정상적인 범주를 벗어난 좌우 뇌의 기능적 차이를 판별할 수 있는 기준이 된다. 이를 통해서는 중간 정도를 벗어나는 뇌의 기능 불균형을 확인할 수 있다. 18문항 이상이 아이와 맞다면 간략한 성향 분석이 아니라 뇌의 기능 불균형에 대한 주의를 기울여야 할 필요가 있다.

▮▮ 정도가 심한 뇌 기능 불균형 알아보기

1	눈을 잘 맞추지 않는다.	
2	소리에 민감하다.	
3	갑자기 울거나 웃는 등 감정 기복이 심하다.	
4	친구 관계를 형성하는 능력이 부족하다.	
5	지나치게 참을성이 없다.	
6	주의집중력이 떨어진다.	
7	강박적인 생각이나 행동을 한다.	
8	충동적이고 과잉된 행동을 한다.	
9	이해력이 부족하다.	
10	정리정돈을 잘하지 못하고 숙제나 일을 끝내지 못한다.	
11	질문을 끝까지 듣지 않고 대답한다.	
12	글씨를 잘 쓰지 못하고 더딘 편이다.	
13	계산 능력이 떨어진다.	
14	기억력이 좋지 않다.	
15	글을 읽을 때 속도가 느린 편이다.	
16	자주 기분이 우울하고 자신만의 감정에 빠지는 편이다.	
17	새롭거나 색다른 일을 좋아하지만 금방 싫증을 낸다.	
18	반복적이고 정해진 일을 잘 따라하지 못한다.	
19	생각하지 않고 먼저 행동해 부주의한 실수들을 많이 한다.	
20	학업 성적이 꾸준하지 못하다.	

* 20문항 중 체크한 사항이 15~17개면 중간 정도의 뇌 기능 불균형,
18개 이상이면 심한 뇌 기능 불균형이다.

뇌 기능의 발달에도 순서가 있다

뇌 기능의 불균형 여부를 판단하는 데는 발달 지표가 도움이 된다. 대표적으로, 운동 발달에 있어 14개월이 되어서도 걷지 못한다면 뇌의 운동 담당 영역의 발달에 문제가 있음을 의미한다. 만약 뇌의 일부 영역의 발달이 지연되더라도 뇌는 발달 과정상 그다음 단계로 넘어갈 수밖에 없다. 제대로 발달되지 않은 영역이 있어도 뇌는 되돌아가거나 기다려주지 않은 채 순차적으로 무조건 발달이 진행된다.

예를 들어 기는 것을 뛰어넘고 바로 걷는 아이들은 추후에 보행이나 운동 발달에 문제가 생긴다. 뇌는 보행이나 운동 발달에 문제를 일으키는 영역을 스스로 재활시킬 수도 없으며, 그 영역이 발달하기를 기다리며 기어 다니는 시기로 돌아가거나 기는 것을 다시 반복할 수도 없는 일이다.

발달 단계에서 뇌의 일부 영역의 발달이 지연되면 좌우 뇌 불균형이 가속화된다. 그 이유는 원래 좌우 뇌가 동일한 속도로 발달하지 않기 때문이다. 좌우 뇌의 발달 시기가 다른 이유는 좌뇌 혹은 우뇌를 집중적으로 발달시키려는 뇌의 진화적 특성 때문이다.

생후 초기부터 언어 발달이 가속화되는 만 2세까지는 우뇌가 눈에 띄게 발달하고, 만 2세부터는 좌뇌가 급속도로 발달한다. 그런데 뇌의 발달에는 진보만 있는 게 아니다. 뇌의 급진적인 발달과 양쪽 뇌의 불균형적인 발달의 영향으로 퇴행을 겪는 시기가 있다. 그 퇴행이 어떤 아이에게는 뚜렷하게 나타나고 어떤 아이에게는 미세하게 드러나지만 자폐스펙트럼장애아들에게는 두드러지게 나타난다. 자폐스펙트럼장애아들의 뇌는 정상적으로 발달하다가 만 2세 시기에 퇴행을 많이 보인다. 특히 우뇌의 기능에 이상이 있으면 보통은 조용하고 착한 아이로 지낸다. 그러다가 뇌의 기능 불균형을 치료하는 운동을 하면서 소리를 지르거나 난폭해진다. 그 이유는 우뇌 기능 이상으로 감춰져 있던 부정적인 성향이 드러나기 때문이다.

부모들과 상담을 하다 보면 아이의 갑작스런 행동 변화를 가장 많이 혼란스러워하고 또 당황한다. 이런 변화가 그 아이의 연령에는 맞지 않지만 뇌의 일부 영역의 발달이 지연된 아이가 보이는 정상적인 반응이다. 그러니 6세 아이가 3~4세 아이처럼 성질이나 화를 내면 그냥 지나치지 말고 그렇게 하지 말라고 아이를 반드시 일깨워줘야 한다.

한때 자폐스펙트럼장애아를 둔 엄마들 사이에서 예방접종이 자폐스펙트럼장애의 원인으로 손꼽히며 이슈가 되었지만 결과적으로 자폐스펙트럼장애와 예방접종이 인과관계가 없는 것으로 밝혀졌다. 오히려 예방접종을 기피한 후 예방접종만 하면 별 문제없을 수두 같은 질환들의 유병률이 기하급수적으로 증가했다.

예방접종을 하느냐 하지 않느냐의 문제보다는 생후 초기에 면역 상태가 완전하지 않은 상태에서 하루에 아이가 맞는 예방접종 횟수가 더 큰 문제다. 아이의 상태를 면밀하게 파악해 열이 있거나 컨디션이 좋지 않을 때는 예방접종을 피하고, 부모가 병원에 자주 가기 힘들다는 이유로 여러 가지 예방접종을 하루에 몰아서 하는 일도 없어야 한다. 의사들은 이에 따른 문제가 전혀 없다고 말하지만, 이것은 어디까지나 환경오염이 심각하지 않은 과거의 일일 뿐이다. 실제로 임상적으로는 멀쩡하던 아이가 하루에 2~3가지 이상의 예방접종을 한 후 퇴행하는 경우가 많다. 예방접종은 아이가 건강할 때 간격을 두고 하는 것이 가장 이상적이다.

90~91쪽의 발달 피라미드에는 뇌 기능의 발달 순서가 정리되어 있다. 피라미드에서처럼 말을 하기 위해서는 시각과 청각에 대한 주의력, 의미 파악 및 감정 부여 등이 먼저 이루어져야 한다. 언어 발달의 기본이 되는 청각 인지 능력이 향상된 후 옹알이와 같은 무의미한 소리를 내고 발음기관을 조절하는 과정을 거쳐 언어 표현이 이루어지는 것이다. 이는 처음 걸음마를 하고 균형감각을 익혀 걷고 뛰기까지의 운동 발달과 같은 현상으

로, 또래에 비해 운동 능력이 부족하면 말을 하기까지 더 많은 시간이 걸린다. 운동 발달과 감각 인지는 생후 2~3년간의 뇌 발달 정도를 측정하는 중요한 척도가 되며 자아 형성과 사회성 발달에 많은 영향을 끼친다.

뇌의 발달은 한 단계 한 단계씩 뇌에서 프로그래밍된 순서대로 더디게 진행된다. 그러므로 이러한 순차적인 발달 과정을 무시하지 말고, 발달이 덜 된 영역 때문에 다음 단계의 발달이 영향을 받는지를 항상 주시해야 한다. 예를 들어 자녀가 언어가 되지 않는다면 언어 습득에만 신경 쓸 것이 아니라 언어 능력이 발달하기까지 거쳐야 하는 뇌 발달 과정에서 부족하거나 미흡한 단계가 있는지를 살피고 그 단계를 충분히 발달시킨 후에 자연스럽게 언어가 발달되도록 기다려주어야 한다.

사회성은 이론적인 학습이나 반복적인 연습으로 얻을 수 있는 능력이 아닌 비언어적인 의사소통 능력이다. 비언어적 의사소통 능력은 말을 하지 않아도 상대방의 감정을 알아차릴 수 있는 능력으로 뇌의 거울신경세포(다른 사람이 어떤 동작을 실행하는 것을 관찰할 때나 자신이 그 동작을 실행할 때 활성화되는 신경세포)가 정상의 상태일 때 가능하다. 언어와 사회성은 언어치료나 놀이치료를 통해서 단기간에 좋아질 수 있는 것이 아니라 뇌 기능의 발달 단계에 맞춰 필요한 자극을 적절히 충족시켜주었을 때 하위 단계의 기능부터 순차적으로 자연스럽게 이루어질 것이다.

자폐스펙트럼장애는 치료의 황금기가 분명 존재한다. 조기에 발견하고 아이의 증상과 원인에 따라 적절한 치료를 받을수록 예후가 좋으므로 계획을 세워 꾸준히 치료받는 것이 중요하다.

연령대별 뇌 발달 과정 : 순차적인 뇌 발달

뇌 기능의 발달 순서:
- 학습 능력
- 조직화/분석
- 순서 파악
- 시간 인식
- 언어 능력
- 표현 능력
- 의미 파악 및 감정 부여(감각통합)
- 공간 인지(외부와 개인의 구별)
- 방향(위아래, 전후) 구별
- 오른쪽과 왼쪽 구별
- 시청각 주의력
- 자세(중심근육 발달)
- 감각 인지(7감)
- 인식(각성)

● 0~3세 : 뇌 전체 발달

이 시기에 뇌 발달은 어느 때보다 빠르고 급격하게 일어난다. 7가지 감각인 시각, 청각, 촉각, 후각, 미각, 전정감각, 위치감각을 통해 뇌의 전반적인 감각과 기능이 발달하므로 다양한 자극을 주는 것이 중요하다.

0-3세
(뇌 전체 발달)

● 3~6세 : 전두엽 발달

뇌의 이마 부분에 해당되는 전두엽은 우리 뇌에서 CEO나 다름없다. 즉 사고, 판단, 주의 집중력, 언어, 감정 등 인간의 뇌에서 일어나는 모든 기능과 작용에 적극적으로 관여하는데 이러한 인지 기능 전에 발달하는 운동 기능이 전두엽의 기능과 직결된다. 인간으로 살아가는 데 필요한 모든 지적 기능과 성품의 기초를 세우며, 포유류와 인간을 구분하는 인간의 조절 능력이 추후 개인화되는 도덕성과 인간성까지도 연계된다.

3-6세
(전두엽 발달)

- **6~12세 : 측두엽, 두정엽 발달**

인간의 언어와 기억은 주로 측두엽에서 담당한다. 특히 좌측 측두엽에서는 언어라는 상징의 의미를 이해시키고, 말의 형태로 표현하도록 만들어준다. 6세 이전까지는 모국어를 학습했다면 이 시기부터는 모국어와 다른 언어를 구별하고 이해하는 능력이 급격하게 성장한다. 그리고 두정엽은 촉각, 통각, 압각, 온도, 몸의 위치 등에 대한 정보를 수용하고 처리한다.

6-12세
(측두엽, 두정엽 발달)

- **12~13세 : 후두엽 발달**

이 시기는 후두엽이 발달하는 단계로 우리나라 초등학교 고학년 이상의 연령대가 속한다. 이 시기에는 시각 피질이 자리 잡고 있는 후두엽이 가장 활발하게 발달한다. 시각 피질의 발달 덕분에 이 시기의 청소년들은 자신의 외모에 특별히 신경을 쓰며 남들과 비교도 해보고 자신이 어떤 사람인지 궁금해한다.

12-13세
(후두엽 발달)

운동 능력의 발달 정도로 뇌 기능의 발달을 측정한다

초등학교 입학 전의 사회성 발달은 뇌 발달과 관련이 있다. 물론 사회성은 부모가 관찰하거나 주위 사람들의 의견으로 판단할 수도 있지만, 주관적인 의견이 들어가므로 정확한 판단을 내리기가 어렵다.

93쪽의 운동 발달 기준은 뇌 발달을 체크할 수 있는 중요한 지표이며, 이 기준에서 지연이 있었다면 뇌 발달 이상을 의심해볼 수 있다.

특히 운동 발달 기준과 병행해서 살펴보아야 하는 사회성 발달 준거 기준은 의사표현을 하거나 자신의 이름을 불렀을 때 관심을 가지고 반응

:: 뇌 발달 기준에 준거한 생후 초기 운동 능력 발달의 기준

번호	운동 능력	발달 시기
1	앉기	생후 6개월에 시작
2	기기	생후 8개월에 시작
3	첫 단어 말하기	생후 9개월까지
4	서기	생후 10개월에 시작
5	걷기	생후 12개월에 시작
6	화장실 가리기	생후 2.5년에 시작

:: 그 외 사회성 발달의 준거 기준

번호	행동	발달 시기
1	소리나 시각 자극에 집중	생후 2개월까지
2	즐거워하는 모습을 보임	생후 4개월까지
3	웃음이나 음성으로 부모와 소통	생후 8~9개월까지
4	부모 손을 끌고 가 원하는 것을 찾거나 가리키는 행위	생후 12~16개월까지

하는가이다. 아이가 자신의 이름에 반응하지 않거나 자신이 원하는 것을 잘 표현하지 않는 것은 조용하거나 내성적인 성향과는 다른 특성이다.

아이가 시기에 맞게 발달하고 있는지, 자폐스펙트럼장애는 아닌지를 파악하기 위해서는 엄마의 병력도 중요하다. 임신 기간 동안 산모에게 알레르기가 있었다면 산모의 면역 상태와 장 건강이 좋지 않았음을 의미하며, 이는 아이에게 그대로 유전된다. 또 산모의 편식이나 아이의 편식에 따른 양육 상태, 유전적 요소, 환경적 요소를 통해 아동의 문제행동의 근본 원인을 파악해볼 수 있다.

만 3~4세의 발달 정도 체크하기

내 아이와 비슷한 또래의 아이를 보면 '비교하지 말아야지' 하면서도 비교하고, 조금이라도 내 아이가 부족해 보이면 행여나 하는 불안감에 여러 생각에 휩싸이게 된다. 같은 나이에 옆집 아이는 단어를 연계해서 문장을 구사하는데 우리 아이는 아직도 단어 조합을 어려워한다면 부모의 속이 탈 수밖에 없다. 하지만 아이들의 성장 속도가 모두 같은 것은 아니다. 또 부모가 말을 늦게 배운 편이었다면 아이도 말을 늦게 배울 수 있다.

만 3~4세 기준으로 아이들이 충분히 수행할 수 있는 행동들은 아래와 같다. 우리 아이의 평소 행동을 생각하며 체크해보자.

만 3~4세의 발달 정도 체크리스트

번호	내용	예	아니오
사회성			
1	차례를 지킨다.		
2	다른 아이가 가지고 노는 장난감을 사용하려 할 때 허락을 구한다.		
3	보호자가 이끄는 집단 놀이에서 규칙을 따른다.		
4	음악에 따라 노래하고 춤춘다.		
5	다른 아이들의 행동을 모방함으로써 규칙을 따른다.		
운동성			
1	20cm 높이에서 뛰어내린다.		
2	아이에게 굴러오는 큰 공을 발로 찬다.		

	3	발끝으로 사뿐사뿐 걸을 수 있다.		
	4	세발자전거를 탄다.		
	5	밀어주면 그네를 탄다.		
인지				
	1	언어적 지시에 따라 10군데 신체 부위를 가리킨다.		
	2	언어적 지시에 따라 남자 아이와 여자 아이를 가리킨다.		
	3	물건이 무거운지 가벼운지를 구별한다.		
	4	길고 짧은 물건을 구별한다.		
	5	원, 세모, 네모를 구별하고 각 도형의 이름을 말한다.		
언어				
	1	2가지 사건을 일어난 순서대로 말한다.		
	2	이야기를 읽어주는 동안 5분 정도 주의를 기울인다.		
	3	"어떻게?"라는 간단한 질문에 대답한다.		
	4	과거 형태를 사용해 말한다.		
	5	친숙한 물건들이 사용되는 방법을 말한다.		
일상생활 수행				
	1	혼자서 식사를 한다.		
	2	옷의 똑딱단추나 지퍼를 채운다.		
	3	장화처럼 목이 높은 신발도 스스로 신는다.		
	4	일상에서 위험한 물건(깨진 유리 등)을 스스로 피한다.		
	5	앞이 트이지 않은 옷은 도움을 받고 입는다.		

*25개 문항 중 '아니오' 항목이 7~9개 이상 일 경우 '발달 지연'을 의심할 수 있다.
 25개 문항 중 '아니오' 항목이 10개 이상일 경우 '발달장애'를 의심할 수 있으며, 반드시 전문가의 의견을 구할 것을 추천한다.
*도표 출처:《포테이지 아동발달 지침서》(강순구, 조윤정)

3장

내 아이의
독특한 행동
이해하기

우리 아이에게 나타난 이상 징후들

　자폐스펙트럼장애아들은 자폐스펙트럼장애의 다소 자폐적인 증상뿐만 아니라 스펙트럼장애의 질환들에서 보이는 증상들까지 가지고 있는 경우가 많다. 예를 들어 ADHD 아이들은 과잉행동뿐만 아니라 틱장애·뚜렛증후군의 증상이 있을 수도 있으며, 발달과 연계되는 자폐 성향을 동시에 가진 경우가 흔하다. 자폐스펙트럼장애아들 중에는 ADHD 증상을 보이는 경우가 많다. 실제로 스펙트럼장애에 속하는 자폐스펙트럼, 뚜렛증후군, 자가면역질환, ADHD에서 염색체 이상이라는 공통적인 소인이

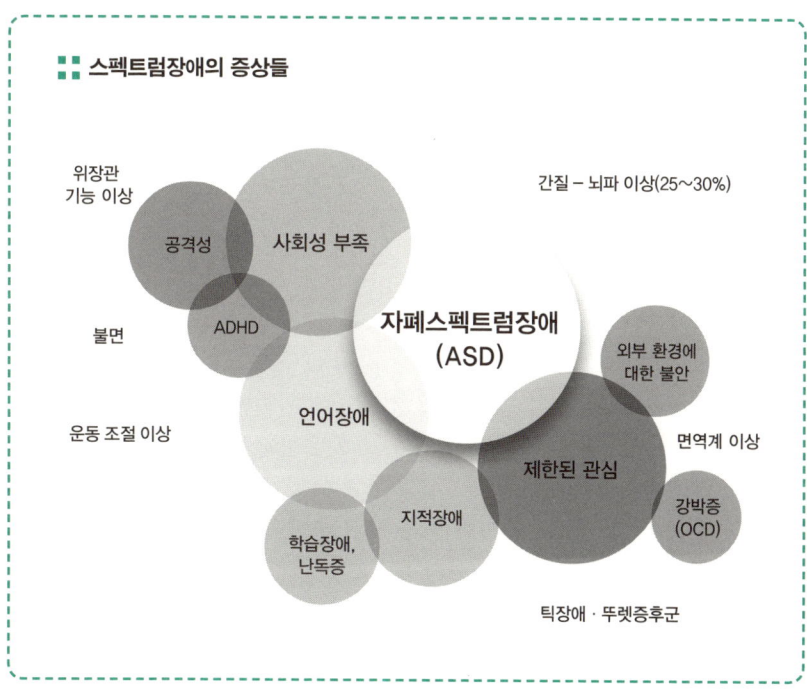

있다고 밝혀졌는데 이는 스펙트럼이라는 관점에서 생각해보면 놀라운 일이 아니다(Johnson 2003, Becker et al. 2003).

이러한 사실들은 스펙트럼장애의 뿌리에 공통된 원인이 있음을 암시한다. 그 기저의 공통점으로 뇌 기능의 불균형적인 발달을 꼽을 수 있다.

자폐스펙트럼장애아들은 언어장애와 인지장애 및 사회성 결여와 같은 문제만 있지 않다. 아이들을 세밀하게 관찰하면 아래와 같은 다양한 신체적 이상 징후들을 발견할 수 있다.

● 신체 구조의 불균형적 발달 : 비교적 손과 발이 작다.

- 특이한 얼굴 모양 : 기형은 아니지만 전체적으로 얼굴 골격이 특이하다.
- 안구 조절 이상 : 손과 안구의 협조운동장애, 주시장애(바퀴가 굴러가는 것을 바닥에 누워서 보기)
- 청각 이상 : 귀의 미세한 구조적 변형을 동반한다.
- 맛이나 냄새에 대한 감각 이상
- 유아기 운동 발달의 지연 : 앉기, 네 발로 기기, 걷기, 대소변 가리기와 같은 발달이 지연된다.
- 손목을 퍼덕거리고, 손가락 사용이 미숙하다.
- 발뒤꿈치를 들고 걷고, 서 있을 때 몸을 비튼다.
- 팔이나 다리에 적절하게 힘을 주지 못한다.
- 감염(중이염)과 알레르기에 자주 걸린다.
- 만성 변비 및 설사가 있다.
- 우유를 탐식하는 등 편식이 심하다.
- 자해 증상 : 바닥이나 벽에 머리를 부딪치고, 이빨로 신체를 문다.
- 침을 흘린다.
- 예방접종 후 갑작스럽게 퇴행을 겪는다.

자폐스펙트럼장애아들은 공통적으로 특정 놀이에 집착하는데, 대표적인 집착 놀이는 다음과 같다.

- 자해(Self Injurious Behavior) : 자발적으로 자신의 신체에 손상을 입힌다.
- 반향언어(Echolalia) : 다른 사람의 언어를 무의식적으로 되풀이한다.
- 자기자극행동(Stimming) : 신체의 일부분이나 사물을 반복적으로 움직임으로써 자신의 감각기관을 자극한다. 자신의 신체에 손상을 입히는 게 목적이 아니라는 점에서 자해와 구별된다.

자폐스펙트럼장애의 진단은 부모나 보호자의 관찰 설문을 기반으로 이뤄지는 경우가 많다. 그래서 설문이 중요하다. 이러한 증상들은 자폐스펙트럼장애를 이해하는 데도 도움이 되지만 좌뇌와 우뇌 중에서 어떤 뇌에 기능적인 문제가 있는지를 알 수 있는 기준이 된다.

뇌의 안정감을 찾기 위한 행동들

자폐스펙트럼장애아들은 감정 기복이 심하고 스트레스를 주체하지 못해 격분하거나 때때로 좌절하는 모습을 보이는데, 이는 단순히 자폐스펙트럼장애아들만 겪는 문제가 아니다. 일반 성인들도 거의 매일 감정 기복과 스트레스를 겪는다. 아침 출근길에 차가 고장 나서 출근이 늦었는데 그날따라 컴퓨터까지 고장이 나는 바람에 해야 할 일을 다 하지 못했다고 가정해보자. 하루 종일 짜증이 나고 스트레스로 뇌가 폭발할 지경이었을 것이다. 그러나 자폐스펙트럼장애아들과 다른 점이 있다면 스트레스와 감정 기복을 극복할 수 있다는 점이다. 컴퓨터를 고치고 야근을 해서라도 그 날의 업무를 마치고 새벽에 퇴근할 수 있고, 혼자서 해결할 수 없다면 주변 동료들에게 도움을 요청할 수 있고, 일을 못 하게 된 이유를 상사에게 설명해서 그 일들을 내일로 미룰 수도 있을 것이다.

사람들은 불안감이 크면 종교에 의지하거나, 부적 혹은 본인이 믿고 싶은 사물에 특별한 의미를 둠으로써 안정감을 얻으려 한다. 기쁠 때는, 예를 들어 인생에서 한 번 있을까 말까 한 복권 당첨의 순간을 맞으면 아이처럼 팔짝팔짝 뛰며 기쁨을 표현한다. 슬픈 순간에는 온몸을 웅크리거나, 그 누구와도 얘기하고 싶지 않아서 외부와 벽을 쌓은 채 혼자 있으려고 한다. 그러나 혼자서는 해결할 수 없고 남의 도움이 절실히 필요하지만 언어 능력에 한계가 있다면 내 감정을, 내가 원하는 도움을 어떻게 표현할 수 있을까? 만약 그런 상황이라면 분개한 감정을 말로 표현하지 못하고 동물적이고 원시적인 두려움이나 분노로 표현하게 된다.

일반 성인들도 견디기 힘든 이런 순간들을 자폐스펙트럼장애아들은 매일 겪는다. 자폐스펙트럼장애 증상들은 제한된 인간성의 표현인 것이다. 다만 그 방식이 보통 사람들과 많이 다를 뿐이다.

의사 표현이 제한된 자폐스펙트럼장애아들이 분노를 크게 표출하는 경우는 대부분 자신이 고집하는 생활의 패턴이 깨질 때다. 항상 다니던 길이 아닌 다른 길로 가거나, 오늘은 반드시 야외 체육을 해야 하는 날인데 행사가 생겨 야외 체육을 하지 못하게 되는 경우와 같은 환경 변화를 자폐스펙트럼장애아들은 뇌의 안정감이 깨지는 것으로 인식한다.

자폐스펙트럼장애아들이 주로 하는 행동은 대부분 외부 자극을 통해 뇌를 안정시키기 위한 것이다. 아이들이 어릴 때 한시적으로 인형이나 담요에 집착하는 것과 같은 맥락이다. 그렇기 때문에 이러한 증상들은 정상 혹은 비정상적이라는 단편적인 판별 기준으로 이해할 것이 아니라 그들이 왜 그러한 행동을 하며, 어떻게 그런 행동들이 그들에게 안정감을 주는 매개체로 작용하는지를 이해해야 한다.

그렇다면 자폐스펙트럼장애아들은 왜 매순간 안정감을 느낄 수 있는 매개체가 필요한 것일까? 자신을 둘러싼 환경을 인지하고 그 안에 자신을 포함시키거나 자연스럽게 표현하는 것 자체가 자폐스펙트럼장애아들에게는 어렵고 힘겨운 일이다. 정상적인 뇌는 환경의 변화를 극복하는 능력이 있지만 자폐스펙트럼장애아들의 뇌는 환경의 변화를 실시간으로 받아들이고 극복하는 능력이 충분치 않기 때문이다. 그 좌절과 어려움의 표현을 외부에서는 '비정상적인 행동'으로 이해하는 것이다. 부모마저 '왜 내 아이는 이렇게 융통성이 없을까' 하고 답답해할 정도다.

자폐스펙트럼장애아들이 안정감을 추구하는 것이나, 안정감이 깨질 때 감정적으로 폭발하는 것에 대한 의문은 아이들이 성장해서 의사소통이 가능해지면 서서히 풀리기 시작했다. 자폐의 영어단어 Autism은 그리스어로 '자기 자신'을 뜻하는 Autos에서 유래되었고, 한자 自閉는 '스스로 가둔다'는 뜻이다. 아무 이유 없이 스스로를 가두는 게 아니라 외부 감각 정보에 적응하지 못해 외부와 맞닿는 자신을 고립시키는 것이다.

아직 아이의 특별한 행동들을 이해하기 어렵다면 템플 그란딘과 다니엘 타멧의 사례를 찾아볼 것을 권한다. 템플 그란딘은 이미 2세에 자폐 진단을 받았지만 성인이 된 후 동물학 박사로서 미국 가축 축사의 3분의 2를 설계하며 살아가고 있다. 그의 이야기는 국내에 번역 출간된 《어느 자폐인 이야기》, 《나의 뇌는 특별하다》 등의 저서를 통해 들을 수 있다. 다니엘 타멧은 《브레인맨, 천국을 만나다》의 주인공이다. 그는 경이로운 수학 계산 능력뿐만 아니라 서번트증후군에서는 드문 언어 습득 능력을 갖춘 천재이다.

외부 자극을 인지하는 감각체계가 남들과 다르다

템플 그란딘의 경우 자폐증이 심했던 시절에 외부에서 사람들이 말을 걸어오면 마치 귀에 확성기를 대고 얘기하는 것 같아 그 말에 집중할 수 없었다고 한다. 그리고 천둥이나 우뢰가 칠 때 불안감이 몰려들면 자기가 만든 기계로 들어가 몸을 잔뜩 웅크림으로써 안정감을 얻었다고 한다. 자폐스펙트럼장애아들의 감각 처리에서 근본적인 문제는 뇌 기능 불균형으로 인해 정보 처리 속도가 달라진 좌뇌와 우뇌가 정보를 인식하고 통합하고 처리하면서 생긴다.

인간의 신체활동을 포함한 다양한 기능들은 좌뇌와 우뇌에서 처리되는데, 시각·청각·촉각 등의 감각은 좌뇌와 우뇌에서 동시에 느껴져야 동일한 정보로 인식된다. 만일 좌뇌와 우뇌의 기능이 불균형적으로 발달하면 감각 정보가 입력되었을 때 먼저 처리한 쪽의 정보를 우선으로 받아들이고 반응 속도가 느린 쪽의 정보는 배제한다. 시각 인지에서 이런 문제가 생기면 사시나 약시의 원인이 되고 사회성이 떨어지며, 청각 인지에서 이런 문제가 생기면 언어장애나 언어 지연을 일으키기도 한다. 시각 인지와 청각 인지에서 동시에 이런 문제가 생기면 학습장애를 일으킨다. 촉각 인지에서 발생하는 문제는 야뇨증이나 불안, 공포, 애착장애, 강박증의 원인이 된다.

자폐를 연구하는 사람들은 낙인효과 때문에 '자폐'라는 명칭을 좋아하지 않는다. 자폐라는 명칭 자체가 남들과 소통을 싫어하고 자신에게만 관심이 있다는 오해를 불러일으키기 때문이다. 실제로 자폐스펙트럼장애아들의 지적 수준과 이해도는 특별히 낮지 않으며, 자신만의 방법으로 세상과 소통하고 있는 것뿐이다.

이러한 사실은 《Strange Son: Two Mothers, Two Sons, and the Quest to Unlock the Hidden World of Autism(이상한 아들: 두 엄마, 두 아들, 자폐의 알려지지 않았던 세계를 여는 탐구)》에 잘 나타나 있다. 이 책은 자폐증 때문에 말이 통하지 않는 아들을 둔 엄마가 키보드로 의사소통을 하게 된 이야기를 담고 있다. 줄거리는 이렇다. 그 엄마는 아들과 소통하기 위해 노력하던 중에 인도에서 자신과 같은 처지였던 한 엄마가 키보드를 통해 자폐증 자녀와 의사소통을 할 수 있게 되었다는 이야기를 듣고 그 인도 엄마를 본인 아들의 가정교사로 두었다. 그 결과 키보드로 아들과 의사소통을 할 수 있게 되었는데, 무엇보다 의사소통을 할 수 없었던 아들이 쓴 시에 놀랐다고 한다. 시에 표현된 아들의 외부 인지는 놀라웠다. 자신의 손과 발의 느낌이 뚜렷하지 않고 그림자에 투영된 본인의 모습을 보며 자신의 손과 발의 경계가 없는 것처럼 느꼈다고 썼는데, 이것은 자폐가 행동장애가 아니라 뇌의 기능적인 문제로 발생하는 신경행동학적 장애임을 의미한다. 템플 그란딘처럼 감각적으로 청각을 억제하지 못하거나 촉각이 부족해 불안정한 느낌을 받는다거나 자신의 손과 발의 느낌이 명확치 않은 현상은 일반인의 뇌가 느끼는 감각체계와는 다른 것이다. 게다가 이것은 심리적인 현상이 절대로 아니다. 아이가 불안감을 느끼는 것은 감각체계가 정상적이지 않아서 부모가 당연히 느끼는 것들을 아이 스스로 잘 느끼지 못하기 때문에 생긴다.

자폐스펙트럼장애아들의 감각 인지를 돕기 위해 집에서 할 수 있는 자극요법으로 '꼭 안아주기(Holding Therapy)'가 있다. 아이의 눈을 응시하면서 몇 분 동안 꼭 안아주는 방법이다. 꼭 안아준다는 것은 그냥 포옹하는 것이 아니라 압력을 주어 아이가 답답해할 정도로 안아주는 것을 의미한다. 한 시간 정도 안아주는 것을 목표로 하지만 실제 한 시간 정도 아이를 꼭 안아주는 것은 쉽지 않은 일이다. 몇 분에서 시작해서 점차 시간을 늘려보자.

아인슈타인증후군도 경미하지만 자폐스펙트럼장애를 이해하는 데 도움이 된다. 어릴 때 영재로 생각되었던 아이가 갈수록 평범해지거나 보통 아이들보다 못하게 되는 경우를 아인슈타인증후군이라 한다. 지능은 정상이거나 정상인 아이들보다 머리가 좋지만 만 4세가 되었는데도 언어 지연이 있으며 아스퍼거증후군과 유사한 증상이 있는 아이들을 가리킨다. 언어 지연을 제외하고는 증상이 아스퍼거증후군과 거의 같다. 아스퍼거증후군과 아이슈타인증후군의 공통점은 다음과 같다.

- 대체로 남아들에게 많이 나타난다.
- 부모들의 교육 수준이 높은 편이다.
- 음악성이 뛰어나다.
- 퍼즐 풀기에 남다른 능력을 가지고 있다.
- 사회성이 많이 떨어진다.
- 소변을 가리는 시기가 늦은 편이다.

아인슈타인증후군 아이를 위해 집에서 해줄 수 있는 것은 행동과 공간을 제한하지 않는 것이다. 생후 운동 근육의 발달로 뇌의 정상적인 발달을 가늠하는데, 운동 발달과 언어 발달이 정상적으로 이루어지려면 아이가 운동할 수 있도록 공간을 만들어주고 놀아주어야 한다. 어지럽혀놓거나 살림들을 망가뜨리거나 사고를 친다는 이유로 무조건 아이를 제한된 공간에 두는 엄마들이 있는데 그래선 안 된다. 아이의 호기심을 충족시키기 위해 아이가 만져도 괜찮은 장난감이나 물건들을 주변에 놓

아주고 충분히 즐길 수 있게 해주어야 한다. 그러면서 아이들의 행동이나 언어 발달을 유심히 체크하고, 문제가 있다면 전문가의 도움을 받아야 한다.

언어 능력에 문제가 없고 지능도 높지만 사회성에 문제가 있는 아스퍼거증후군은 아동기보다는 성인기에 진단되는 경우가 많다. 하지만 아인슈타인증후군은 언어 지연이 있기 때문에 부모들이 알아채기 쉽다. 단, 아인슈타인증후군은 2001년에 학계에 알려져서 아직은 별도의 진단 체계가 없다.

감각을
통합하는 데
어려움이 있다

감각통합(Sensory Integration)이란 신체와 환경으로부터 주어지는 감각들을 조직화하고 그 속에서 신체를 효과적으로 사용할 수 있도록 하는 신경학적 과정이다. 감각통합 과정에 문제가 생기면 집중하고 몰두하는 능력, 신체를 스스로 조절하는 자기통제가 잘 이루어지지 않아 ADHD 증상이 나타날 수 있다. 감각통합장애(Sensory processing disorder)는 감각을 뇌로 전달하는 눈이나 귀의 감각수용기 자체의 문제가 아니며 감각기관으로부터 뇌로 전달되는 신경세포나 신경의 문제도 아니다. 감각을 프로세스(process), 즉 처리하는 뇌 기능의 문제다. 그렇다면 감각통합장애는 뇌의 감각 정보를 처리하는 장애라고 하는 것이 맞는 말일 것이다. 부모들이 의심하는 것처럼 감각기관이나 감각신경의 문제가 아니라 그 감각을 처리하는 뇌의 문제인 것이다. 그럼 왜 뇌 기능의 문제가 감각을 처리하는 데 문제를 겪게 하는 것일까?

일반 성인들도 정도의 차이는 있지만 감각통합에 문제를 겪는다. 사람에 따라 공을 던지고 주고받는 것을 잘하지 못하는 운동치가 있고, 박자를 못 맞추는 박치가 있으며, 음정을 못 맞추는 음치가 있다. 사회생활에 필요한 눈치코치가 없는 사람, 근시·원시·난시가 있는 사람, 고소공포증·폐쇄공포증·어지럼증으로 고통받는 사람도 있다. 이러한 증상들도 감각통합장애라 할 수 있다. 어떤 사람은 달변가인가 하면 어떤 사람은 말이 어눌하고 조리가 없고 어떤 이는 놀이기구 혹은 엘리베이터를 탈 때마다 두려운 마음이 앞서 결국 피하고 만다. 정도의 차이는 있겠지만 누구나 감각통합과 관련해 한두 가지 문제를 가지고 있다.

감각수용 혹은 감각통합에 문제가 생기는 이유는 무엇일까? 그 이유는 뇌의 정보 처리 능력이 한정되어 있기 때문이다. 뇌가 동시에 처리할 수 있는 정보는 제한되어 있는데 신경계의 구성이나 그 기능성의 한계에 따라 감각 정보처럼 동시에 입력되는 정보를 처리하는 데 문제를 겪게 되는 것이다. 이러한 감각통합 불능의 문제는 유전의 문제일 수도 있고 환경 탓일 수도 있는데 유전적 요인들이 환경에 따라 변하기도 한다.

감각이 둔한 아이들은 물을 좋아하고 얼음 깨무는 것을 좋아하거나 강렬한 자극을 좋아한다. 미각도 떨어져서 음식을 먹어도 만족감을 느끼지 못하고 음식에 대한 감흥 역시 별로 없다. 이런 아이들은 음식을 잘 먹기는 하지만 음식에 대한 갈망이 없고, 무엇을 먹고 싶으냐고 물어도 잘 대답하지 않는다. 그리고 딱딱한 것을 씹기를 좋아한다. 그에 반해 감각이 예민한 아이들은 안거나 안기는 것을 싫어하며 얼굴 만지는 것도 싫어한다. 실상 애착장애라고 하는 증상들은 심리적인 문제가 아니라 감각을 처리하는 뇌 기능의 문제이다.

스펙트럼장애아들의 감각통합장애의 원인은 오감 및 고유 수용체와 전정감각의 이상 외에 눈에 띄지 않는 더 큰 문제가 숨어 있다.

소뇌의 문제

고유 수용체와 전정감각의 문제는 이를 담당하는 감각기관이나 신경통로의 문제가 아니라 근본적으로는 소뇌의 문제이다. 소뇌의 기능 저하는 스펙트럼장애아들에게 공통적으로 관찰되는데, 여러 연구들을 통해 MRI 상의 구조적 이상이나 소뇌에 염증반응이 있다고 밝혀졌다. 부모들은 '아이가 감각통합장애로 겪는 어려움을 해소하려면 감각 자극을 충분히 주어야 한다'고 생각하지만, 소뇌의 문제를 해결하지 않으면 감각이나 균형 문제도 쉽게 개선되지 않는다.

일단 전정감각에 문제가 있으면 눈 맞춤이 쉽지 않고, 머리 움직임에 민감해져서 머리를 감기거나 머리카락을 깎아주기가 좀처럼 쉽지 않다. 또 스스로 도는 것을 좋아해서 빙빙 돌거나 자동차 바퀴처럼 둥근 물건을 돌리는 것을 좋아한다. 전정감각이 예민하면 ADD 아동들처럼 과도한 자극을 싫어하게 되는데, 이런 아이들에게는 전정감각을 자극할 때 정확하고도 서서히 자극해주어야 한다. 증상이 가벼운 아이들은 경험을 통해 전정감각의 기능이 서서히 좋아지기도 한다. 만 1세 이전에 걷는 아이들이나 기는 것을 생략하고 생후 10개월이나 그 이전에 걷기 시작하는 아이들, 생후 15개월 이후에 늦게 걷는 아이들은 고유 수용체의 감각을 수용하는 신경계의 통합에 문제가 생긴 경우가 많다.

알려진 대로 소뇌는 운동 조절과 균형 외에도 인지, 언어, 실행 능력, 감각 조절 능력 등에 광범위하게 관여한다. 소뇌가 특히 중요한 이유는 반복된 행동이나 운동 기능들을 프로세스화해서 뇌 신경계에 구조화시키기 때문이다. 이는 새로운 기능들을 학습할 수 있는 여지를 마련해준다. 소뇌의 기능이 떨어지면 새로운 것을 익히거나 학습하는 데 유난히 시간이 걸리고, 보행에 문제가 생겨서 다리 모양이 오자형이 되고, 한 발 뛰기나 두 발 뛰기와 같은 기능들을 늦게 습득하는 데 어려움을 겪고, 걸을 때나 서 있을 때 불안정하기 때문에 보폭을 넓게 해서 팔자걸음으로 걷는다.

소뇌의 기능은 균형감각이나 운동 기능으로도 알 수 있지만 가장 효과적인 방법은 눈의 운동성을 보는 것이다. 특히 글을 읽을 때 단어나 문장 단위로 띄워 읽는 것에 관여하는 단속적 안구운동(saccades)을 자세히 살펴보면 소뇌의 기능을 상세히 파악할 수 있다.

원시반사작용의 지속

감각 처리에 문제가 생기는 가장 큰 이유 중 하나는 원시반사를 통해 신체를 과도하게 보호하기 때문이다. 원시반사란 생후 1년 이내에 사라져야 할 반사작용으로, 위험한 상황에서 몸을 보호하기 위한 내재적 운동반사반응이다. 넘어지려는 순간 손을 뻗쳐서 몸을 지탱하거나, 낯설거나 두려운 상황에서 웅크리거나 두 팔로 몸을 감싸는 행동들이 대표적인 예다. 성인들도 심리적으로 불안정한 상황에 지속적으로 노출되거나 뇌의 기능 불균형이 심한 상태에서는 원시반사작용이 두드러지게 나타난다. 정상적인 뇌의 기능이 이를 억제하기 때문이다.

그러나 스펙트럼장애아들은 위급한 상황이 아니어도 원시반사작용이 지속되는 경향이 있다. 그렇다 보니 걸음이 부자연스럽거나 운동 발달이 정상적이지 않고, 까치발을 자주 하거나 안짱다리로 걷거나, 공을 주고받는 것을 잘 못하는 등 신체 움직임에 이상이 온다. 이러한 작용이 확장되면 자꾸만 먼 산을 바라보며 딴 생각을 하는 것처럼 보이고, 가만히 있지 못하고 항상 부산하며, 어떤 아이들은 무기력해서 움직이는 것 자체를 싫어하기도 한다.

감각 처리와 감각통합의 문제는 누구든 겪을 수 있지만 스펙트럼장애

아들은 그 정도가 훨씬 심할 뿐이다. 이 부분과 관련해 러시아에서 흥미로운 일이 있었다. 모스크바에서 비행기 추락 사고로 탑승객 대부분이 사망했지만 운 좋게도 생존한 사람들은 사고 후유증으로 감각통합장애를 겪었다. 심리적 불안감이나, 심한 경우 공황장애를 겪은 것은 물론 위급할 때 신체를 보호할 수 있는 원시반사작용이 다시 나타났다.

청지각의 문제

발달 단계에서 청각 인지는 시각 인지와 함께 학습이나 언어 발달에 매우 중요한 역할을 한다. 소리에 반응하고 소리를 구별할 수 있으면 '엄마, 아빠, 맘마'와 같은 기본 단어를 인지하면서 발성할 수 있고, 언어에 대한 개념을 순차적으로 익히게 된다. 그러나 청각 인지에 문제가 있으면 음소를 구별하는 능력이 떨어져서 언어 습득이 지연되며 난독증으로 발전할 수 있다.

청지각 문제를 두고 청지각 신경 통로의 이상이 원인이라고 생각하는 부모들이 많은데, 그보다는 뇌 기능 불균형으로 청각을 인지하는 좌뇌와 우뇌의 정보 전달 속도가 다른 것이 더 큰 원인이다.

청지각은 언어의 습득이나 언어 표현, 즉 의사소통과 관련되는 감각이기 때문에 청지각 프로세스의 발달 과정은 아이가 언어를 습득하고 발달시키는 과정과 같다. 신경감각연구소(Neuro sensory center)의 논문(놀라운

의학연구 보고, 2002)을 보면 반향어(주변 사람의 말을 의식적으로 모방하는 것)를 쓰는 것은 청각 정보가 시상(뇌간)까지는 잘 전달되지만 대뇌에서 처리가 잘 안 되기 때문이라고 밝히고 있다. 청각 인지의 관점에서 언어치료는 신경해부학적 영역인 전두엽의 브로카(Broca) 영역, 즉 운동성을 강조한다. 발성만 강조하기 때문에 언어에서 소리를 인지하는 측두엽의 베르니케(Wernicke) 영역을 고려한 통합적 치료라고 하기는 어렵다.

일반적인 청각 인지치료로는 청각통합치료(Auditory Integration Training: AIT), 토마티스요법, 패스트포워드(Fast Forward) 등이 있다. 이 중에서 청각통합치료는 1960년대 프랑스의 베라르 박사에 의해 처음 개발되어 1991년 미국에 소개되었으며, 우리나라에는 1990년대 중반 무렵에 도입되었다. 청각통합치료는 자폐증 외에도 학습장애, ADHD, 우울증, 편두통, 간질 등에도 효과가 있다고 주장하지만 효과에 의문을 품는 전문가들이 많다. 시각 인지를 돕는 프리즘 치료나 청각 인지를 돕는 청각통합치료도 눈의 광학적 구조나 달팽이관의 구조물에 중점을 두고 각각의 감각을 보정하려고만 한다. 자폐증 환자들은 주변에서 들리는 잡음 중에서 적절한 청각 정보를 걸러내는 데 어려움이 있거나 청각 기억(auditory memory)에 문제가 있는데, 청각통합치료의 주창자들은 일부 자폐증 환자들이 특정 소리에 민감하게 반응하고 일부에서는 다른 소리에 대한 반응이 없으므로 어떻게 들을 것인지를 훈련시켜야 한다고 주장한다. 즉 청각통합치료의 목적은 자폐아로 하여금 좀 더 정확하게 들을 수 있도록 가르치는 것이다.

청지각 프로세스

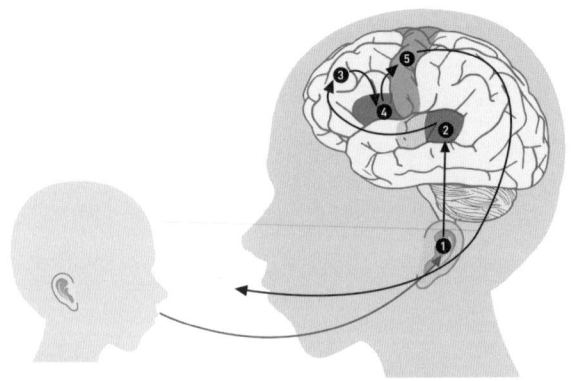

❶ 귀 → ❷ 베르니케 영역 → ❸ 전두엽 → ❹ 브로카 영역 → ❺ 운동피질

브로카 영역 : 말을 하는 데 관여하는 영역
베르니케 영역 : 말을 듣는 데 관여하는 영역

🔍 확대

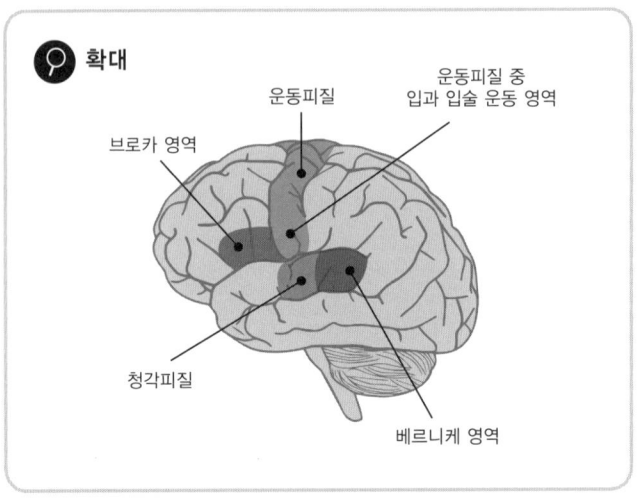

자폐스펙트럼장애아들 대부분은 템플 그란딘처럼 목소리가 크고 모노톤이면서 비교적 높다. 이것은 청지각의 문제라기보다는 배경음과 같은 저주파 소리와, 언어와 같은 고주파 소리들을 구별하는 능력이 부족하기 때문이다. 저주파와 고주파는 대뇌에서 각각 처리하는데, 좌우 뇌 기능이 불균형하면 청각 인지에 문제가 생기는 것이다. 청각통합치료를 처음 개발한 베라르 박사가 치료한 48명의 자폐 환자 중에서 완치된 환자는 단 한 명뿐이라고 한다. 그 외의 47명은 부분적으로 좋아졌을 뿐이었다. 이렇듯 청각통합치료와 같은 청각인지치료도 근본적으로 좌우 뇌의 기능을 고려하지 않으면 효과가 없을 수 있다.

시지각의 문제

사회성과 관련해서는 시각 인지가 중요한 역할을 한다. 일반적으로 사회성은 언어 전달로 시작된다고 생각하지만 엄마가 아이를 안고 젖을 먹일 때 엄마의 얼굴 표정에 답하는 아이의 웃음이 사회성의 시작이다. 이러한 사회성의 시작을 비언어적 표현이라고 한다. 만일 비언어적 표현을 담당하는 우뇌가 정상적으로 발달하지 못하면 사회성에 문제가 생기기 쉽다.

또 다른 시지각 인지의 원인은 좌우 뇌의 기능 불균형으로 인해 시각 인지의 추상적 표현들을 직관 시스템으로 구체화시키지 못하는 것이다. 시각 인지를 제대로 하기 위해서는 시각 시스템을 안정적으로 보완하는 전정신경계의 안정성도 고려해야 한다.

전정신경계의 문제

시각적으로 집중하는 데 있어 사물이나 글자를 중심시각(가장 또렷이 보이는 시각)에 고정하는 것이 중요하다. 이를 전문용어로 '응시 안정성'이라 한다. 그럼 본인의 노력만으로 중심시각에 물체를 고정시킬 수 있을까? 의지로 시각 집중력을 유지할 수 있다면 글자를 바로 읽고 지속적으로 볼 수 있는 것일까?

의식적인 시각 집중력도 중요하지만, 무의식적으로 중심시각을 유지할 수 있게 하는 신경 메커니즘이 있다. 이를 '전정안구반사(Vestibular Ocular Reflex)'라고 한다. 전정안구반사는 머리의 움직임을 보정함으로써 응시 안전성을 유지하는 반사적이며 무의식적인 안구 운동으로 학습력과 지능 발달, 시각 집중력에 영향을 미친다.

인간을 포함한 영장류는 머리를 움직이지 않고도 눈을 움직여 사물을 주시할 수 있다. 가만히 앉아 있거나 누워 있는 것처럼 몸을 움직이지 않고도 상황에 맞게 눈을 보정한다. 이러한 신경 메커니즘이 있기 때문에 걸을 때 물체가 흔들려 보이지 않는 것이고, 뛰어도 물체들이 흐릿해져 보이는 일 없이 주시하고 싶은 것을 지속적으로 볼 수 있는 것이다.

전정안구반사가 정상적으로 작동한다면 보행 시 건물이나 주변 환경이 움직이는 느낌을 받지 않는다. 승용차, 버스 같은 운송수단을 탔을 때 책을 볼 수 있으며, 달리기와 같이 움직임이 큰 행동을 해도 주변이나 보려고 하는 물체를 정확히 볼 수 있다. 그러나 전정안구반사가 정상적이지 않다면 성인들은 어지럼, 메스꺼움, 두통을 경험하고 아이들은 집중력 저하, 난독증, 학습장애, 두통 등을 겪게 된다.

좌우 뇌의 기능이 불균형한 아이들은 전정안구반사도 불균형이 심하다. 감각통합치료에서는 전정안구반사의 불균형을 해결하는 방법을 제시하는 것이 아니라 민감도를 해소하는 실행이 우선시된다. 그러나 뇌의 불균형에 대한 개념이 없으며, 전정안구반사의 발달에서 안구 추적(pursuit), 단속적 안구운동(saccades), 사시(strabismus)나 약시(amblyopia), 안구진탕(ocular nystagmus) 등과 같은 눈의 운동성 메커니즘을 고려하지 않은 채 치료하기 때문에 효과는 기대만큼 나타나지 않는다. 대표적으로, 좌우로 회전하는 운동이나 그네 타기, 트램펄린을 시키는데 이를 하면 할수록 전정안구반사의 불균형은 더 심해진다.

글을 읽는 데 혼란을 겪는 난독증도 전정안구반사를 고려하지 않고 글을 읽지 못하는 증상에만 치중해서 훈련 프로그램을 실행하면 제대로 목적을 달성하기 어렵다. 실제로 대부분의 난독증과 관련된 국내외 훈련은 전정안구반사와 난독증의 관련성을 고려하지 않고 있기 때문에 단순 안구운동 훈련을 통한 컴퓨터 프로그램의 훈련이 효과가 있을지는 의문이다.

생활 속에서
다양한 증상들이
불쑥 불쑥 튀어나온다

 스펙트럼장애의 증상 중 부모들이 가장 우려하는 것이 감정 조절이다. 흔히 분리불안장애를 두고 아이와 부모와의 심리적인 관계에서 비롯되는 질환이라고 생각하는데, 감정 조절에 문제를 겪는 것은 뇌의 조절 능력이 떨어지거나 외부 감각이 여과 없이 뇌에 입력되는 경우가 많아서다. 물론 두 가지가 동시에 있는 경우도 흔하다.
 뇌의 시상이라는 곳은 감각을 조절하는 곳으로, 선택적 주의력이나 선택적 함구성과 관련이 있다. 보통 집중을 하면 주의를 기울이는 감각만

받아들인다. 예를 들어 책을 읽는 동안에는 글자에만 집중한다. 그런데 책 읽기를 잠시 멈추고 '엉덩이'를 생각하면 지금까지 느끼지 못했던 엉덩이의 감각들이 느껴지기 시작한다. 엉덩이에서 느끼는 감각은 내가 생각하기 전에는 존재하지 않았던 것일까? 그렇지 않다. 외부에서는 끊임없이 감각이 전달되지만 뇌는 주의를 기울이는 감각에만 집중하고 그 순간에 필요하지 않은 감각들은 전달되어도 느끼지 않도록 차단한 것이다. 이것이 뇌의 감각 조절 능력이다. 청각도 마찬가지여서 책을 읽다가 멈춘 순간 옆집 강아지가 짖는 소리, 차가 지나가는 소리, 환풍기나 에어컨이 돌아가는 소리가 들리기 시작한다. 감각은 없어지는 게 아니라 우리가 순간적으로 느끼지 못할 뿐이다.

스펙트럼장애아들 중에서 특히 ADHD 아이들은 감각 조절에서 자유롭지 못하다. 방에서 공부를 하다가도 조금만 소리가 들리면 방 밖으로 나오려고 하고, 앉아 있어도 몸이 불편한 듯 이리저리 사지를 비비 꼰다. 틱장애는 감각틱이라고 해서 감각적으로 느끼지 않아도 될 부분까지 너무 미세하게 느끼는 경우도 있다. 이러한 느낌은 등이 가려워 미치겠는데 긁지 못하고, 면접처럼 중요한 자리에서 콧등이 계속 가려워서 손으로 긁고 싶은데 중요한 자리라 그럴 수 없는 순간들이 지속되는 것과 같다. 정말 힘든 삶이 아닐까?

스펙트럼장애아들이 감각 조절이 잘 안 되어 문제를 겪는 경우들이 너무나 많다. 그럼에도 그렇게 행동하는 특별한 이유가 있다. 강박증(OCD)은 스펙트럼장애아들의 '일정한 패턴을 고집하는 행동'이 강화된 행동이며, 상동행동(Stim)은 템플 그랜딘이나 다니엘 타멧을 통해 살펴본 것처럼 감정 조절 문제를 해결하기 위한 전략적 행동들이다. 일정한 패턴을 가지고 아이들이 강박처럼 행동하는 문제행동들은 실상 새로운 환경마다 부딪히면서 발생하는 문제를 해결하기 위한 최선의 해결책인 것이다.

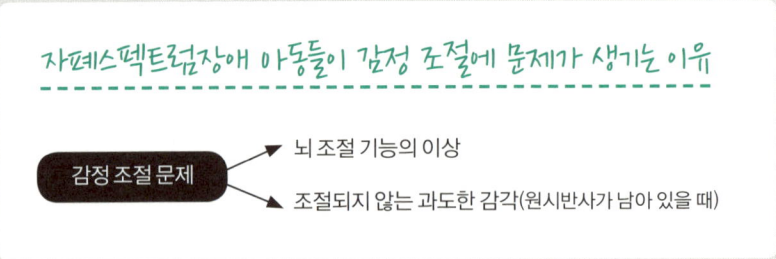

ADHD

좌뇌와 우뇌의 기능 불균형이 심해지면 스펙트럼장애의 일반적인 증상이 나타난다. 가장 대표적인 증상이 ADHD다. ADHD 증상은 125쪽의 표와 같다.

ADHD는 학령기에 흔히 나타나는 아동기 정신장애로, 주의집중력 부족(inattention)과 과잉행동(hyperactivity) 및 충동성(impulsivity)을 연령과는 맞지 않게 지속적으로 과도하게 보일 때 진단된다. 초기 ADHD는 점차 학습 부진, 또래 관계 문제, 낮은 자존감, 활동 동기 저하, 우울·불안이나 위축감 같은 이차적 문제를 낳고, 그 영향으로 청소년기와 성인기

ADHD의 증상들	
집중력 저하형	• 공부 등 집중해야 하는 일이나 복잡한 일을 싫어한다. • 해야 할 일을 잘 잊어버린다. • 자신의 물건을 잘 잃어버린다. • 과제를 한 자리에서 끝내지 못한다. • 외부 자극에 의해 쉽게 산만해진다. • 다른 사람이 이야기할 때 듣지 않는 것처럼 보인다. • 학습 과정에서 전체를 파악하지 못하고 부분적으로만 이해한다. • 책상에 앉아 있긴 하나 주로 딴 생각을 한다. • 일이나 활동을 조직하고 체계화하는 데 어려움이 있다.
	집중력 저하형의 경우 책상 앞에 오래 앉아 있는 모습을 보이기 때문에 ADHD로 판단하지 않을 수도 있다. 하지만 집중력 저하로 인해서 학습이 지연되고 실수를 반복하기 때문에 자신에 대한 만족도나 자신감이 결여될 수 있다. 주로 조용하고 내성적으로 보이는 초등학교, 중학교 여아들에게 많이 나타난다.
반항형	• 부모나 교사, 친구들에게 공격적인 말과 행동을 한다. • 물건을 함부로 다룬다. • 규칙이나 규율을 잘 지키지 않는다. • 또래 관계를 형성하는 능력이 부족하다. • 충동적인 모습을 보인다. • 자신의 감정을 조절하지 못해 상황에 맞지 않는 과한 행동을 한다.
	반항성, 충동성이 지속될 경우 자기통제력이 약해져 규율이나 규칙을 잘 지키지 못하기 때문에 교사로부터 많은 지적을 받게 된다. 또 친구를 사귀는 데도 어려움이 있어 학교생활에 흥미를 잃기 쉽다. 집에서는 부모에게 대들기도 하고 통제가 잘되지 않는다. 아이가 힘이 세지고 커지면서 더 폭력적으로 변한다.
과잉 행동형	• 자리에 가만히 앉아 있지 못한다. • 여유 있는 모습을 찾아보기 힘들다. • 모터를 단 것처럼 쉴 새 없이 움직인다. • 일상의 활동을 흔히 잊어버린다. • 잘 넘어지거나 물체에 자주 부딪힌다. • 주변 사람에게 욕이나 비속어를 사용해 말한다. • 얼굴 표정이 다양하지 못한 편이다.
	과잉행동은 혼자 있거나 부모와 있을 때보다는 학교, 학원, 모임 등의 단체생활을 할 때 더 자주 발생한다. 그래서 부모는 교사 및 단체의 인솔자를 통해 아이의 문제행동에 대해 듣는 경우가 많다.

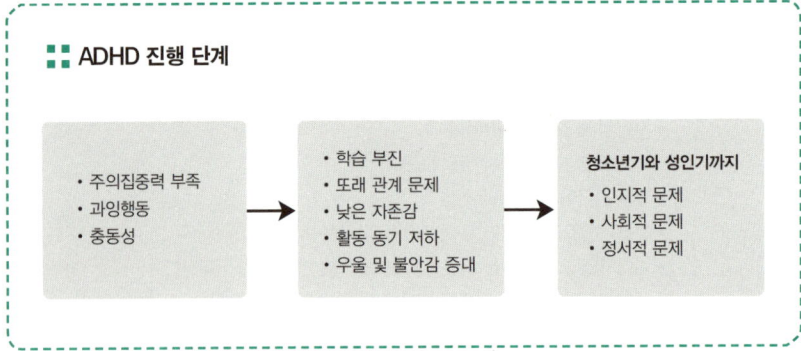

까지 인지적, 사회적, 정서적인 문제를 일으킨다.

ADHD의 증상과 뇌의 관련성

　ADHD의 이상행동뿐만 아니라 증상 중에는 부모조차 잘 구분하지 못하는 특징도 있다. ADHD도 다른 스펙트럼장애와 마찬가지로 행동장애가 아니라 뇌 기능 불균형으로 인한 뇌의 기능 이상이 있는 신경행동장애이기 때문이다.

　학령기의 중요한 발달 과제는 또래와 상호작용하고, 지속적으로 주의를 기울여 학습에 몰두하며, 정해진 규칙과 시간에 맞추어 학교생활을 충실히 하는 것이다. 만약 아이가 수업시간에 지나치게 산만하거나 학업이 상대적으로 부진하다면, 또는 또래와 자주 다투고 정해진 규칙을 지키지 못해 교사에게 지적을 자주 받는다면 학교생활에서 어려움을 겪을 수밖에 없다.

　부모나 보호자가 걱정하는 문제들은 뇌와 어떤 연관이 있을까?

첫째, ADHD 아이들은 뇌에서 통제와 억제를 담당하는 전두엽, 그중에서도 전전두엽(전두엽의 가장 앞쪽에 위치)의 기능에 이상이 생기면서 환경에 적응하고 자기를 스스로 조절하는 것이 어려워진 경우가 대부분이다. 그런 아이들은 익숙하고 통제된 상황에서는 어느 정도 자기 조절이 되다가 새로운 환경이나 익숙하지 않은 환경에 노출되면 예상치 못한 행동을 하고 제어 범위를 벗어나게 된다. 그 결과 규칙을 따르지 않거나 제멋대로 행동하거나 정해진 수업 시간을 잘 따라가지 못하거나 통제가 안 되는 아이로 낙인 찍히기 쉽다. 부모들은 아이가 일부러 그렇게 행동을 한다고 생각하기 쉬운데, 실제로 이러한 증상을 가진 아이들은 일부러 그런 행동을 하기보다는 스스로 조절할 수 없는 경우가 많다. 즉 안 되는 것이 아니라 못하는 것이다.

둘째, 도파민이라는 신경전달물질의 분비에 이상이 생기면서 순차적

부모들이 잘 알아채지 못하는 ADHD 증상들	
감각적 특징	• 소리나 빛에 민감하다. • 물건을 충동적으로 잘 만진다. • 자신의 신체나 물건을 타인이 만지는 것을 싫어한다.
면역 특징	• 아토피, 비염, 중이염을 앓는 경우가 있고, 여러 가지 알레르기반응을 보인다. • 계절이 변할 때마다 감기에 잘 걸리는 편이다. • 성장이 느린 편이다.
자율신경계 증상	• 땀을 많이 흘리는 편이다. • 심장박동이 빠른 편이다. • 장이 좋지 않아 가스가 잘 차고 변비가 있거나 설사를 자주 한다.

처리에 어려움을 겪는다. 말이 어려워서 그렇지, 순차적 처리는 '일의 순서를 아는 것'이다. 학교에서 집에 돌아오면 무엇을 먼저 해야 하는지, 많은 일을 해야 할 때 어떤 일을 어떤 순서대로 해야 하는지를 아는 것인데 ADHD 아이들은 순차적 처리에 큰 어려움을 겪는다. 그렇기 때문에 항상 혼란스러워 보이고 정리정돈을 잘하지 못하는 아이로 보이며, 일의 순서를 잘 모르기 때문에 중요한 일을 잘 잊어버린다. 일의 순서인 순차적 처리도 전두엽의 기능과 관련되어 있는데, 행동 억제와 조절을 담당하는 전두엽이 제 역할을 못하기 때문이다.

ADHD 아이들의 뇌에서는 도파민이 원활히 분비되지 않는 것으로 알려져 있다. 도파민은 자극성 신경전달물질이다. 일반적으로 ADHD는 행동 억제나 조절을 잘하지 못하는 질환이기 때문에 무조건 도파민을 억제해야 한다고 생각하는 사람들이 많은데, 이는 잘못된 생각이다. ADHD의 치료제로 쓰이는 대부분의 약물은 도파민 재흡수 억제 물질이다. 도파민의 재흡수를 억제한다는 것은 신경 말단부에서 도파민이 제 역할을 다 하고 재흡수되어 재사용을 기다리는 것을 막는다는 의미다. 그렇게 되면 신경계에서는 도파민이 지속적으로 분비되어 그 역할을 충실히 하는 것으로 오인하게 된다.

도파민을 분비하는 곳은 중뇌에 자리하고 있다. 중뇌는 시각과 청각을 초기에 매개하는 영역이지만 신체활동과 같은 자극들이 중뇌에서 전두엽으로 전달되는 과정에서 도파민이 관여하고, 전두엽에서 억제나 조절을 한다. 도파민의 효율적인 분비를 위해서는 소뇌를 자극하는 활동이 가장 효과적인데 신체활동이 소뇌를 통해 중뇌, 전두엽으로 전달되기 때문이다. ADHD 아이들이 모터가 달린 것처럼 신체활동을 한 후에 방전되듯 조용해지는 것은 이 때문이다.

틱장애

스펙트럼장애 중에서 틱장애는 눈에 보이는 증상이 너무나 뚜렷해서 사람들의 시선이 집중되는 만큼 부모들의 우려가 큰 편이다. 틱은 보통 5~7세부터 경미하게 나타나서 10대 초중반이 되면 증상이 최고조에 이르고, 이후 증상이 호전되는 경우도 있지만 대부분 더 심해진다.

틱 증상의 시작은 대부분 눈 깜빡거림이다. 처음에는 단순 운동틱으로 시작하지만 증상이 심해지면 음성틱도 함께 나타난다. 한 가지 증상이 오래 지속되는 경우도 있지만 대개는 발현 부위와 증상의 종류가 변하게 된다. 운동틱과 음성틱이 모두 나타나면서 전체 유병 기간이 1년 이상인 경우는 뚜렛증후군이라고 한다.

최근에는 초등학교의 어느 반을 들어가도 틱장애 아이들을 쉽게 만날 수 있을 정도로 빠르게 증가하고 있는데, 대부분 유치원이나 초등학교에 입학하는 시기와 증상이 나타나는 시기가 겹쳐 마음의 상처를 받고 자존감 형성에 어려움을 겪는 아이들이 많아지고 있다.

틱 증상도 단순하지 않다!

아직까지도 틱에 대해서 잘 모르는 사람들은 틱장애 아이들을 보면 정신이상자로 치부하거나, 아이가 일부러 억지 표정을 짓고 눈을 자주 깜빡인다고 오해한다.

그러나 틱 증상은 자신이 하고 싶어서 하는 것도 아니고, 잘못된 습관으로 생기는 것도 아니며, 주변에서 주의를 준다고 해서 고쳐지는 것도 아니다. 본인의 의도와는 상관없는 뇌의 기능 이상으로 나타나는 증상인데 뇌의 밑부분에 있는 기저핵(Basal ganglia)에서 정밀한 조절이 잘 이루어지지 않아 발생한다.

외부에서 들어온 정보들이 전두엽에 전달되면 정보의 내용과는 상관없이 기저핵은 사고, 인지, 감정, 행동, 운동 등과 관련된 정보의 양과 질을 세밀하게 조절한다. 하지만 정보를 억제하지 못하면 과도하게 전달된 정보로 인해 명령 오류가 발생하고 그로 인해 틱 증상을 보인다. 특히 기저핵 선도체(Striatum)의 주요 신경핵들이 잘 조절되지 않으며, 억제성 신경전달물질인 가바(GABA)가 신경 활성을 억제하는 작용을 한다.

틱장애를 가지고 있는 많은 아이들이 초조, 불안, 분노 등의 불안정한 정서를 가지고 있는데 이런 부분들이 심리적 불안감을 더욱 조성한다.

틱장애나 뚜렛증후군을 가진 아이들은 ADHD뿐만 아니라 강박증, 학습장애, 감정조절장애 등의 질환을 함께 가지고 있다. ADHD 아이들 중 10% 미만이 뚜렛증후군을 동반하고, 뚜렛증후군을 가지고 있는 아이들 중 60~80%가 ADHD를 겪고 있을 정도로 스펙트럼장애 증상들이

	눈에 띄는 틱 증상 : 운동틱, 음성틱	
운동틱 증상	• 눈 깜빡거림 • 얼굴 찡그리기 • 입술을 뾰족하게 내밀기 • 입술 빨기 • 물건을 만지기 • 외설 행동하기	• 눈동자 움직이기 • 머리 흔들기 • 어깨 들썩이기 • 갑자기 뛰어오르기 • 남의 행동을 흉내 내기 • 자기 자신을 치기
음성틱 증상	• 헛기침 소리 • 콧김 불기 • 침이나 가래를 뱉는 소리 • 욕설 • 특정 단어를 연속해서 말하기 • 특별한 악센트, 리듬으로 말하기	• 코를 훌쩍거리는 소리 • 꺽꺽거리는 소리 • 기침 소리 • 남의 말 따라 말하기 • 말 더듬기 • 동물 소리 내기
	눈에 띄지 않는 틱 증상 : 감각틱	
감각틱 증상	• 눈을 깜빡이기 전에 눈이 불에 데인 것 같은 느낌 • 코가 막히는 느낌 • 목에 긴장이 오거나 불편한 느낌 • 목이 뻣뻣하게 굳거나 수축하는 느낌 • 목이 아파오거나 간지러운 느낌 • 초조감, 불안, 분노 또는 다른 정신적 느낌 ▶ 국내에서는 틱이 나타나기 전의 전조 충동이나 특정 자극에 의해 감각틱이 유발되는 것으로 알려져 있지만 운동틱, 음성틱과 구별되는 증상이다. 감각틱은 대체로 10세 이후에 확인이 가능하고 감각틱을 가장 많이 느끼는 신체 부위는 어깨, 손바닥, 목, 눈, 복부의 중심, 손등, 발 순서로 알려져 있다.	

동반되어 나타나는 경우가 많다. 또한 틱장애를 가진 아이들은 정도의 차이는 있지만 대부분 강박증이 있다. 강박증 또한 틱의 원인이 되는 기

저핵의 기능 이상으로 발생하는데, 같은 원인을 가지고 있기 때문에 강박증을 가지고 있는 아이들은 틱 증상이 좋아지지 않으면 강박증도 좋아지지 않는다.

틱장애를 가진 아이들의 부모가 가장 걱정하는 문제

틱장애 아이들의 보호자나 부모가 가장 걱정하는 문제는 크게 두 가지로 나눌 수 있다.

첫 번째 문제는 아이가 가진 틱 증상이 습관인지 아니면 증상인지에 대한 문제다. 초기에 틱 증상은 습관으로 시작될 수도 있다. 주변에서 남이 하는 것을 보고 따라하거나, 목이 가렵고 미간 쪽 근육이 조여드는 느낌을 없애려고 눈을 깜빡이면서 시작됐을 수도 있다. 또 코가 막히는 느낌이나 목이 뻣뻣해지는 느낌을 해결하려고 특정한 행동들을 하다가 습관으로 굳어질 수도 있다. 증상이 틱인지, 아니면 습관인지 구별이 안 된다면 아이가 틱을 하고 싶은 욕구를 참을 수 있는지, 틱 증상을 참을 수 있는지를 고려해야 한다. 만약 틱을 하고 싶은 욕구도 증상도 참을 수 있다면 틱이 아니니 안심해도 된다.

두 번째 문제는 틱 증상을 치료받아야 하는지, 아니면 그냥 그대로 두어도 괜찮은지에 대한 문제다. 만일 계속되는 지적에도 불구하고 하루에 10회 이상 뚜렷한 증상이 있다면 틱장애를 의심해봐야 한다. 증상이 나타나는 초기에는 1~2주 정도 시간이 지나면 저절로 없어지는 경우도 많기 때문에 6개월 동안은 지속 여부를 지켜봐야 한다. 그러나 틱 증상이 점점 심해지거나, 다른 증상이 나타나거나, 6개월 이상 지속되면 틱이 자연스럽게 사라지는 것을 기대하기 어려울뿐더러 성인이 될 때까지 이어질 수 있어서 주의해야 한다. 그리고 틱이 1년 이상 지속되는 뚜렛증후군은 치료받지 않으면 평생 따라다니기도 하니 틱이 나타나면 반드시 전문가와 상담을 해야 한다. 그 후 아이에게 필요한 치료를 받는다면 틱은 극복할 수 있다.

틱은 육체적으로 피곤하거나 긴장을 하거나 혹은 새학기처럼 환경의 변화에 따른 스트레스가 가중되면 증상이 악화된다. 스트레스 자체가 원인이기보다는 조그마한 스트레스에도 견딜 수 없는 뇌가 원인이다. 그런데 부모들은 틱 증상을 가지고 있는 아이가 염려되어 무작정 아이의 욕구를 맞춰주거나 아이에게 절대로 스트레스를 주지 않으려 한다. 그러나 틱이 심해지는 것을 염려해 문제행동까지 방관하게 되면 아이는 점점 통제 불능의 상태로 빠질 수 있다. 그러니 틱 증상이나 스트레스와는 상관없이 규칙적인 습관, 예의, 규칙 지키기와 같은 기본적인 훈육은 반드시 실시해야만 한다.

일부 전문가들은 운동이나 훈련으로 고칠 수 있다고 생각해 뇌를 고려하지 않은 행동교정이나 훈련을 강도 높게 시키는데, 이는 아이들을 위험에 빠뜨리는 옳지 않은 방법이다.

언어장애

DSM 4판에서는 자폐스펙트럼장애를 언어의 표현 능력에 따라 고기능 자폐와 저기능 자폐로 구분했다. 언어 지연이 있거나 언어 발달이 느린 아이들은 발달 지연이 있거나 발달에 문제가 있는 아이들이 대부분이다.

언어와 음악은 다른 리듬체계를 가지고 있지만 각각 최대 운동 속도에 따라 조절되거나 제어된다(Patel, 2003). 음악에서 색소폰 연주자인 찰리 베이커가 연주하는 비밥재즈처럼 속도가 빠른 음악은 최대 속도가 분당 420비트(초당 7비트)이며, 세계에서 가장 빨리 말하는 사람의 최대 속도는 분당 655단어(초당 10.9 단어)이다. 이러한 리듬과 템포 조절은 언어나 음악이나 개별 근육이 반복적으로 움직일 수 있는 최대 진동수인 12Hz과 매우 밀접한 상관관계가 있다. 12Hz 주파수에 근접하는 언어의 소리를 이해하기 위해서는 좌우 뇌의 균형적인 발달이 가장 중요하다. 특히 하올리브핵에서 제어하는데, 그럼으로써 좌우 뇌 뇌파의 속도를 음파의 최대 진동수를 이해할 수 있는 것이다.

신체의 운동 능력처럼 우리는 언어의 진동수를 파악할 수 있는 뇌 시스템을 가지고 태어난다(Petitto et al., 2001, 2004). 언어를 표현하고 이해하는 데 있어서 운동 능력과 관련이 없어 보이지만 실제 말을 표현하고 이해하는 것은 운동 기능의 다른 형태이다. 그래서 운동 능력을 발전시켜 보행이 어느 정도 가능해지면 언어 능력을 발달시키는 것이다. 그러나 언어장애를 가진 아이들은 좌뇌와 우뇌의 기능이 불균형하게 발달하면서 언

> **언어장애의 증상**
>
> - 나이에 비해 사용하는 어휘가 적은 편이다.
> - 동사 어휘가 거의 없다.
> - 언어 발달이 또래보다 6개월 이상 늦다.
> - 말을 이해하고 표현하는 것에 차이가 크다.
> - 언어 이전의 언어, 즉 옹알이와 같은 전언어적 음성이 적다.
> - 옹알이의 변화가 적다.
> - 말할 때 일정한 자음만 쓴다.
> - 사용하는 자음 정확도가 50% 미만이다.
> - 모음의 발음이 자주 틀린다.
> - 언어의 자발적 모방이 거의 없다.
> - 직접 시범을 보이고 따라 하라고 할 때만 모방한다.
> - 주로 만지거나 분류하는 놀이만 한다.
> - 조합 또는 상상놀이가 거의 없다.
> - 의사소통을 할 때 몸짓이 거의 없다.
> - 또래와 있으면 자꾸 문제가 생긴다.
> - 또래에게 먼저 말을 거는 경우가 거의 없다.
> - 또래보다 어른과 주로 상호작용한다.
> - 또래와 같이 놀기가 어렵다.

어 능력에 이상을 보이게 된다.

언어장애를 가진 아동들은 말로 본인의 의사를 표현할 수 없거나 표현은 해도 제한된 단어나 문장을 선택하는 경우가 많다. 질문에 엉뚱한 답을 하거나 문맥에 숨은 뜻을 잘 파악하지 못하기도 한다.

생후 초기부터 만 2세까지는 언어와 관련해서 좌뇌도 발달하지만 우뇌가 더 주요하게 발달함으로써 언어의 표현 및 이해를 돕고 기본적인 문장을 구사하도록 하는 좌뇌를 뒷받침할 토대를 마련하게 된다. 특히 만 2세에 접어들면서 오른손과 오른발을 사용하는 것이 좌뇌를 더욱 자극해 언어의 폭발적인 표현을 돕게 된다.

언어를 표현하려면 단순히 단어나 문장을 구사하고 표현하는 좌뇌의 언어적 구성 능력뿐만 아니라 본인의 감정을 더하고 전체 의미를 이해하기 위한 우뇌의 기능이 반드시 필요하다. 언어 표현에 문제가 있다고 하면 부모나 전문가들조차도 좌뇌의 기능을 문제 삼아 좌뇌와 연계되는 소근육 활동만을 강조하는데, 그것은 잘못된 것이다.

우뇌의 기능이 발달되지 않은 상태에서 언어치료를 통해 언어의 표면적인 기능만 강조하다 보면 마치 로보트나 성우처럼 말을 하거나 "너 오늘 아침으로 무엇을 먹었니?"라고 물어보는 질문을 '아침 먹었니?'라고 인식해 단순히 "네"라고 답변하는 아이가 될 수 있다. 그러므로 언어치료를 할 때는 언어의 정상적인 발달을 위해 뇌 기능 발달 피라미드에 맞는 순차적인 발달 단계가 반드시 고려되어야 한다.

언어장애 증상도 단순하지 않다!

부모들이나 보호자들이 헷갈려하는 언어장애 증상은 다음과 같다.

- 같은 연령의 아이와 비교해서 사용하는 어휘의 수가 제한되어 있다.
- 말을 할 때 머뭇거리거나 정확한 단어를 사용하기보다 '음~'과 같은 접두음을 많이 사용한다.

- 새로운 단어를 익히는 것을 어려워한다.
- 문장을 말할 때 의미를 전달하는 중심 단어를 빼먹거나 동사의 시제에서 혼란을 겪는다.
- 특정 어구를 반복적이고 지속적으로 사용한다.
- 의사를 말로 표현하는 데 어려움이 있다.
- 타인의 말은 잘 이해하지만 본인은 말수가 많이 적다.
- 단어를 말하는 것은 문제가 없지만 문장으로 표현하면 이해하기 어려운 문장구조나 단어를 선택한다.
- 제한된 문장구조로 말한다.

그 외의 문제들

그 외 임상연구에서 밝혀진 스펙트럼장애 아이들의 대표적인 문제는 다음과 같이 정리할 수 있다.

- 유전적 문제 : 메틸레이션 대사 이상(Methylation dysfunction)
- 신경학적 문제 : 좌우 뇌 기능 불균형
- 생의학 문제 : 신경전달물질과 그 외 대사 문제
- 위장관(GI)의 문제 : 소화력, 곰팡이균, 칸디다균, 새는 장(leaky gut)
- 간 해독 능력 저하 : 시스테인, 타우린, 글루타티온

● 면역시스템의 문제

 이 중에서 뇌 기능 불균형으로 발생하는 신경학적 문제는 부모가 문제의 심각성을 인지할 수 있지만 배앓이, 설사 혹은 변비, 심한 편식, 아토피 혹은 비염 등의 문제는 내과적 문제라고 생각하기 쉽다. 그러나 위장관 문제와 같이 자율신경계의 문제로 나타나는 증상들도 스펙트럼장애 아이들이 겪는 신경학적 문제처럼 신중히 고려되어야 한다.

공감력과 상황 인지 능력이 턱없이 낮다

다른 사람의 마음을 인지하고 공감하는 능력이 낮고 남에게 자신의 의도나 바람을 표시하지 못하는 것을 '마음이론(Theory of mind, 메커니즘)이 부족하다/없다'라고 하는데, 자폐스펙트럼장애 아이들은 마음이론과 관련해서 특히 오른쪽 측두엽과 양쪽 안와전두엽의 기능이 정상적이지 못하다. 이는 자신이 느끼고 감지한 것을 표현하는 행위, 내가 원하는 것을 달라고 가리키는 행위, 다른 사람을 이해하고 공감하는 행위를 잘할 수 없음을 의미한다.

마음이론 프로세스가 고장 나다

다른 사람의 마음을 잘 읽지 못하는 자폐증 뇌를 연구한 카네기멜론 대학의 연구팀은 마음이론(theory of mind) 프로세스에 문제가 있다는 결과를 발표했다. 연구자들은 선으로만 그려진 애니메이션을 볼 때 일반인들과 고기능 자폐증을 가진 사람들의 뇌 혈류가 어떻게 변화하는지를 비교분석했는데 자폐증을 가진 사람들이 애니메이션 속 인물들이 어떠한 이유로 무엇을 하는지를 파악하는 데 어려움을 겪는 것을 발견했다.

일반인의 뇌에서는 행동하거나 주위의 사물을 보거나 상상할 때 특정 뇌파인 뮤파(Mu rhythm)가 억제되는데 자폐스펙트럼장애 아이들은 자신이 직접 행동을 할 때만 뮤파가 억제되고 주위를 보거나 상상할 때는 억제되지 않는다. 그렇기 때문에 다른 사람의 표정이나 행동을 읽는 것은 물론 다른 사람이 존재하는 상황을 인식하고 그 상황에 대처하는 것이 어렵다.

마음이론에서 가장 중요한 역할을 하는 것이 거울신경세포(미러뉴런, mirror neurons)다. 거울신경세포는 이탈리아의 신경과학자인 자코모 리촐라티와 그의 유명한 파르마대학 연구팀에 의해 처음 발견되었다. 거울신경세포는 뇌의 전운동피질(premotor cortex)과 전두엽, 두정엽에 있는 뇌세포로 자신이 직접 행동하거나 남의 행동을 관찰하는 데 관여할 뿐만 아니라 남의 행동을 모방하고 그들이 왜 그런 행동을 하는지를 이해하고 남의 아픔을 동정하는 등의 고등 인지 기능을 수행한다. 뇌에서 '보는 것'

> ### 'Theory of mind'와 '마음이론'
>
> 영어단어 mind는 '마음'으로 번역될 수 있다. 그러나 한국어로 '마음'은 따뜻함, 정서, 심장과 같은 의미를 내포하기 때문에 Theory of mind는 마음이론이라고 하기보다는 '사고 혹은 인지 이론'이라고 하는 것이 더 정확하다. 그러나 국내에서는 이미 마음이론으로 번역되어 알려졌기 때문에 이를 그대로 쓴다.

을 '하는 것'과 똑같이 받아들이게 함으로써 다른 사람의 감정과 행동을 자신의 감정과 행동처럼 느끼게 하는 것이다. 거울신경세포를 통해 우리는 다른 사람의 행동에 공감하고 그것을 기억함으로써 대인관계에 더 잘 적응할 수 있다. 한때 유행처럼 번졌던 대니얼 골만의 감성지능(EQ)도 두뇌가 감성을 느끼는 데 있어 전두엽에 있는 거울신경세포의 상호작용이 중요하며, 거울신경세포의 감정을 조절하는 기능이 사람들 상호간에 영향을 미쳐 사회성 발달에 기초가 되는 것으로 연구되었다.

거울신경세포가 부족하거나 이상이 생기면 뇌에 다음과 같은 문제가 생긴다.

- 과제 수행 능력의 불균형(전두엽 기능 이상)
- 좌우 뇌의 기능 불균형
- 좌뇌와 우뇌의 교통 불가(NO SYNC)

타인의 경험이나 외부 자극을 자기 것인 양 받아들이게 한다는 점에서 거울신경세포는 생후의 자아 형성에도 아주 중요한 역할을 한다. 얼굴 표정이 각기 다른 사진을 보기만 했는데도 실제 얼굴 근육을 움직일 때와 같은 신경의 변화가 뇌에서 일어난다. 발레리나가 발레를 하는 것을 보거나 축구 선수가 골을 넣는 장면을 보는 것만으로 실제로 골을 넣을 때와 같은 뇌의 영역이 자극을 받는다. 드라마에서 주인공이 겪은 슬픔과 연민이 마치 자기가 겪은 것처럼 느껴져서 흥분하거나 눈물을 흘리는 이유도 이 때문이다. 아이들이 TV에서 폭력적인 장면을 볼 때 거울신경세포가 이를 받아들이기 때문에 공격적인 행동을 할 가능성이 높아진다는 연구 결과도 있다. 거울신경세포로 인한 공감은 자신만의 자아나 세계관이 상대방을 인지하고 타협할 수 있게 되면서 상대방의 세계로 몰입할 수 있는 능력이다. 이는 사회성 발달에서 가장 중요한 요소이다.

미국 샌디에이고 캘리포니아대학 의과대학 뇌사고인지연구팀장 라마찬드란 박사는 의학 전문지 〈인지 연구(Cognitive Brain Research)〉 최신호를 통해 자폐증 환자의 거울신경세포는 자신이 행동할 때만 활성화되고 다른 사람들의 행동에는 전혀 반응하지 않는다는 사실을 증명했음을 밝혔다.

즉 자폐아들의 낮은 사회성은 거울신경세포와 마음이론의 이상, 행동에 직접적인 영향을 미칠 수 있는 외부 환경이 서로 연관되어 나타나는 것이다. 그러므로 정상적인 사회성 발달을 위해서는 단순히 사회적응훈련만 할 것이 아니라 외부 환경을 인지하는 감각 조절 능력도 개선해주어야 한다. 즉 단순히 또래 아이들과 어울리게 하는 것보다는 감각 인지에서 왜곡을 없애고 내부적으로 감정 조절을 할 수 있는 뇌력을 키워주는 것이 더 중요하다.

그러나 이 사실을 모르는 부모들은 다른 아이들과 어울리는 기회와 횟수를 늘리려고 노력한다. 이런 단순한 방법으로는 사회성이 개선되지 않는다. 자폐스펙트럼장애 아이들은 '눈치'로 대변되는 사회성을 발달시키거나 혹은 유지할 수 있는 직관체계, 즉 마음이론을 제대로 갖추지 않았으니 이 직관체계를 구성하는 여러 요소들을 전방위적 관점에서 반드시 살펴본 뒤에 치료법을 찾아야 한다.

뇌 영역 간의 교신 불량

자폐스펙트럼장애아들은 사회적 소통 능력이 부족한데 그 이유는 거울신경세포와 뇌의 커뮤니케이션 문제, 즉 좌우 뇌 기능 불균형으로 인한 통합 불능 때문이다. 영국 런던대학교의 한 연구에서 지능지수(IQ)가 평균 이상인 16명의 자폐스펙트럼장애 환자들의 뇌 단층 사진과 일반인들의 사진을 비교분석한 결과 환자들은 다른 사람의 얼굴을 볼 때 뇌에 아무런 변화도 일어나지 않았다. 연구를 주도한 UCL 인지신경과학협회 지오프 버드 박사는 "자폐스펙트럼장애는 얼굴 표정을 읽는 뇌의 영역에 문제가 있다는 것이 기존의 시각이었지만, 이 연구 결과는 수백 가지 얼굴 표정을 읽는 뇌의 영역이 주의를 통제하는 뇌의 영역과 잘 연결되지 않는다는 것을 시사한다"고 설명했다. 결과적으로 자폐는 뇌의 기형적 이상이나 구조적 이상이 아닌 뇌 기능의 불균형적인 발달로 인한 뇌 영역 간 교신 불량이 원인이라는 것이다.

그렇다면 좌우 뇌의 교신 불량은 무엇 때문에 생길까?

우리는 흔히 머리가 크면 '뇌가 커서' 공부를 잘할 수 있다고 생각하고, 스펙트럼장애처럼 뇌에 문제가 있는 아이들은 뇌가 정상적으로 발달하지 않아 뇌세포 간의 연결(시냅스)이 부족할 것이라고 생각한다. 이런 전제에서 부모나 치료사들은 무조건 뇌세포의 연결을 강화시킬 수 있는 자극을 반복적으로 주어야 한다고 생각한다. 과연 그럴까?

자폐스펙트럼장애아들은 일반 아이들에 비해 생후 6개월에서 만 2년 사이에 두뇌가 너무 빨리 성장한다. 뇌가 빨리 성장하면 당연히 좋을 것 같지만 꼭 그렇지만도 않다. 정상적인 뇌 성장 속도를 초과해 오히려 뇌세포의 연결을 정교하게 정리하지 못하고 오히려 뒤엉키게 만들기 때문이다. 145쪽의 그림 중에서 자폐스펙트럼장애 아이의 뇌 그림처럼 뇌세포의 연결이 복잡하게 뒤엉킨 상태에서는 미로에서 길을 찾듯 과제를 수행해 속도가 지체되거나 과제를 수행하는 도중에 목적을 잃어버려 결국 완성하지 못하고 만다.

생화학 측면에서 보면 이런 시냅스의 엉킴은 뇌의 만성 염증반응으로 증가해 평생 지속된다. 마샤 허버트의 연구 결과에 따르면, 발달장애를 가지고 태어나는 아이들은 생후 초기에는 일반 아이들보다 유난히 두뇌가 작다. 보통 생후 6개월에서 만 2년에 걸쳐 서서히 이뤄지는 뇌 발달이 자폐스펙트럼장애아들에게서는 생후 1~2개월에 폭발적으로 일어나고, 백

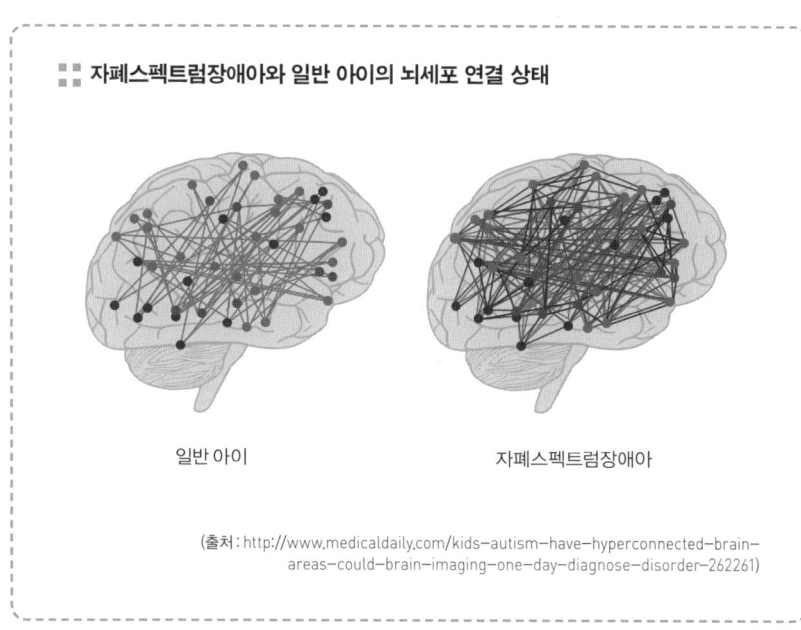

■■ 자폐스펙트럼장애아와 일반 아이의 뇌세포 연결 상태

일반 아이   자폐스펙트럼장애아

(출처: http://www.medicaldaily.com/kids-autism-have-hyperconnected-brain-areas-could-brain-imaging-one-day-diagnose-disorder-262261)

색질의 발달이 생후 9개월 정도까지 정상적으로 이뤄지다 이후 만 2세까지 뒤엉킨 발달을 하게 된다. 결론적으로 발달 시기에 맞게 발달해야 하는 뇌가 발달이 잘 안 이뤄진 채로 태어나서 생후 1~2개월, 생후 6개월~만 2세 시기에 너무 빨리 발달하는 게 문제다.

비정상적인 뇌 발달에는 뇌세포에서 이뤄지는 염증반응이 중요한 역할을 하는 것으로 알려져 있다. 염증반응은 뇌세포의 가지치기(pruning)와 뇌세포 연결(시냅스) 정리에 중요한 역할을 하는데, 과도한 염증반응은 이러한 정리 작업을 정상적으로 수행하지 못하게 한다.

그렇다면 만 2세 이후의 자폐스펙트럼장애아들의 뇌 발달은 어떨까?

만 5세의 자폐스펙트럼장애아들의 뇌 크기는 만 13세 정상아들의 뇌

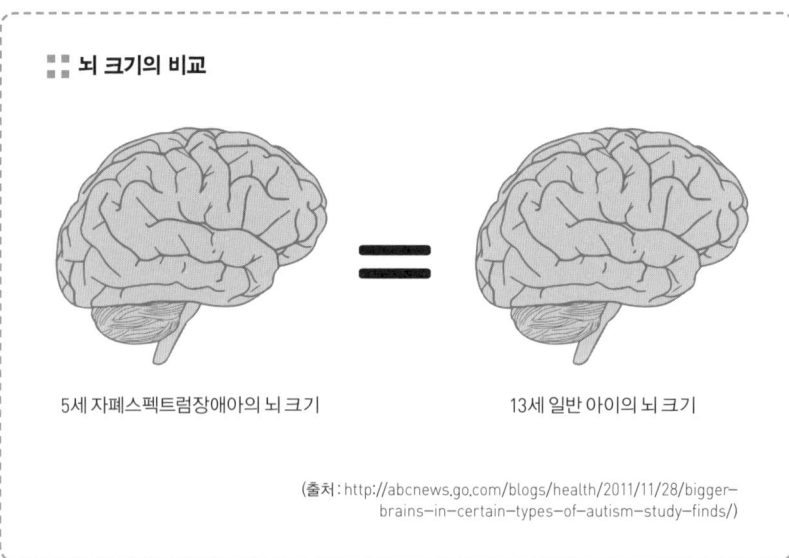

크기와 비슷하다. 2세부터 5세 사이에 빠른 속도로 뇌가 성장하지만 사춘기까지 정상적으로 뇌가 발달하는 일반 아이들에 비해 자폐스펙트럼장애 아들의 뇌는 사춘기에 오히려 아주 더디게 성장한다. 가장 큰 문제는 사춘기까지 아주 천천히 그리고 가장 늦게 완성되는 전두엽의 발달이 제대로 이루어지지 않는다는 것이다. 전두엽은 사회 적응 및 문제 해결 능력과 관련되어 중요한 역할을 하는 부분이다.

우리의 대뇌는 사고를 인지하고 명령을 내리고 감정을 조절하는 전두엽, 감각을 받아들여 전두엽으로 전달하는 두정엽, 기억을 담당하고 청각을 인지하게 도와주며 언어의 이해와 관련 있는 측두엽, 시각 인지를 도와주는 후두엽으로 구분되는데 자폐스펙트럼장애의 원인은 대뇌에만 국한되지 않는다. 자폐스펙트럼장애의 증상 대부분이 위에 설명한 대뇌피질

엽의 기능과 역할에 따라 증상으로 이어지기 때문에 부모나 치료사는 그 부분만 고려하기 쉬운데, 실상 더 크고 중요한 문제는 대뇌가 발달하기 이전에 먼저 발달해야 하는 대뇌피질 하부 영역(Subcortical structure)에 있다.

발달 단계상 대뇌피질이 발달하기 전에 피질 하부 영역이 먼저 발달한다. 피질 하부 영역은 아이가 이미 말하기도 전에 숨 쉬고 먹고 마시고 소화하는 기능, 시청각 자극에 따라 고개를 돌리고 반응하거나 몸을 뒤집고 기고 걷기를 관장하는 영역이다. 스펙트럼장애아들 중에는 발달이 지연되거나 문제가 있었던 아이들이 많은데 이는 궁극적으로 피질 하부 영역의 비정상적인 발달을 의미한다. 그러나 부모나 치료사들, 전문가들조차도 자율신경계의 문제와 직결되는 이 피질 하부 영역에 대해서는 심각하게 생각하지 않아 더 큰 문제다.

대뇌피질 하부 영역 외에 문제가 되는 영역으로는 해마(hippocampus), 편도체(amygdala), 소뇌(cerebellum), 미상핵(caudate nucleus)이 있다. 이 영역들은 스펙트럼장애 증상과 관계가 없어 보이는 영역들인데, 구조적으로 작다. 그리고 148쪽 아래 그림에서 볼 수 있는 것처럼 뇌간에 있는 핵간의 길이가 짧은데, 이것은 중요한 신경회로도가 모자라거나 심지어 없는 신경핵들이 있다는 것을 의미한다.

자율신경계의 문제는 거의 모든 스펙트럼장애아들이 겪는 문제다. 그러므로 발달 단계에서 자율신경계의 기능을 가지고 있는 대뇌피질 하부 영역이 먼저 발달하고 그다음으로 대뇌피질이 발달되는 것을 스펙트럼장애아들의 치료에서는 반드시 고려해야 한다.

뇌 구조의 차이

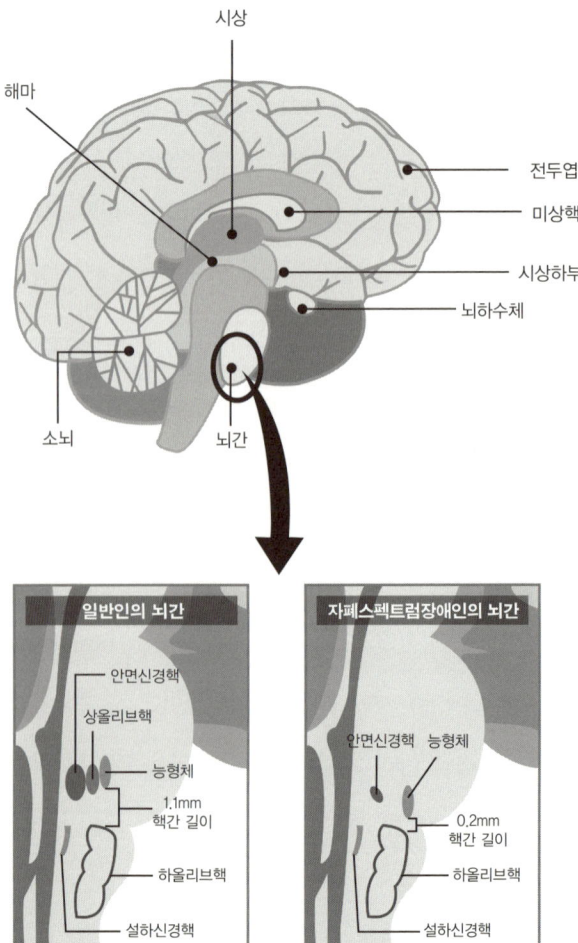

자폐스펙트럼장애의 경우 좌우 뇌의 교류 주파수를 안정화하는 하올리브핵과 그 위에 있는 신경핵들(안면신경핵, 능형체) 사이의 간격이 0.2mm로 축소되었다.

(출처 : http://www.wsusignpost.com/2014/11/04/seeing-the-able-not-the-label/)

독특한 수 개념으로 학습에 어려움을 겪다

다니엘 타멧이 주인공인 《브레인맨, 천국을 만나다》의 서평에는 이러한 내용이 있다.

'독자들은 이 책을 통해 서번트증후군 천재의 두뇌가 과연 평범한 사람의 두뇌와 어떻게 다르고 어떤 면에서 비슷한지를 알 수 있다. 비슷한 능력을 반복적으로 보여주는 다른 서번트증후군 환자들과 달리 다니엘 타멧은 어떻게 자신이 특별한 능력을 발휘할 수 있는지를 직접 설명할 줄 안다. 또 그의 사고 체계를 따라가다 보면 일반인에게도 잠재된 서번트

능력을 발견할 수 있다.'

하지만 서평의 내용과는 달리 일반인에게 잠재된 서번트 능력은 없다. 만약 당신이 다니엘처럼 숫자나 글자를 표현한다면 사람들로부터 정신병자 취급을 당할 수도 있다.

다니엘의 뇌는 일반적인 뇌의 프로세스와는 전혀 다른 방식으로 숫자나 연산을 처리한다. 자폐스펙트럼장애 때문에 보통 사람과는 출발점이 다르지만, 수학적 계산 능력은 그 누구보다 뛰어나고 특별하다. 그 능력은 일반인들이 노력해서 얻을 수 있는 것이 아니다. 그래서 더 경이롭고 존경스럽기까지 하다. 신체장애를 가진 사람이 보통 사람처럼 행동하거나 운동할 수 있다면 흥미롭게 생각하고 그 사람이 그렇게 되기까지의 과정과 노력에 존경을 표하지만 장애를 가진 사람이 보통 사람은 절대로 할 수 없는 일을 한다면 누구든 존경을 넘어서 경이로움을 느끼게 된다.

다니엘의 능력은 자폐스펙트럼장애가 있기 때문에 보통 사람들과는 조금 다른 차원이 아니다. 그는 글자와 숫자를 볼 때 형태와 감정을 느낀다. 눈으로 입력된 정보는 시각계를 통해 대뇌에 전달되는데, 이때 시각 정보를 처리하는 대뇌의 영역은 느끼고 듣고 맛보는 다른 감각체계와 분리되어 있다. 그런데 다니엘은 어떤 사람을 보면 특정 숫자가 생각나고, 어떤 숫자를 보면 우울한 하늘 같고, 어떤 글자는 어떤 색깔을 띠고 있다는 식으로 표현했다. 이는 보통 사람들의 뇌 구조에서는 절대로 일어날 수 없는 일이다. 소수를 보면 마음이 편하다고 말한다거나, 숫자나 글자를 다른 감각들과 연계해서 이해하는 것은 정말 특별한 재능이다. 숫자를

██ 자폐스펙트럼장애아의 독특한 수 위치 개념

● 자폐스펙트럼장애아의 수 위치 개념

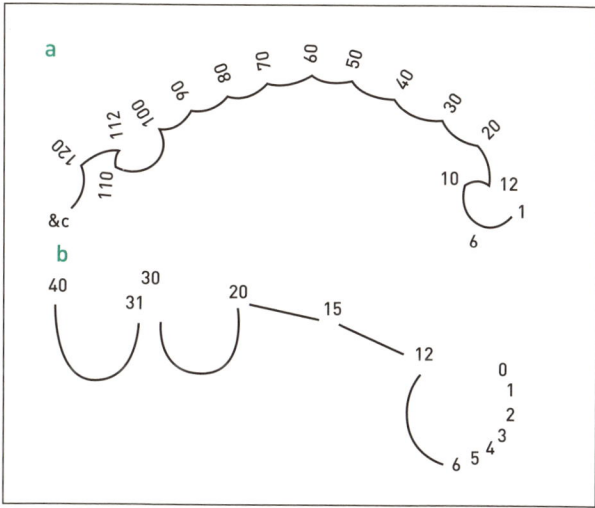

일의 자리, 십의 자리, 백의 자리 수의 위치가 연속적이지 않으며 특별한 위치를 가지고 있다.

● 일반 아이의 수 위치 개념

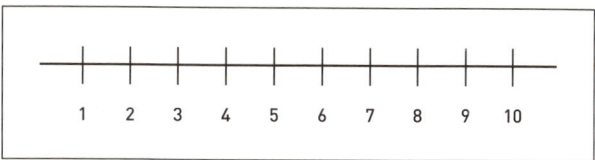

연속적이며 규칙적으로 수를 배열했다.

(출처 : Edward M. Hubbard, Manuela Piazza, Philippe Pinel & Stanislas Dehaene, Interactions between number and space in parietal cortex, Nature Reviews Neuroscience 6, 435-448 (June 2005))

이러한 패턴으로 기억하기 때문에 3.14로 알려진 파이(π)값을 2만 개가 넘게 기억할 수 있는 것이다.

다니엘의 뇌를 분석한 결과, 어릴 때 측두엽에 간질이 온 이후로 뛰어난 능력을 보였다고 한다. 측두엽은 보통 기억력이나 청각 인지를 담당한다고 생각하지만, 공간 인지에서 흑백으로 보이는 사물에 색깔에 입히고 사물을 더욱 세밀하게 볼 수 있도록 묘사하는 역할도 한다. 다니엘이 사물을 인지할 때 보통 사람과는 다르게 다른 감각들과 연계해서 입체적으로 볼 수 있는 것은 아마도 뇌의 불균형적인 발달이 간질로 인해 측두엽과 관련 있는 신경회로(시냅스)들을 이상하게 얽히게 했기 때문일 것이다.

필자는 다니엘의 자서전을 읽고 나서 자폐스펙트럼장애아들이 가진 수 위치 인지와 공간 인지 능력에 대해 다시 한 번 생각하게 되었다. 일반인들은 수직선이나 함수를 배울 때 수의 위치에 대한 체계가 명확하다. 수 위치를 어떻게 인지하느냐는 문화적 배경이나 오른손잡이냐 왼손잡이냐에 영향을 받기도 하지만 오른쪽으로 갈수록 점점 큰 수를 적고, 왼쪽에서 시작해 오른쪽으로 글을 읽는 방식은 뇌의 기능과 밀접한 관계가 있다. 하지만 자폐스펙트럼장애아들은 수 위치에 대한 인식이 아예 없거나 혹은 비정상적이어서 기본적인 학습을 하는 데 문제가 있고, 학교생활에 적응하더라도 단순한 지식을 암기하는 것은 잘하지만 이해가 요구되는 수업에서는 심각한 문제를 겪는 현상을 이해할 수 있었다. 필자도 그렇지만 과학자들이 왜 그렇게 다니엘의 수학적 연산이나 기억법에 흥미로워했는지 충분히 이해가 간다.

그런데 다니엘의 비범한 특별함을 축복이라고 말할 수 있을까? 당신이라면 다니엘이 가진 특별함을 갖기 위해서 당연하다고 생각되는 것들을 포기할 수 있겠는가? 오래된 영화이지만 더스틴 호프만과 톰 크루즈가 열연한 〈레인맨〉에서 사반 혹은 서번트증후군으로 알려진 주인공은 사회성이 부족하고 혼자서 생활할 수 있는 능력은 없지만 연산이나 기억력에서 탁월한 능력을 보인다. 그러한 탁월한 능력에도 불구하고 이 영화의 실제 주인공 레이먼드는 지금도 아버지의 도움 없이는 생활하는 것이 불가능하다고 한다.

사소한 일에 강박증이 심하다

《브레인맨》의 다니엘은 아침에 오트밀을 먹을 때마다 450g을 맞추느라 몇 번이나 저울질을 했고, 입은 옷의 가짓수를 세는 행동을 매일같이 반복했다고 한다. 이런 강박 증세는 ADHD, 틱장애, 뚜렛증후군은 물론 발달장애, 아스퍼거증후군을 포함하는 스펙트럼장애에서 흔히 볼 수 있다.

필자의 임상 경험상 틱장애나 뚜렛증후군 환자의 경우 믿을 수 없을 정도로 심한 강박 증상을 보이는데 그 이유는 사고, 행동, 운동을 미세하게 조절하는 뇌 기저핵의 기능이 좋지 않아서이다. 사고, 행동, 운동의 변화에 맞게 뇌 기능이 전환돼야 하는데 마치 필터에 고인 물처럼 기능이 전환되지 않은 채 한 자리에 머무르기 때문에 생각하지 않으려 해도 같은 생각이나 특정 노래가 계속 생각나는 것이다.

큰 고민거리나 꼭 해결해야 하는 문제가 있다면 누구라도 머릿속에서 그 생각을 떨쳐내기가 어려울 것이다. 그러나 스펙트럼장애아들의 강박은 전후 인과관계가 없는 사소한 일들이 대부분이다.

특정 분야에 천재적 재능을 보인다

다니엘처럼 숫자에 특별한 능력을 보이는 아스퍼거증후군이나 그보다 사회적인 능력이 낮은 서번트증후군은 뇌의 기능 불균형이 극도로 심해져서 나타나는 질환이다. 좌우 뇌의 기능이 불균형적으로 발달하면 대뇌의 전두엽과 소뇌를 매개하는 하올리브핵(Inferior olivary nucleus)의 처리 속도가 크게 차이 나고, 뇌의 기능 불균형이 심해질수록 좌우 하올리브핵의 기본 주파수 격차가 심해진다. 서로 다른 주파수로 교통하는 대뇌와 소뇌는 외부에서 받아들인 정보를 인식하고 통합하는 것이 어려워진

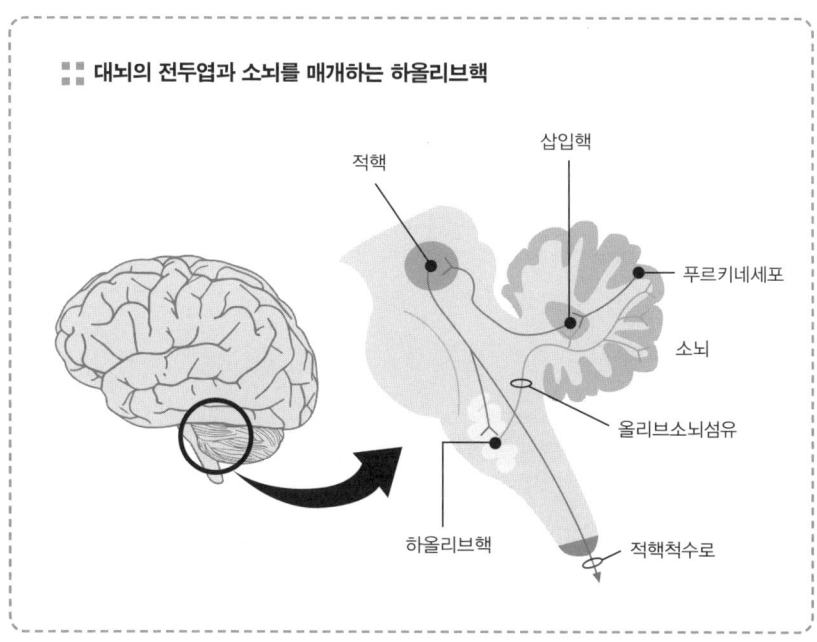

다. 이것은 마치 286 IBM 컴퓨터와 펜티엄급 컴퓨터를 맞물려놓고 작업을 하는 것과 같다. 각각의 컴퓨터에는 이상이 없지만 성능이 크게 차이 나는 두 대의 컴퓨터를 연결하면 어떤 영역은 아주 뛰어나지만 다른 영역은 극도로 기능이 저하된다. 게다가 정보의 처리 속도가 달라서 뇌로 입력되는 정보들을 전체적으로 통합하는 능력이 떨어지고 만다.

예를 들어 언어나 수리 영역은 천재성을 보이지만 사회성, 공간 인지, 대인관계 능력은 그에 비해 너무나 부족하다. 서번트증후군의 경우 숫자에 크게 집착하는 경우가 많고, 아스퍼거증후군을 가진 사람들은 숫자 혹은 기계 작동이나 수리에 대단한 능력을 보이는 경우가 많다. 한쪽 뇌의 기능은 너무나 좋고 다른 쪽 뇌의 기능은 발달되지 않은 것이다.

2부

스펙트럼장애 치료의 현주소와 올바른 치료법

대부분의 부모들은 자녀의 스펙트럼장애 문제를 해결하겠다는 의지만 있지, 어떤 치료를 받아야 하는지에 대해서는 뚜렷한 주관이 없이 주변 사람들의 의견에 휩쓸리기 일쑤다. 뇌의 문제로 생기는 스펙트럼장애의 과학적인 분석이 배제된 치료는 아이들의 문제를 적극적으로 해결하지 못한다. 기존의 치료법인 심리치료, 미술치료, 음악치료, 행동치료, 인지치료 등은 스펙트럼장애아들의 문제가 뇌보다는 부모의 양육이나 유전적인 요인, 심리적인 요인에서 발생한다는 믿음에서 출발했다. 최근에 와서 뇌과학의 발달로 풍부한 임상적 경험들이 추가되었지만 대부분의 치료법들은 기존의 방식을 고수하고 있다. 내 아이에게 맞는 치료를 올바르게 선택하기 위해서는 반드시 현재 실행되는 스펙트럼장애의 치료법을 이해하고 내 아이에게 맞는 방향으로 치료 관점을 잡아야 한다.

스펙트럼장애 치료의 현주소

스펙트럼장애는 단순한 뇌의 문제가 아니라 좌우 뇌의 기능 불균형을 포함하는 여러 가지 원인이 복합적으로 작용해 생긴다. 그렇기 때문에 여러 가지 관점에서 원인을 분석하고 그에 상응하는 치료를 해야 한다.

근본 원인에 대한 이해 없이 증상만 치료

스펙트럼장애아들은 공통적으로 감각통합이 잘 안 되기 때문에 감각에 민감하거나 둔감하며 간지럼을 잘 탄다. 그래서 병원에서는 감각통합을 목적으로 작업치료나 물리치료를 주로 시키고 놀이치료, 미술치료, 음악치료, 행동치료, 언어치료, 인지치료 등도 병행한다.

그러나 현재 이뤄지는 치료나 자극은 개별적인 뇌 발달 상태와 그에 따른 뇌의 특이성과 기능 불균형을 정확히 이해한 상태에서 이뤄지지 않는다. 언어가 안 되니 언어치료를 하고 청각 인지가 안 되니 청각통합치료(AIT), 패스트포워드(Fast Forward)와 같은 청각인지치료를 하고, 시각 인지가 안 되니 프리즘을 이용한 안경이나 알렌테라피를, 행동 제어가 안 되고 과잉행동이 있으니 행동치료나 인지치료 혹은 약물치료를, 사회성을 키워주기 위해서 놀이치료를, 발달이 저하된 근육을 비롯해 소근육과 대근육의 문제를 해결하기 위해서는 작업치료나 재활치료를 하는 것이다. 어떻게 보면 무분별하고 계획 없는 치료 방침이라 할 수 있다. 그렇다 보니 치료의 효과를 정확히 측정할 수도 없다. 아이가 크면서 자연스럽게 뇌가 발달해 나아지는 건지, 치료의 효과인지도 구별할 수 없다. 이러한 현상은 부모나 전문가라 해도 증상에 대해서는 완벽히 알지만 그 증상들이 어떠한 이유로 일어나는지를 제대로 모르기 때문에 생긴다. 근본 원인을 치료하기까지 더 많은 수고와 시간이 필요한 것도 원인의 하나로 볼 수 있다.

스펙트럼장애의 치료는 눈에 띄는 증상들을 호전시키기 위해서 진행하기보다는 뇌의 특이성을 이해한 뒤에 이와 긴밀하게 연계되는 방법으로 이루어져야 한다. 그릇이 작은 상태에서는 아무리 많은 것을 구겨서 집어넣으려 해도 들어가지 않는다. 작은 그릇을 큰 그릇으로 바꿔야 하는 것처럼 뇌의 균형 있는 발달을 도모하게 되면 단순한 반복에 의해서가 아닌 원리를 이해함으로써 학습, 사회성, 언어, 행동, 시청각 인지 등 모든 측면에서 자연스러운 효과를 거둘 수 있다. 단, 이러한 자극은 지속적이어야 한다. 사고로 뇌에 손상을 입은 환자가 지속적으로 노력해 신체와 뇌 기능을 기적적으로 회복한 사례는 얼마든지 있다.

인간의 뇌는 자체적으로 치유 능력을 가지고 있다. 물론 치유를 위한 여건이 잘 갖춰진 상태여야 한다. 치유를 위한 여건이란 뇌의 특이성과 기능 불균형 상태를 정확히 이해하는 것을 말한다. 그 상태에서 의지를 갖고 노력하면 막힌 곳을 우회해 새로운 연결통로가 만들어지고, 훈련을 통해 강도 높은 자극을 주면 고쳐지거나 새롭게 생긴 신경들이 제 기능을 발휘하게 된다.

기존의 치료법들은 뇌 기능 불균형을 얼마나 개선할까?

감각통합치료

감각통합치료 전문가들은 "스펙트럼장애는 뇌의 기능적인 문제로 발생할 수 있다"고 말하면서 "뇌의 문제이기 때문에 감각 자극을 통해서 좋아질 수 있다"고 설명한다. 아이가 감각에 민감하고 간지럼을 잘 타고 불안과 두려움을 느끼는 것이 모두 감각 보정이 잘 안 되어서 그렇다는 의미이다.

감각통합치료는 선진국에서는 스펙트럼장애 치료를 위해 널리 쓰이고 있으며 수많은 감각 중에서도 촉각, 전정감각, 위치감각을 자극한다. 감각이 민감하기 때문에 감각 자극을 통해서 뇌를 자극하면 감각통합 기능이 좋아질 수 있다는 논리인데, 치료 효과는 일부 있지만 자극을 준다고 뇌의 기능 불균형이 해소되지는 않는다.

토마티스요법

전 세계 여러 나라에서 사용되는 청각통합훈련이다. 게이팅과 필터링이라는 기술을 통해 변조한 음악을 특수 헤드폰으로 들려줌으로써 청각근육, 전정기관, 전두엽 등을 자극해서 청각을 개선한다고 알려져 있다.

토마티스요법에서는 음원을 저주파와 고주파라는 채널로 분리한다. 그런 뒤에 저주파와 고주파에서 한 주파수를 크게 지연시키거나 선행시킴으로써 분리된 주파수의 간극을 불규칙적으로 늘리거나 줄여서 우뇌 혹은 좌뇌에 각각 들려준다. 좌뇌와 우뇌의 기능이 불균형해서 저주파와 고주파를 동시에 감지하기 힘들기 때문에 주파수를 분리해 좌뇌와 우뇌가 각각 그 소리를 인지할 수 있도록 도와주는 것이다. 주파수를 분리해서 좌우 뇌를 동시에 자극하면 청각 민감도에 있어서는 저주파와 고주파를 어느 정도 분리할 수는 있으나 근본적으로 뇌 기능 불균형은 해결되지 않는다. 게이팅을 통해서 언어적 의미가 있는 소리인 고주파에 좀 더 집중하게 할 뿐이다.

배경음과 같은 저주파는 소리의 공간 인지와 관련해서 아주 중요하다. 토마티스 이론의 정통성을 주장하는 토마티스요법은 언어 발달과 언어 청취를 위해서는 2000Hz 이하의 주파수를 필터아웃시켜 삭제하는데(필터링) 언어 발달이 지연된 아이들 중에 저주파가 꼭 필요한 아이들이 있다. 이런 아이들은 물 흐르는 소리, 비행기가 지나가는 소리, 바람 소리처럼 공간 인지를 주는 백색소음과 같은 소리에 민감하기 때문에 이러한 소리에 익숙해지도록 뇌 기능을 올려야 한다.

토마티스 이론은 발달 과정을 청각 인지에 국한해 보는데, 아이들의 발달은 뇌 기능의 균형적 발달과 같이 보아야 한다. 좌뇌와 우뇌의 기능이 불균형한 아이들은 토마티스요법을 적용한 후에 부작용을 겪게 될 수도 있다.

뉴로피드백

뉴로피드백이나 뇌파 훈련을 뇌를 자극하는 기기나 프로그램으로 알고 있는 부모들이 많다. 뉴로피드백은 집중을 필요로 하는 작업을 할 때 집중을 잘하는지, 아니면 딴 생각을 하는지를 뇌파로 파악해 그 뇌파 신호를 게임처럼 보여주는 것이다. 만약 자동차 게임의 형태라면 집중을 잘할 때 자동차 속도가 빨라지고, 집중을 잘하지 못하면 자동차 속도가 느려지거나 결국에는 정지하고 만다.

뉴로피드백은 훈련자가 의식적으로 뇌 기능을 조절하는 능력을 향상시키는 두뇌 훈련법으로 사용되며, 각성 조절 능력을 정상화하고, 전두엽의 기능을 활성화하고, 집중 및 인지 기능을 향상시키는 것을 주목적으로 시행된다. 주 2~3회씩 3~6개월간 시행되는 것이 보통인데 일정 기간 규칙적으로 훈련할 경우 신경가소성 원리에 의해 장기기억으로 전환되어 뇌 기능을 정상화하고 자기 조절 능력을 향상시키는 데 도움을 주는 것으로 알려져 있다.

그러나 가만히 앉아서 본인이 주도적으로 치료를 진행해야 하기 때문에 과잉행동이나 주의력 결핍이 심할 경우 효과가 없거나 더딘 경우가 많다. 자폐스펙트럼장애아들처럼 집중할 능력조차 없거나 본인의 의지로 훈련할 수 없으면 훈련이 아예 되지 않는다. 훈련을 통해서 집중력을 조절한다 해도 자기 조절 능력은 쉽게 무너질 수도 있다.

바이오피드백

바이오피드백도 뉴로피드백의 뇌파처럼 생체신호인 맥박을 비교해 그에 따른 피드백으로 신체 활동을 조절할 수 있게 한다. 맥박 외에 심전도(심장의 활동도), 근전도(근육의 긴장도), 피부 온도, 호흡 조절 등 다양한 생체신호를 훈련을 통해 안정화시키는 훈련 프로그램이 많은데 뇌 호흡이 대표적이다. 스트레스로 인해 교감신경이 활성화되면 정신이 안정되기 어렵고 맥박이 빨라지는데, 심호흡이나 명상과 같은 마인드트레이닝을 통해 교감신경을 안정화하고 맥박을 정상으로 되돌린다. ADHD 아이들은 대부분 잘못된 각성 체계로 인해 쉽게 흥분하고 집중이 흐트러지는 일이 많다. 그럴 때 호흡을 도와 심폐 기능을 향상시키면 뇌로 가는 산소 공급이 좋아져서 집중력이 향상된다.

호흡 조절 프로그램은 호흡 조절 중추가 있는 뇌간을 자극해 심신의 안정감을 찾고 자율신경계를 자극할 수는 있지만 뇌 기능 불균형을 개선하거나 고차원적인 뇌 영역을 자극하지는 못한다.

상담치료

상담치료는 스펙트럼장애 아이들의 증상이 심리적인 원인에서 비롯된다고 판단해 양육 방식, 부모와의 관계, 가족, 친구 관계 등을 고찰하고 이에 따른 해결책을 제공하는 치료법이다.

아이들은 자신을 표현하고 마음을 외부로 드러내는 것이 어렵기 때문에 아이가 자신의 마음을 투사할 수 있는 장난감 같은 사물을 이용해 아이의 마음을 이해하고 이를 교정하려는 놀이 형태로 진행된다. 치료사가 아이 스스로 자신의 마음을 적극적으로 표현할 수 있도록 아이와의 공감대를 형성하고 나면 정서적 친근감을 이용해 아이의 불안정한 심리를 안정시킬 수 있는 장점이 있다. 그러나 ADHD 아이들의 경우 자신을 부정적으로 평가하는 경향이 있기 때문에 자신감이 없고 자존감이 낮아 심리적 안정감만으로는 자존감을 회복하기가 어렵다. 또래 관계를 형성하는 데도 어려움을 보이기 때문에 정서적인 개입을 통해 아이의 마음을 어루만져주어야 할 필요가 있다.

상담치료는 스펙트럼장애 아이들의 문제가 신경행동학적인 문제가 아니라 행동학적인(증상) 원인에서 기인한다는 예전 개념에서 출발한 치료다. 현재도 원인에 대한 별다른 고찰 없이 시행되고 있다.

놀이치료

놀이치료도 심리치료와 목적과 효과가 같다. 언어를 통해 자신의 감정과 생각을 표현할 수 있는 성인에 비해 심리적으로 위축된 아이들은 자신의 생각과 감정을 그대로 표현하는 데 어려움이 있기 때문에 놀이를 매개로 아이의 생각과 감정을 이해하고 필요한 부분은 놀이를 통해 자연스럽게 강화시킨다.

그러나 거울신경세포의 발달이 미비해 사물과 자신을 분리하지 못하고 감정이입을 할 수 없는 스펙트럼장애 아이들은 놀이치료가 큰 영향을 주지 못할 수 있다. 거울신경세포가 있는 전두엽의 발달이 선행되어야 자아 인식을 할 수 있으며, 타인 인식과 외부 환경에 적응할 수 있는 비언어적 표현을 담당하는 우뇌가 발달되어야 한다.

미술치료

미술치료도 심리치료와 목적과 효과가 동일하다. 그림을 매체로 무의식, 감정, 느낌 등을 표현하게 함으로써 성취감, 가능성, 가치관을 형성하도록 돕는다. ADHD 아이가 미술치료를 할 경우 자기의식, 자기이해를 통해 주변 환경과 올바른 관계를 형성하도록 도움을 줄 수 있다. 또 그림을 통해 표현 기술에 대한 자신감을 습득하고 이를 통해 자존감을 높이는 것을 목표로 하지만 자폐스펙트럼장애나 스펙트럼장애 아이들은 그림을 통한 자아 인식 자체가 어려운 경우가 많다.

미술치료는 장기간 꾸준히 해야 효과를 기대할 수 있으며, 자아 형성이나 인지 작용이 미비한 스펙트럼장애 아이나 시각 인지가 어려운 아이는 그림을 그리는 것 자체에 어려움을 겪기도 한다.

순차적인
뇌 발달에 맞춰
자극을 준다

필자가 자란 충북 영동에는 600년이 넘은 오래된 느티나무가 있다. 그 나무에서 뻗어나간 가지의 거대함은 말할 것도 없거니와 나무의 줄기는 어른 셋이 팔을 잡고 둘러도 다 둘러쳐지지 않는 거목이다. 흙이 비에 씻겨나가면서 드러난 뿌리는 가지보다 훨씬 더 크고 굵다. 나무가 잘 자라려면 기본적으로 좋은 토양에서 든든하게 뿌리를 내려야 한다. 뇌가 발달하는 과정도 나무가 자라는 모습과 별반 다를 게 없는데, 원활한 뇌 기능을 위해서는 기초적인 부분부터 순차적으로 발달하는 것이 중요하다.

'순차적인 발달'이란 가장 큰 적목을 맨 아래에 쌓고 그다음으로 큰 적목을 쌓아야 나무 더미가 무너지지 않듯 발달 단계에 맞춰 기능이 발달하는 것을 말한다. 적절한 영양 공급으로 뇌가 정상적으로 발달할 수 있는 기반을 구축하고, 뇌의 발달 시기에 맞는 외부 자극과 활동을 통해 뇌가 통제하는 저차원적인 기능이 어느 정도 발달하면 자연스레 고차원적인 기능인 언어, 사회성, 학습이 순차적으로 발달한다. 대부분의 부모들은 발달 단계에서 눈에 보이는 현상에만 주목하는 경향이 있는데 대표적인 것이 언어 능력이다.

우리는 뇌의 발달을 아주 당연한 일로 생각하지만, 태어나서 몸의 무게를 이기고 고개를 들며 기고 걷기까지의 과정은 쉬운 일이 아니다. 뇌의 기능 중에서 언어 기능의 경우 옹알이를 거쳐 언어 발달이 만 2세까지 최고조에 이르려면 그전에 감각 인지와 운동 능력이 정상적으로 발달되어야 하는데 발달 과정에서 문제가 생기는 일이 종종 있다. 그런데 안타깝게도 부모들은 아이가 정상적으로 발달하는지 아닌지를 쉽게 알아채지 못한다. 아이가 기어갈 때 뒤에 있던 발의 근육이 비정상적으로 수축하지는 않는지, 한 발을 접고 기는지, 기는 축의 균형이 맞는지, 몸을 뒤집을 때 한쪽으로만 뒤집지는 않는지, 목과 등 근육이 제대로 발달되었는지 등을 살펴봐야 자폐스펙트럼장애의 징후를 발견할 수 있다.

정상적인 뇌 발달과 연관되는 운동 발달이나 저차원적인 뇌 발달을 무시한 채 언어 치료에 맹목적으로 매달리는 부모들도 있다. 그렇게 하면 말은 하지만 앞뒤의 문맥이 맞지 않거나 본인의 감정을 배제한 채 말을 하는 등 상황과 맞지 않는 말을 하는 경우가 생긴다. 그리고 언어 발달 후에 이뤄져야 하는 사회성과 학습 능력에 당연히 문제가 생긴다. 뇌 발달의 첫 번째 단추가 제대로 끼워지지 않았기 때문이다.

순차적인 뇌 발달을 무시한 채 뇌 기능 훈련을 하면 원하는 효과를 얻지 못하지만 순차적인 뇌 발달에 맞춰 자극을 주면 언어뿐만 아니라 학습 능력과 사회성이 훨씬 개선될 수 있다(86쪽 '뇌 기능의 발달에도 순서가 있다' 참고).

기능이 부족한
뇌 영역에
강한 자극을 준다

　자폐스펙트럼장애 아이들의 부모들은 다양한 치료법을 찾아다니지만 현재까지 완벽하게 치료해줄 기적의 치료법은 개발되지 못했다. 스펙트럼장애에 대해 훨씬 먼저 알려진 미국에서도 지난 50년 동안 진단이나 치료법에 거의 변화가 없었다. 자폐증을 근본적으로 치료하는 약물 또한 현재까지는 없다. 그러나 아이가 공격적인 행동을 제어하지 못하거나 스스로를 해치는 행위를 할 때, 특정한 어떤 것에 집착하거나 반복적으로 강박적인 행동을 보이는 등 문제행동이 뚜렷하다면 우선적으로 약물치료를 고려할 수도 있다. 최근에는 부작용이 적은 신약들이 많이 개발되어서 문제행동에 대해 선택적으로 사용하면 극적으로 호전되기도 한다. 하지만 약물치료는 원인은 없애지 못하고 증상만 잠시 호전시킬 뿐이다. 대다수의 심리치료, 놀이치료, 감각통합치료, 청지각치료, 시지각치료 등도 마찬가지다.

현재까지 알려진 가장 효과적인 치료법은 자폐스펙트럼장애를 위한 조기특수교육 프로그램(early intervention program)이다. 부모들 사이에서는 얼마나 효과적으로 특수교육을 받느냐에 따라 나중에 자폐스펙트럼장애 아이들이 보이는 기능의 수준이 크게 차이가 난다고 알려져 있다. 증상이 심한 자폐스펙트럼장애 아이들이 보이는 예후는 만 5세경의 지능지수와 언어 구사 능력에 좌우되는데, 적어도 만 3세 이전에 자폐스펙트럼장애가 의심된다면 아이의 뇌 기능과 관련된 문제들을 제대로 파악해 아이에게 필요한 자극을 제공하고, 이를 통해 아이가 가진 잠재력을 최대한 키워주는 것이 조기특수교육 프로그램의 핵심이다.

자폐스펙트럼장애 아이들의 조기치료 프로그램에서 자극이 중요한 이유는 자극을 통해 뇌의 시냅스 연결이 활성화되고 뇌 기능이 향상되기 때문이다. 이 방법은 두통약이나 위장약처럼 증상을 일시적으로 가라앉히고 마는 방법이 아니다. 생후 2세까지의 뇌 발달 속도는 뇌의 전체 발달 과정 중에서 가장 빠르다. 좀 더 정확하게 표현하면, 뇌세포 간의 연결인 시냅스가 일생 중 가장 빠른 속도로 가장 많이 만들어지는 시기이다. 이 시기에는 뇌가 원하는 자극을 충분히 주어야 한다. 임상적으로도 가장 치료 예후가 좋은 자폐아들은 정상적인 발달을 하다가 갑자기 생후 2년 정도에 퇴보하는 아이들이다. 그리고 0~3세에는 뇌의 전반적인 감각과 기능이 발달하는 시기로 시각, 청각, 촉각, 후각, 미각과 더불어 전정감각과 위치감각을 더한 7감각을 자극하는 것이 발달에 있어 중요하다. 이후 3~6세에는 뇌의 CEO 역할을 하는 전두엽이 주로 발달하고, 6~12세에는 공간 지각과 언어를 담당하는 두정엽과 측두엽이, 12~13세에는 시각을 담당하는 후두엽이 주로 발달한다. 이러한 사실은 우리 뇌는 발달 시기에 맞는 적절한 자극이 필요하다는 것을 의미한다. 발달 시기를 놓치면 뇌의 발달에 문제가 생기고 뇌의 기능 불균형으로 인해 자폐스펙트럼장애 증상을 보일 수도 있다(86쪽 '뇌 기능의 발달에도 순서가 있다' 참고).

학습장애와 ADHD, ADD를 포함한 스펙트럼장애는 뇌의 기능 불균형으로 인한 뇌의 통합 능력이 부족해서 생긴다. 우리가 아는 아인슈타인이나 모차르트 같은 천재들은 서번트증후군처럼 한쪽 뇌의 기능이 너무 뛰어나 특출한 능력을 보이고 누구나 인정하는 업적을 남겼지만 삶의 측면에서 고찰해볼 때 사회적으로나 인간적으로 아주 불운한 삶이었다고 할 수 있다.

증상의 경중에 차이가 있을 뿐 스펙트럼장애 아이들은 공통적으로 운동계, 감각계, 면역계, 소화계 등의 기능에 이상이 생긴다. 아토피가 심하고 성장에 문제가 있으며 어릴 때부터 비염이나 중이염에 잘 걸리는 것은 환경 요인도 배제할 수 없지만 뇌가 자율신경계나 내분비계, 면역계를 잘 조절하지 못해서 발생하기 쉽다. 아이가 특별히 과잉행동을 보이지 않더라도 위의 증상들을 가지고 있고, 언어 구사나 이해력이 또래에 비해 떨어지거나, 학습 능률이 잘 오르지 않고 공부에 취미가 없는 것도 뇌 기능의 문제라고 인식하는 것이 치료에 있어 중요하다. 이를 아이의 성향이라든지 유전적인 요인 때문이라고 생각한다면 아이의 잠재력이 제대로 발휘되지 못한 상태에서 청소년기를 보낼 수 있다. 뇌의 기능이 좋아지고 균형 있게 발달하면 아토피, 비염, 중이염 등의 증상들이 개선되는 것은 물론 행동, 인지와 관련된 학습 능력이 눈에 띄게 좋아진다.

뇌의 기능 불균형을 치료하기 위한 방법은 겉보기에는 여타의 감각통합치료와 별반 다르지 않아 보인다. 기본적으로는 흔들의자나 그네, 회전을 통해 전정감각을 자극하고 마사지나 운동으로 감각수용체를 자극하고 그 외 전정감각과 고유 감각을 제외한 시각, 청각, 후각, 미각, 촉각을 자극한다. 그러나 근본적으로 치료의 방향이나 결과 부분에서 다른 점이 있는데 자극하는 매개체, 즉 방법은 같지만 주목적은 기능이 저하된 뇌 기능을 올리는 것에 초점이 맞춰져 있다. 일반 감각통합치료에서는 자극 자체에 목적을 두기 때문에 왼쪽으로 회전을 했으면 균형을 맞추기 위해 오른쪽으로도 회전을 한다. 보통 왼쪽으로만 회전을 하면 어지러우니 보정을 위해 다시 오른쪽으로 회전을 시키는 것이다. 그러나 뇌 기능 불균형을 개선하는 게 목적이라면, 그리고 이를 통해 스펙트럼장애의 근본 원인을 개선하고자 한다면 기능이 떨어진 뇌를 목표로 특정 방향으로만 회전을 하는 것이 바람직하다. 캐릭연구소의 뇌 기능 불균형 치료의 경우 한쪽 뇌를 집중적으로 자극하는 뇌 기능 불균형 치료는 뇌 외상상해(Brain Trauma)가 있는 프로선수들에게 기존 치료들보다 탁월한 효과를 보이고 있으며, 외상으로 인한 염증반응을 제거하는 영양치료가 더해질 때 최적의 효과를 보인다.

사고로 뇌에 손상을 입은 환자가 의지를 가지고 지속적으로 노력해 기적적으로 뇌 손상을 극복하고 다시 신체 기능을 회복하는 사례들이 많다. 이것이 가능한 것은 뇌 신경가소성 때문이다. 막힌 곳을 우회해 새로운 시냅스를 효율적으로 만들 수 있다면 뇌 기능 불균형을 개선하고 스펙트럼장애를 극복할 수 있다. 단, 고쳐진 신경이나 새로운 신경들이 제 기능을 발휘하려면 강도 높은 자극을 지속적으로 주어야 한다.

뇌세포 재생에 필요한 3가지 요소

1. 자극
좌우 뇌의 기능 불균형이 심한 상태에서는 자극을 통해 뇌 기능의 균형을 맞추면서 부수적으로 면역 기능, 장 기능, 영양 상태 등을 병행 치료해야 효과가 더 좋다.

2. 영양
자폐스펙트럼장애 아이들의 뇌는 단기간에 좋아지지 않는다. 뇌가 자생할 수 있는 힘을 가질 때까지는 생의학 영양치료가 병행되어야 한다.

- 부족한 영양제 처방
- GFCF 식이요법(글루텐과 카제인을 배제한 식이요법)
- 항곰팡이제 치료(근본 원인은 아니지만 부분적인 문제)
- 항바이러스 또는 면역 기능의 증대
- 대사 과정의 정상화
- 간 해독, 중금속 배출
- 장 건강 향상

3. 산소
산소를 소비하는 가장 큰 신체기관은 뇌이다. 뇌는 산소의 공급이 잠시만 끊겨도 심각한 손상을 입는데, 출산 중 외상으로 인해 뇌 산소 공급이 중단되는 저산소증을 겪고 난 유아들이 자폐스펙트럼장애로 발전하는 경우가 많다. 폐의 구조적인 병변이 없는 한 뇌에 산소가 공급되면 별 문제가 없을 것이라고 생각들 하지만 말초혈관까지 적정 산소가 공급되려면 자율신경계의 기능이 안정적이어야 한다. 교감신경이 너무 흥분한 상태에서는 마치 수도 호스를 꽉 누른 것처럼 혈관 수축이 진행되어 산소 공급이 원활히 이루어지지 않을 수 있다. 그러니 자율신경계의 상태가 정상인지를 확인할 필요가 있다.

뇌 기능 재활 프로그램, 대뇌반구 통합치료

대뇌반구 통합치료(Hemispheric Integration Therapy: HIT)는 뇌 기능 재활 프로그램으로 좌뇌와 우뇌의 불균형을 해결하는 최적의 방법이다. 약한 뇌의 기능과 관련이 있는 신경계의 불안정한 연결을 강화시킴으로써 뇌 기능을 개선하고, 대뇌의 두 반구인 좌뇌와 우뇌의 세부 영역과 신경계의 전체 시스템이 연결되는 영역을 중점적으로 자극함으로써 좌뇌와 우뇌를 통합시키는 프로그램이다. 이것은 기능성 신경학(functional neurology)의 치료 방법 중 하나다.

기능성 신경학은 증상의 유무에 따라 종양이나 염증, 뇌경색이 발생한 신경계를 병리적으로 진단하고, 구조적인 병변은 없지만 증상이 있는 뇌의 문제를 개선해 최적의 뇌 기능을 유지할 수 있게 하는 학술이다. 기능성 신경학 이론은 뇌의 구조적 문제(MRI를 통해 뇌 병변을 확인할 수 있다)가 아닌 뇌의 기능상의 문제로 발생하는 질환들을 개선하는 데 초점을 둔다. MRI 상으로 구조적인 병변은 볼 수 있지만 기능상의 병변은 볼 수 없다. 90년대 초반에 들어서야 SPECT이나 fMRI가 개발되어 볼 수 있게 되었지만 아직은 연구 단계에 머물러 있다.

기능성 신경학이 기존의 의학 이론과 어떻게 다른지를 이해할 수 있는 한 가지 예를 보자. 시각에 문제가 없다면 눈의 이상이나 눈을 조정하는 시각계의 이상을 고려하지 않을 것이다. 그런데 두 눈동자가 가운데 방향으로 정렬되지 않고 한쪽 눈동자가 다른 방향으로 향해 있다면?

이런 경우에 기존 의학의 패러다임에서는 우선 문진을 해서 사고 혹은 병력과 관련해 뇌의 구조에 병변이 생겼는지를 알아볼 것이다. 그리고 혹시 존재할 수 있는 구조적 병변을 찾기 위해 뇌 MRI를 찍어볼 것이고, 신경계나 안구에 종양 혹은 혈관 문제와 같은 병리적인 문제가 존재하는지를 확인해볼 것이다. 그런데 만약 이 모든 검사의 결과가 정상임에도 불구하고 눈이 한 방향으로 정렬되지 않고 시력에도 문제가 있으면 시력 교정이나 다른 방법들을 강구할 것이다.

그러나 기능성 신경학에서는 눈동자의 움직임을 살펴보는 것은 물론 뇌의 어느 영역에 이상이 생겼는지, 혹시 시지각 신경 회로에 문제가 발생하지는 않았는지를 파악한다. 문제가 발생한 경위를 파악하면 외관상 그 뇌의 영역에 아무런 문제가 없더라도 다른 뇌와의 '연결'에 문제가 있다는 것을 알 수 있기 때문이다. 좌우 뇌의 연결 상태가 뇌의 기능을 결정하는데, 좌우 뇌의 연결이 복잡하고 혼란스러우면 스펙트럼장애가 생길 수 있다.

기능성 신경학에 기반을 둔 대뇌반구 통합치료 역시 뇌 기능 향상과 좌우 뇌의 기능 불균형을 개선하는 데 초점을 맞추고 있다. 단순히 뇌를 자극하는 것에 그치지 않고 뇌 기능 검사를 통해 기능이 저하된 뇌의 영역을 파악한 뒤에 좌우 뇌의 연결을 강화시키는 것은 물론 정보 전달과 수행 능력까지 강화시키는 훈련을 한다. 자세히 말하면 감각훈련법, 신체훈련법, 학습훈련법 등을 진행하는 것은 물론 영양 관리 및 훈육 상담을 통해 아이의 생활 전반에 걸친 문제를 다각도로 분석한 뒤 프로그램을 계획하고 실행한다. 대뇌반구 통합치료를 하면 신경세포의 구조와 기능이 발달되기 때문에 효과가 지속되고, 뇌 기능의 향상으로 실행 능력, 순차적 기능, 시간 개념, 논리, 분석, 사고와 인지, 감정 조절 등도 좋아진다.

특히 좌우 뇌의 기능 불균형을 바로잡아야 하는 자폐스펙트럼장애의 치료에서 뇌 기능 재활을 위한 대뇌반구 통합치료는 새로운 희망이 되고 있다. 실제로 대뇌반구 통합치료는 미국에서 50년 동안 변함없던 기존의 심리치료와 약물치료에서 벗어나 새로운 치료의 가능성을 보여줌으로써 인정받고 있다. 특히 객관적인 검진과 프로그램, 사후관리 시스템을 구축

> **대뇌반구 통합치료의 효과**
>
> - 학습 능력 향상
> - 사회성 향상
> - 시지각 능력 향상
> - 감각 민감도 개선
> - 뇌 발달
> - 과잉행동과 집중력의 개선
> - 틱장애, 뚜렛증후군 증상의 완화
> - 영양 관리 및 면역계 안정

해 다른 소아정신과 치료와 감각치료, 놀이치료, 언어치료와 같은 단일 치료와는 차별되는 새로운 패러다임을 제시하고 있다. 대표적인 치료 기관으로 미국 브레인밸런스센터(Brain Balance Centers)가 있다. 좌우 뇌의 기능 불균형에 기능성 신경학 이론을 접목한 치료로 유명하며, 미국 내에만 90여 개의 지점을 둔 대표적인 스펙트럼장애 치료 기관이다(http://www.brainbalancecenters.com).

ADHD를 위한 프로그램

ADHD 아이들은 기본적인 운동 능력은 좋지만 박자감각이 둔하고 배구, 농구처럼 정해진 리듬에 동조하는 운동을 잘 못한다. ADHD는 뇌 기능 불균형 중에서도 전두엽의 기능과 전두엽으로 자극을 전달하는 중뇌의 도파민 시스템에 이상이 생긴 것이 가장 중요한 원인으로 꼽힌다. 전두엽의 기능을 강화시키는 활동으로 사고, 인지와 같이 전두엽에서 복합적으로 조절할 수 있는 프로그램을 생각하기 쉬운데 실제로는 계획적인 시각·청각 자극과 전두엽에서 제어하는 안구운동 같은 운동이 중요하다. 시각·청각 자극이라고 해서 게임이나 음악을 듣는 것은 실제 도움이 되지 않는다. 시각·청각에 반응해 자신의 운동성을 조절할 줄 알아야 한다. 쉽게 말하면 메트로놈을 켜놓고 피아노를 치는 것처럼 정해진 박자에 맞추어 얼마나 정확하게 손을 조작하는지가 뇌의 전두엽에서 도파민을 이용해서 조정하는 행동이다. 박자에 맞추어 나의 조작이 느린지 빠른지를 판단하고, 그에 따라 박자를 맞추는 것이 전두엽의 실행 능력과 중뇌의 도파민 시스템을 자극한다.

대뇌반구 통합치료에서는 뇌 기능 향상과 좌우 뇌의 기능 불균형을 개선하는 것을 목표로 감각훈련법, 신체훈련법, 학습훈련법, 영양 관리 및 훈육 상담이 같이 진행된다. 신경가소성 원리로 신경세포의 구조와 기능이 발달되기 때문에 반영구적인 효과가 있고, 뇌 기능의 향상으로 실행 능력, 순차적 절차, 시간 개념, 논리, 분석, 사고와 인지, 감정 조절 등도 좋아질 수 있다.

틱장애를 위한 프로그램

틱장애는 뇌 기능 불균형 중에서도 전두엽의 기능 이상과 전두엽에서 자극을 전달받는 기저핵의 억제 및 조절과 관련이 깊다. 그렇기에 ADHD와 마찬가지로 전두엽의 기능을 강화시키는 계획적인 시각·청각 자극과 안구운동이 중요하다.

틱장애의 치료에서는 특히 전두엽과 기저핵의 연결에서 체감계와 시각계, 전정신경계의 감각일치가 중요하다. 감각일치는 우리가 알고 있는 감각통합과는 다른 현상이다. 무조건 필요한 감각을 자극한다고 해서 감각통합이 되지 않는다. 쉽게 풀어 설명하면, 뇌에는 자신의 신체나 주위 환경을 인지하는 지도가 발달되어 있는데 내비게이션을 통해 내가 원하는 목적지를 찾아가려면 차에 달려 있는 GPS(위성위치추적 시스템) 수신기를 통해 GPS 신호를 정확하게 받아야 한다. 감각계와 전정신경계의 지도는 뇌의 여러 영역 중에서 두정엽에 있고, 시각계 지도는 중뇌에 위치한 조그마한 신경핵인 상구에 위치한다. 이 지도들은 신경계가 발달하면서 더 정확해지고 정교해지는데 지도에 대한 왜곡이 일어날수록 눈과 관련되거나 신체를 이용하는 운동 수행에 문제를 겪게 된다.

틱장애를 가지고 있는 아동들 중에는 단속적 안구운동(saccades)이라는, 책을 읽을 때 띄어서 한 번에 읽는 안구운동을 할 때의 조절에 대한 왜곡이 심하게 일어난다. 전두엽에서 실행하거나 억제를 결정해야 하는 운동 조절에서 이런 왜곡은 눈 깜빡임이나 음성틱, 운동틱과 같은 움직임을 제어하지 못하거나 그 왜곡을 심하게 증폭시킨다.

　시각, 청각에 반응해 운동성을 조절하는 대뇌반구 통합치료는 전두엽과 연결되는 기저핵의 세밀한 운동 조절 기능을 강화시킬 수 있다. 이외에 뇌 기능 향상과 좌우 뇌의 기능 불균형을 개선하는 데 초점을 맞추는 감각민감도 제거법, 강박완화법 등이 영양 관리 및 훈육 상담과 같이 진행된다.

홈케어 1
부모로서의 삶, 스스로 되돌아보기

아이를 바르게, 부모가 바라는 모습으로 키우려면 일단 부모 스스로 자신을 돌아봐야 한다. 부모가 우울하고 스트레스를 많이 받으며 과체중이고 지금의 삶이나 직업에 만족하지 않는다면 아이도 그대로 따라 갈 것이다. 부모 스스로 그렇게 살고 있지 않으면서 아이에게 내가 원하는 대로 살기를 원한다면 그 소망은 절대로 이루어지지 않는다.

아이의 뇌 발달을 저해하는 부모의 삶

1. 부족한 신체활동
2. 과체중, 비만
3. 환경독소(Toxins)
4. 영양소 부족과 패스트푸드의 섭취
5. 불충분한 애착
6. 컴퓨터와 TV 같은 스마트 기기의 과도한 사용
7. 임신기와 출산 시의 과도한 스트레스
8. 스트레스가 많은 삶

아이의 뇌 기능 균형을 위해 부모가 해야 할 일

1. 뇌가 제대로 발달하기 위해서는 무엇이 필요한지 이해하라.
2. 기본으로 돌아가자. 아이들의 방에는 절대로 TV나 컴퓨터를 두지 않는다.
3. 아이를 활동적으로 만들자.
4. 아이와 함께 보내는 시간을 늘려라.
5. 행동을 규제할 수 있는 규칙을 아이와 함께 정하라. 상과 벌도 마련한다.

홈케어 2
뇌 자극 재충전하기

감각 자극은 시각, 청각, 후각, 미각, 촉각, 전정감각, 위치감각으로 구분된다. 감각 자극은 아이가 어렸을 때 폭발적으로 발달하는데 자폐스펙트럼장애 아동들은 발달 시기에 적합한 자극을 충분히 받지 못한 경우가 많다. 일반 아이들도 발달 단계에서 자극을 충분히 받지 못했다면 성장기에 자신의 잠재력을 발휘하는 데 한계가 있다. 그러나 부족했거나 충분히 받지 못했던 자극을 다시 채워준다면 뇌 기능은 향상된다.

시각 자극

인간은 시각으로 외부 자극의 80%를 받아들인다. 그러나 시각은 가장 먼저 발달하는 감각은 아니다. 시각은 인간의 5가지 감각 중 가장 늦게 성숙한다. 아이가 태어나면 바로 색깔 모빌을 보여주지 않고 흑백 모빌을 달아주는 것도 시각 발달과 연관이 있다.

색깔을 인지하는 것과 형태를 구분하는 것은 학습에 중요한 역할을 한다. 글자를 읽고 쓰기 위해서는 글자를 보고 구별하는 기능이 바탕이 되어야 하기 때문이다. 시각 자극을 활성화하는 방법으로는 색의 밝기 변화를 통한 명암 자극과, 크리스마스트리의 전구같이 다양한 색채의 불빛을 활용한 시각 자극이 있다. 이 밖에 다양한 크기와 모양을 가진 물체를 보여주거나 움직이는 물체를 보여주는 것만으로도 시각 자극을 재충전하는 데 효과적이다.

청각 자극

청각 자극의 발달 과정과 발달 속도는 시각 자극과 비슷하다. 소리가 나는 곳으로 고개를 돌려 확인하는 행동은 시각과 청각을 협응시키는 반응이다. 아이는 음의 높낮이, 크기, 소리의 시차를 통해서 청각 정보를 구별한다. 청각은 아이의 언어 발달에도 영향을 끼치므로 적절한 청각 자극을 주는 것은 중요하다.

청각을 자극하는 방법으로는 엄마 아빠의 목소리를 자주 들려주기, 자주 말 걸기, 다양한 동물의 소리와 사물 소리를 들려주기 등 저주파에서 고주파까지 다양한 영역의 소리를 들려주는 것이 효과적이다. 특히 자폐스펙트럼장애 아이들은 저주파에 민감한 편인데 아이와 함께 야외로 나가 새 소리와 바람 소리, 나뭇잎 흔들리는 소리 등 자연의 소리를 자주 듣는 것이 도움이 된다.

촉각 자극

촉각은 피부를 통해 느끼는 감각을 말한다. 영아기 아이들은 촉각을 통해 물체를 탐색하고 주변 환경에 대한 정보를 얻는다. 촉각은 애착 형성에도 중요한 역할을 한다. 양육자와 신체 접촉을 함으로써 아이는 정서적 안정감을 얻는다. 이 안정감은 이후 성장의 기반이 된다.

촉각을 담당하는 뇌의 두정엽은 생애 초기에 빠르게 발달하므로 아이와 몸으로 놀아주고 마사지와 같은 신체 접촉을 함으로써 촉각을 발달시키고 뇌 발달에 도움을 줄 수 있다. 피부세포는 뇌세포와 발생학적으로 연결되어 있어 아이의 피부를 자주 만져주고 쓰다듬어주면 뇌 발달은 물론 정서 안정에도 도움이 된다. 여기에 까끌까끌한 천과 부드러운 천, 점토와 고무찰흙과 같이 다양한 촉감을 느낄 수 있는 물건을 만져보게 하면 촉각 발달에도 도움이 된다. 특히 손은 뇌의 가장 넓은 면적을 차지하는 부위인데 아이가 손을 많이 움직이면서 다양한 감각을 많이 경험할수록 뇌 발달에 도움이 된다.

후각 자극

후각은 냄새를 맡는 감각으로, 오감 중에서 가장 먼저 발달하는 감각이다. 아이는 태어나서 시각으로 엄마를 구별할 수 없는 상황이 오면 후각을 활용해 엄마를 찾는다. 후각은 양육자를 확인하는 것은 물론 상호작용을 통해 안정과 애착을 형성하는 데 중요한 역할을 한다. 후각은 구조적으로 정서와 기억을 담당하는 편도체와 붙어 있어서 어른이 되어도 후각을 통한 경험과 감정은 기억나기 때문이다.

후각의 발달을 위해서는 다양한 냄새를 경험해보고 학습하는 것이 좋다. 꽃, 나무, 과일, 채소 등 아이에게 다양한 냄새를 맡아볼 수 있는 기회를 주고 어떤 냄새인지 알려줌으로써 아이의 후각 발달을 도울 수 있다. 향을 활용해 심신 안정을 도울 수도 있는데, 아로마 향은 뇌의 알파파를 형성해 안정 효과에 도움을 준다. 후각은 감정을 담당하는 편도체와 기억을 담당하는 해마와도 밀접한 연결을 맺고 있어 좋은 향과 함께 좋은 기억, 상황을 연출해주는 것이 중요하다.

미각 자극

미각은 엄마 뱃속에서부터 발달이 시작된다. 그래서 모유 수유를 하는 시기에 엄마가 매운 음식을 먹으면 아이는 젖을 먹다가 얼굴을 찡그리거나 거부반응을 보이는 것이다.

1세 후반기쯤 되면 미각을 담당하는 두정엽의 시냅스가 형성되어 맛에 더 예민해진다. 이 시기에는 다양한 식재료로 만든 이유식을 주는 것이 뇌 발달에 도움이 된다. 단, 너무 달거나 짜거나 매운 음식은 아이의 입맛을 중독시켜 편식을 유도할 수 있으므로 간을 적게 하는 것이 좋다.

5세 이전에는 신경세포의 90% 이상이 발달하기 때문에 이 시기에 놀이를 통해 다양한 맛을 느끼게 해주는 것이 중요하다. 그렇게 함으로써 채소나 과일에 대한 거부감을 줄일 수 있다. 아이들에게 채소를 먹일 때에는 매우 잘게 썰어 음식에 넣음으로써 맛에 대한 거부감을 줄일 수 있다. 채소를 직접 잘라보고 먹어보며 어떤 채소인지 맞춰보는 게임을 하면 아이의 창의성을 기를 수 있고, 미각 자극을 통해 뇌 발달에도 도움을 줄 수 있다.

전정감각 자극

우리는 전정감각이 있어 신체의 방향 변화와 움직임을 인지할 수 있다. 전정감각의 발달은 자세 유지, 움직임 인지, 공간 인지에 중요한 역할을 한다. 전정기관 자극이 충분하지 않으면 멀미를 잘하거나 운동 능력 발달에 방해가 될 수 있다. 아이를 안고 위아래로 살살 흔들면 아이가 편안함을 느끼고 잠드는 것도 전정기관 자극 충족에 의한 반응이다.

전정기관은 귀 안에 위치해 있는데 아이가 움직이거나 고개를 흔들 때 자극이 된다. 따라서 임신 기간에는 수동적으로 흔들의자를 사용하거나 임산부가 육체적 활동을 지속적으로 하는 것이 중요하고, 출생 후에 아이가 중심근육이 발달해 목을 가누고 걸을 수 있는 만 1세 이후에는 점프, 회전 등 다양한 움직임을 통해 전정기관을 자극해주는 것이 좋다. 아이들이 시소, 트램펄린, 탈것을 좋아하는 이유도 전정기관 자극이 필요해 자연적으로 찾게 되는 활동들이다. 실내에서 할 수 있는 동작들로는 고개를 좌우로 움직이는 도리도리 동작, 한 곳을 응시하며 고개를 돌리는 전정안구반사운동이 있다.

위치감각 자극

위치감각은 자신의 움직임을 인지하고 조절하는 감각이다. 근육, 힘줄, 관절에 전해지는 감각을 뇌로 전달해 자신이 어떤 동작을 하고 있는지를 인지하도록 도와준다. 위치감각의 발달은 대뇌피질과 소뇌 발달에 영향을 준다. 어려서부터 스킨십을 통한 감각 인지와 더불어 밸런스 운동을 하는 것이 위치감각 발달에 도움이 된다.

감각 인지를 발달시키는 방법으로는 매일 저녁 잠들기 전이나 아침에 일어나서 아이의 팔, 다리를 마사지해주는 것이 도움이 된다. 균형감각은 대부분 시각을 통해 조절되기 때문에 신체활동을 할 때에는 서서 한쪽 다리를 들고 눈을 감은 채 오래 버티는 놀이가 균형을 잡는 데 효과적이다. 아이의 균형감각을 발달시키기 위해서는 무엇보다 신체활동을 할 수 있는 환경을 지속적으로 만들어주는 것이 좋다.

홈케어 3
상과 벌 활용하기

　가정마다 규칙판을 만들어 아이의 행동 범위를 만들어주는 것이 도움이 된다. 규칙판을 만들 때는 아이와 함께 정하고 문서화해서 계약서처럼 지장을 찍어 눈에 띄는 곳에 붙여놓으면 더 좋다. 규칙을 지키지 않았을 때는 확실하게 훈육해서 규칙을 만들면서 한 약속에 대해 책임감을 느끼게 하는 것이 중요하다.

　규칙판뿐만 아니라 보상판도 만들고 그 기준을 세워 실천하도록 해본다. 보상과 칭찬을 받을 때 아이들은 극도의 행복감과 흥분감을 느낀다.

그러니 보상을 얻기 위해 완벽하진 않아도 노력을 하도록 격려하고 약속을 지킬 수 있는 환경과 기회를 만들어주자.

좌뇌는 긍정적 사고를 담당하고 우뇌는 부정적 사고를 담당한다. 만약 아이가 좌뇌 기능이 저하되었다면 칭찬을 통해 긍정적 사고를 키워주고, 우뇌 기능이 저하된 아이는 훈육할 때 "네가 만약 ○○을 하지 않는다면 네가 원하는 보상을 받지 못할 것이다"라는 표현으로 인지시켜 아이의 행동에 대한 결과를 주의시켜주는 것이 좋다.

즉 좌뇌 기능이 저하된 아이에게는 상을, 우뇌 기능이 저하된 아이에게는 벌을 준다. 우뇌 기능이 저하된 아이들에게 벌을 준다는 것은 주었던 보상을 다시 뺏는다는 의미가 아니다. 여기서 벌이란 컴퓨터나 TV와 같이 아이가 원하는 것을 하지 못하게 하는 것이다. "네가 만약 ○○을 하지 않는다면 네가 원하는 보상을 받지 못할 것이다"라고 말하면서 약간의 겁을 줄 수도 있다.

홈케어 4

조기교육과 스마트 기기는 멀리~ 운동은 충분히!

산업혁명을 계기로 일어난 환경 변화에 대해 앞에서 얘기했지만 이런 환경 변화 외에 더 큰 문제는 요즘 아이들이 더 이상 예전처럼 활동적인 놀이를 하지 않는다는 것이다. 이건 아이의 기호 문제가 아니다. 여전히 아이들은 밖에 나갈 수 있는 환경을 만들어주면 즐겁게 뛰놀고 해맑은 웃음을 보인다.

최근에 일어난 가장 큰 환경 변화는 TV와 컴퓨터, 스마트폰, 스마트패드 등 디지털 기기가 순식간에 보급된 것이다. 이런 매체에 익숙한 아이들은 게임이나 동영상 시청과 같은 단순하면서도 중독성이 강한 자극에 빠져서 헤어나지 못하고 있다. 특히 말문이 트이는 시점에 시작되는 조기교육은 아이의 몸을 건강하게 하고 생각할 수 있는 힘을 발달시키는 것이 아니라 단순한 지식을 암기하게만 한다.

"우리 아이는 이제 두 살이 갓 지났는데 영어 단어를 무려 500개나 알아요"라고 자랑하며 아이의 영재성 여부를 알고 싶어 하고 이를 영재의 판단 기준으로 삼는 것도 심각한 문제다. 아이가 머리가 좋다고, 혹은 부모의 기준에서 똑똑하다고 두뇌 기능이 좋은 것은 아니기 때문이다. 좌우 뇌의 기능 불균형이 심해지면서 우뇌의 기능이 저하된 아이들은 영악하리만큼 기계에 빨리 적응하고 잘 다룬다. 눈치코치 없고 사회성도 부족한 아이들인데 스마트 기기의 설정을 바꾸고 어른들도 어려운 기계적인 조작을 아무렇지 않게 한다. 이 때문에 부모는 헷갈리고, 급기야 이렇게 되묻는다.

"기계 조작을 이렇게 잘하는데 뇌에 문제가 있다고요? 믿기지 않아요. 이런 모습들을 보면 우리 아이는 오히려 영재에 가까운데 우리 아이가 자폐스펙트럼장애라니, 말이 되나요?"

좌뇌만 자극하는 TV와 컴퓨터 게임

최근 몇 년 사이에 뇌 과학과 뇌 영상 촬영기술이 더욱 발달해 뇌의 주요 부분이 어떻게 활동하는지를 눈으로 직접 확인할 수 있게 되었다.

게임이 뇌에 어떤 영향을 주는지에 대한 의미 있는 연구들도 속속 보고되고 있다. 동물과 다른 인간의 뇌에서 가장 중요한 인간다움의 역할을 수행하는 대뇌 신피질에 대한 연구들을 보면 게임으로 인해 전두엽, 측두엽, 후두엽에 심각한 문제가 생기고 있음을 확인할 수 있다.

전두엽과 게임과의 관계를 중점적으로 연구한 모리 아키오 교수의 주장을 살펴보자.

사람이 눈을 통해 정보를 입수하면 뇌의 후두엽에서 그 정보를 처리해서 전두엽에 판단을 요청하는 신호를 보낸다. 그런데 게임을 할 때는 전두엽에서 판단할 시간적 여유가 없다. 전두엽에서 '저 몬스터를 때리면 피가 날까, 아니면 죽을까?'와 같은 판단을 하는 사이에 게임 속 자신의 캐릭터는 이미 상대방 몬스터에 의해 죽어 있기 때문이다. 따라서 게임을 할 때는 후두엽에서 바로 운동신경에 신호를 보내 일종의 후두엽과 운동신경 사이에 직접적인 회로가 형성된다. 결국 손가락만 바쁘게 움직일 뿐 전두엽은 제대로 활동하지 않는다. 이와 같이 어려서부터 게임이나 화상을 통한 자극을 반복적으로 접하게 되면 전두엽의 뇌파가 감소되어 소아치매의 증상이 나타나기도 한다.

게임의 영향력에 잠식되면 외모는 사람이지만 뇌 상태는 마치 동물과 같아진다. 동물은 인간과 달리 전두엽이 발달되지 않아서 충동적으로 행동한다. 우리가 TV나 책에서 동물의 습성을 다룬 내용을 보면 감정을 꾹꾹 참는 동물은 찾아볼 수 없다. 어떤 동물도 전두엽이 인간처럼 발달한 동물은 없기 때문이다. 그런데 인간인 우리 아이들이 게임이나 스마트폰에 중독되면서 전두엽이 손상되어 참지 못하고 충동적으로 화를 내거나 폭력을 행사하는 일이 잦아지고 있다. 그렇다 보니 충동 조절 능력이 없는 아이들이 모여 있는 교실에서 선생님들의 생활 지도는 점점 어려워지고 있다.

게임을 하면 전두엽만 손상되는 것이 아니다. 측두엽도 손상될 수 있다. 측두엽은 청각 정보를 처리하는 영역이다. 중앙대학교 용산병원 정신과의 연구 결과에 따르면, 게임 중독자는 게임을 하지 않을 때 측두엽의 활성이 현저히 떨어진다. 게임을 할 때는 강렬한 청각 자극에 집중해 반응하지만 사람들과 대화를 하거나 일상생활에서는 남의 말에 집중하지 않거나 집중하기 어렵다는 의미이다.

아이들을 감각적으로 유인하고 중독시키는 자극적이고 폭력적인 게임들은 어린 아이들의 대뇌피질을 구성하는 전두엽과 측두엽, 후두엽을 손상시킬 수 있다. 물론 게임을 한다고 뇌 기능이 손상되는 것은 아니지만, 특히 조절 능력이 저하된 아이들이 게임에 한번 발을 들이고 중독되면 인간 고유의 이성적 사고와 판단, 학습에 집중하기 위한 핵심 기능들이 저하된다는 것을 부모나 보호자는 반드시 알아야 한다.

과도한 영상 자극으로부터 자녀를 보호하는 것은 아이들의 뇌를 파괴하지 않고 건강하게 보호하는 길이다. TV 시청과 비디오 게임에 과도하게 빠져든 아이는 학교에서 주의력 집중에 문제가 생긴다는 최신 연구 결과도 있다. 2010년 7월 5일 미국 아이오와주립대 연구팀은 미국의 초등학교 3~5학년생 1300명과 대학생 210명을 상대로 각각 13개월간 스크린을 보는 시간과 주의력의 관계를 관찰했는데, TV나 비디오 게임 화면을 하루에 2시간 이상 보는 학생은 수업 중 주의력이 산만할 가능성이 평균의 1.6~2.2배에 달했다. 미국소아과학회(AAP)는 TV, 게임 등 영상 매체의 위험성을 강조하며 부모들에게 영·유아기 아동의 하루 스크린 매체 노출 시간을 2시간 미만으로 제한할 것을 권고하고 있는 실정이다. 최소한 미취학 시기에는 스크린 매체의 노출을 최대한 자제하는 것이 뇌 발달에 좋다.

턱없이 부족한 운동량

아이들이 스마트 기기를 잘 다루면 똑똑해서 그렇다고 생각하고 싶겠지만, 뇌에 미치는 심각성을 생각한다면 그리 반길 일은 아니다. 세태가 스마트 기기를 중심으로 변하고 있으니 스마트 기기를 무조건 빼앗을 수도 없고… 어떻게 아이의 균형적인 뇌 발달을 도와야 할까?

일반적으로 뇌의 발달에는 학습이나 계산, 사고·인지 훈련이 도움이 될 것으로 생각하지만 실제로 가장 도움이 되는 것은 운동 자극이다. 운동을 하면 심폐 기능이 좋아지고 근육과 골격이 강화되며 관절이 유연해지고 면역이 증강된다는 것은 널리 알려진 사실이다. 그뿐만이 아니다. 지속적으로 운동을 하면 뇌에 새로운 신경세포가 생겨날뿐더러 늙은 신경세포 간에도 새로운 연결망이 만들어지며, 뇌로 가는 혈류량이 늘어나 뇌세포에 더 많은 영양과 산소가 공급되어 뇌 기능이 더 좋아진다는 사실이 여러 연구를 통해 밝혀졌다.

운동 자극을 통해서 성장호르몬인 뇌 성장인자(Brain Derived Neurotrophic Factor: BDNF)도 형성되는데, 운동으로 생기는 성장인자는 뇌의 발달에 도움이 되고 만성 스트레스로 인한 뇌 손상도 막아준다. 뇌 성장인자는 나이가 들면서 자연스럽게 줄어들어 기억력이나 인지 능력 또한 저하되기 마련이다. 그러나 나이를 먹은 성인이라도 운동을 꾸준히 하면 뇌 성장인자가 증가되고, 이를 통해 뇌가 좋아지면 사고·인지 능력, 기억력, 감정 조절, 집중력 또한 개선될 수 있다. 뇌 성장인자는 뇌 신경망을 새롭게 만들거나 이미 만들어진 신경망을 강화시키는 중요한 역할을 하기 때문에 운동을 통해 이를 증가시키는 것이 중요하다.

운동의 효과는 여기서 그치지 않는다. 운동에 수반되는 움직임을 조절하기 위해 시각 신호와 균형감각, 근육의 수축 등을 신경계에서 조절하고

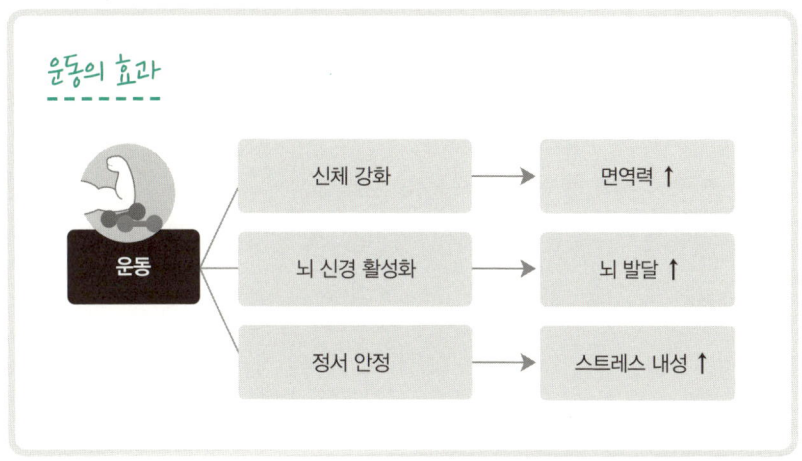

근육에 에너지를 공급하는 혈관계를 자율신경계를 통해 조절해 직간접적으로 뇌를 자극하게 된다.

뇌, 특히 뇌세포 단위에서 일어나는 정보의 전달은 한 시냅스에서 다른 시냅스로 정보를 전달하면서 발생한다. 그 과정에는 반드시 에너지가 필요하다. 그런데 운동을 통해 뇌 혈류가 증가하면 뇌의 신진대사에 영향을 줌으로써 정보 전달이라는 시냅스의 기능이 강화되는 것은 물론 이런 시냅스 전달의 결과물로 이어지는 생각과 감정에도 막대한 영향을 끼칠 수 있다. 근육의 수축과 이완, 관절의 움직임은 근육세포나 관절 사이에 있는 감각을 감지하고 전달하는 감각 수용체인 근방추(muscle spindles)나 골지기관(GTO), 관절기 수용체(Joint Mechano Receptors)를 통해 소뇌나 대뇌 등의 중추신경계에 자극을 준다. 자극을 받은 뇌세포 안에서는 유전자 복제(Cellular Immediate Early Gene Response)라는 DNA/RNA 단백질 복제 과정을 거쳐 손상된 뇌세포 안의 세포핵, 세포 구성물질을 복원시키고 뇌를 건강하게 만들고 뇌의 기능을 좋게 만든다.

운동은 정서 치료에도 영향을 미친다. 운동을 하면 뇌에서 엔도르핀과 세로토닌 같은 정서적 안정감을 주는 행복 호르몬들이 분비된다. 엔도르핀은 마약 성분과 같은 물질로 통증을 없애주고 즐거움과 기쁨을 안겨주는 작용을 하는 호르몬이며, 세로토닌은 긴장 완화와 예민한 기능을 억제하고 스트레스와 갈등을 줄여주며 행복감을 느끼게 해주는 중요한 신경전달물질이다. 이러한 행복 호르몬들은 정서를 안정시키고 스트레스에 대한 내성을 향상시킨다. 또 세포의 복구 기전을 활성화해서 세포의 손상을 방지하고 동시에 스트레스 호르몬인 코티솔의 수위도 조절하며, 신경전달물질인 세로토닌과 노르에피네프린, 도파민의 수치를 높여준다.

이렇게 운동은 뇌의 자극과 발달에 있어서 아주 중요한 역할을 하지만 조기학습과 스마트 기기의 사용으로 운동량이 줄어들고 결국 우리 아이들의 뇌는 자극에 굶주리는 현실이 안타까울 뿐이다.

3부

뇌 기능에 밸런스를 찾아줄 생의학치료

믿고 먹을 게 없는 세상이다. 특히 스펙트럼장애 아이를 둔 부모들은 무엇을 먹어야 바르게 먹는 것이고 어떻게 먹는 게 좋을지에 대해 항상 정보를 찾아다니지만 신뢰성이 떨어지는 '카더라' 통신 때문에 검증이 된 정보를 가려내는 일조차 쉽지 않다. 3부에서는 많은 논문들과 과학적 근거를 토대로 스펙트럼장애와 식이·영양의 깊은 연계성에 대해 설명할 것이다. 밀가루, 유제품과 같은 식품이 얼마나 장에 나쁜지, 현미밥이 면역계에 왜 안 좋을 수 있는지, 두부는 왜 먹어서는 안 되는지, 아몬드와 같은 견과류도 때에 따라서는 제한해야 하는 이유는 무엇인지, 스펙트럼장애 아이들의 대사는 일반 아이들과 어떻게 다른지, 뇌의 기능 불균형에 따라 식이 조절을 어떻게 해야 하는지를 안내한다.

내 아이의 몸속 상태는?

생의학치료가 필요한 이유

환한 미소와 활발한 성격이 특징인 준열이(가명)는 여느 아이처럼 건강하고 밝게 태어났다. 만 2세 즈음에 다른 아이의 돌잔치에 다녀온 후 수두를 앓기 전까지는 말이다.

수두에 걸린 준열이를 데리고 정기검진을 간 준열이의 엄마는 소아과 간호사로부터 DTP(디프테리아, 파상풍, 백일해의 혼합 예방백신)와 폴리오 예방접종을 권유받았다고 한다. 그래서 준열이가 수두에 걸렸는데 괜찮겠느냐고 물었고 간호사는 아무 문제가 없다고 했단다. 그런데 예방접종을 한 뒤로 준열이의 수두 증상이 심해진 것은 물론 눈을 맞추지 못하고 언어 능력이 퇴행하기 시작했다. 게다가 설사와 변비 증상이 반복해서 나타났고, 심한 알레르기반응도 생겼다. 증상이 나아질 기미가 보이지 않자 다른 병원을 찾아갔고, 그 병원에서 림프증식증(lymphoid hyperplasia)과 자폐성 장염(autistic enterocolitis)이라는 진단을 받았다.

이상행동 개선보다 위장관 문제 해결이 시급하다

자폐스펙트럼장애 아이들 중에는 준열이처럼 변비, 설사 등의 위장관 증상을 보이는 아이들도 있지만 그렇지 않은 아이들도 많다. 생의학적 관점에서 자폐스펙트럼장애의 원인은 환경독소, 중금속, 항생제, 패스트푸드로 인해 장 내 유익균이 줄어들거나 사멸하면서 장 벽이 손상되는 것이다. 장 벽이 손상되면 유해물질이 쉽게 장으로 침투하고, 이로 인해 전체적인 면역 기능이 저하되면서 민감해진 면역계가 뇌세포를 파괴시키고 뇌 기능 저하를 불러온다. 필수지방산(오메가-3)이 부족한 아이들은 팔꿈치 위쪽에 오돌도돌한 돌기가 많고, 강박증이 심한 아이들은 칸디다균이나 곰팡이균처럼 유해균이 많은 편이다. 이런 아이들에게는 밀가루의 글루텐과 유제품의 카제인을 제한하는 GFCF 식이요법을 할 것과 소화제, 유산균, 필수지방산, 영양보충제를 섭취할 것을 적극 권장한다.

얼마 전에 본 미진이(가명)도 생의학적으로 문제가 있는 스펙트럼장애

아였다. 미진이는 어릴 때부터 배앓이와 편식이 심하고 몸이 마른 편이었다. 부모는 미진이가 키가 크지 않을까봐 걱정을 많이 했다. 그래서 우유를 먹이기 시작했는데 처음에는 우유만 먹으면 토하고 설사를 했지만 지금은 많이 나아졌다고 한다. 또 아토피 피부염도 심해서 면역주사를 맞고 식이요법도 하는데 계절이 바뀔 때마다 아토피는 더 심해진다고 한다.

이런 증상들은 상담하는 도중에 질문을 하며 알게 된 것이다. 부모는 단지 미진이가 가지고 있는 스펙트럼장애 증상들, 즉 발달 지연, 운동 능력의 정체, 언어 이해력 부족, 학습장애를 해결하고자 상담을 해왔을 뿐이었다. 미진이의 부모는 미진이의 증상들이 위장관의 문제와 밀접하게 관련되어 있다는 사실에 무척이나 놀랐다. 이처럼 부모가 근본 원인은 모른 채 아이의 증상만 보고 치료법을 결정하면 치료 방향 또한 엉뚱하게 진행될 수 있다.

자극치료만으로는 안 된다

자극치료는 저하된 뇌의 기능을 회복할 수 있는 가장 구체적이며 효과적인 방법이다. 그런데 그 자극이 뇌세포 단위에서 유전자 복제를 거쳐 뇌세포 재생까지 이어지려면 가장 먼저 대사 과정이 정상화되어야 한다. 대사 과정에 문제가 있으면 아무리 자극을 주어도 뇌 기능을 회복하기가 쉽지 않다. 세포 내 대사는 뇌에 영양을 원활히 공급할 수 있는 방법이지만 위장관의 소화·흡수 기능이 정상적이지 않으면 영양소의 비정상적인 대사를 통해 뇌에 더 많은 신경독소가 주입되는 것은 물론 뇌로 전달될 수 있는 해로운 물질로부터 보호받지 못하기 때문이다. 이를 감안해 기능성 신경학에 준거해 다양한 검사를 하고 치료법으로 영양제를 권유하고 있다.

스펙트럼장애의 생의학치료는 뇌 발달을 저해하는 요인을 제거하는 것을 우선으로 한다. 그 방법을 요약하면 다음과 같다.

- 더 이상 뇌가 손상되는 것을 막기 위해 뇌에 안전한 식이요법을 한다.
- 장을 치료하고 면역력을 높인다.
- 손상된 신경계를 고치거나 새로운 신경을 자라게 하기 위한 영양요법을 적용한다.

이 방법들은 동시에 진행되어야 한다. 예전에는 이 세 가지 방법을 순차적으로 진행하기를 권장했지만 아이가 식이요법을 병행하면서 필요에 따라 여러 개에서 십수 개가 넘는 영양제를 복용할 수 있다면 한꺼번에 진행하는 것이 좋다는 의견이 더 지배적이다. 이 방법들을 진행하면 신경계의 손상을 막고 신경계의 손상을 유발하는 요인을 제거하고 신경계를 새롭게 단장할 수 있다.

왜 생의학치료만 해서는 안 되는가?

명심해야 할 것은 생의학치료만으로 모든 스펙트럼장애 증상이 해결되지 않는다는 점이다. 신경계의 손상이 경미한 상태에서는 생의학치료와 적절한 외부 자극으로도 증상이 개선될 수 있지만, 생의학치료에만 매달리다 보면 아이의 신체 건강은 좋아지는 반면 뇌 기능은 이전의 상태에 멈춰 있는 경우를 너무 많이 보아왔다.

부모들 사이에서는 생의학치료의 효과가 많이 부풀려진 것이 사실이다. 그래서 스펙트럼장애아를 둔 부모들은 모든 희망과 기대를 안고 생의학치료를 시작한다. 특히 치료 초기에는 전에 경험하지 못했던 효과 때문에 기대감이 더욱 커지지만 아이가 커가고 초기 효과만큼 치료 효과가 지속되지 않으면 좌절하고 만다. 또 자아가 제대로 발달하지 않은 상태에서 아이가 사춘기를 맞으면 자신의 감정을 조절하지 못하고 과잉성과 폭력성이 심해져서 부모가 아이를 통제할 수 없는 지경에 이르고, 끝내는 기관에 아이를 격리 수용하는 경우도 많다.

필자는 그런 아이들과 부모들을 보면서 영양과 자극이 모두 필요하다는 것을 절실히 느꼈다. 영양치료나 생의학치료는 뇌의 전체 시스템을 향상시키므로 뇌 기능의 균형을 맞추는 자극치료가 병행된다면 뇌의 기능 불균형으로 인한 증상들은 점차 개선될 것이다.

생의학치료에 대한 국내외 반응

국내에서도 스펙트럼장애를 치료하기 위해 여러 생의학치료를 병행하는 경우가 예전보다 많아졌다. 그러나 많은 생의학치료 중에서 우리 아이에게 가장 효과적인 치료법이 무엇인지를 구분해내기는 여간 어려운 일이 아니다.

치료법이 다양하고 그로 인해 생기는 혼란은 온라인이나 오프라인이나, 미국이나 한국이나 동일한 것 같다. 국내에서는 부모들 대상의 학회나 세미나가 많지 않지만, 부모 대상의 교육이나 학회가 활성화된 미국에서도 혼란스럽긴 마찬가지다. 필자가 미국의 의사, 연구자, 부모들로 구성된 댄(DAN; Defeat Autism Now. '이제 자폐를 극복하자'는 의미)학회나 부모들을 위한 컨퍼런스에 참석했을 때도 정말 많은 판매업체들이 와서 고압

백신 접종과 자폐스펙트럼장애

백신에 들어 있는 수은(티메로살, Thimerosal) 보존제가 한때 자폐스펙트럼장애의 원인이 될 수 있다고 해서 논란의 중심에 있었지만 지금은 잠잠해진 상태다. 백신 접종 여부와는 상관없이 자폐스펙트럼장애의 유병률은 여전히 증가하고 있으며 실제 백신과 자폐스펙트럼장애의 연계성이 높지 않다는 게 여러 연구를 통해 밝혀졌기 때문이다. 오히려 백신 접종을 기피하면서 홍역(measles)에 전염되어 입원하는 아이들이 전 세계적으로 급격히 늘어났다. 홍역은 개발도상국(후진국)에서는 아직도 흔히 발생하며 생명을 위협하는 주요한 급성 발진성 바이러스 질환이지만 백신이 개발된 후로 선진국에서는 그 발병률이 현저히 줄었다.

산소 치료, 바이오생체정보 치료, 뉴로피드백, 영양치료, 낙타우유, 관장 해독치료 등 상상도 못 한 치료법들을 홍보하는 것을 여러 번 보았다.

미국 스펙트럼장애 치료의 대세는 생의학치료에 좀 더 집중되어 있다. 감각치료를 비롯해 작업치료, 언어치료, 심리치료는 이미 보편화되고 전문화되어 있기 때문에 굳이 컨퍼런스나 세미나를 열지 않지만 생의학치료와 관련해서는 부모들의 관심이 항상 뜨겁다.

내 아이에게 맞는 치료로 체내 염증반응을 줄여라

스펙트럼장애는 검증된 의학 이론을 바탕으로 생의학치료뿐만 아니라 식이요법, 생활습관 개선 등을 통해 전방위적으로 치료되어야 한다. 아이에게 무조건 종합비타민이나 영양제를 줄 것이 아니라 개개인의 신진대사를 파악해 몸속에서 해가 되는 것은 없어지도록 도와주고, 부족한 영양은 보충해서 몸의 전체적인 불균형을 해소해 건강한 삶을 살 수 있도록 도와야 한다. 예를 들면 ADHD, 틱장애, 발달 지연, 자폐스펙트럼장애 등의 스펙트럼장애 아이들은 장 내 환경이 비정상적이고 장에서 발생되는 독소가 많은 것으로 밝혀졌는데, 완전히 소화되지 않은 음식들이 장벽을 통해 신체로 유입되고 이는 결과적으로 체내 염증반응(inflammation responses)을 가속시켜 뇌까지 전달된다. 그래서 인지 능력과 기억력이 떨어지고 불안감과 우울감이 심해지는 것이다.

이미 진행된 염증반응을 줄이기 위해서는 글루타티온과 같은 영양제로 염증반응을 일단 잠재우고 이를 원천적으로 차단할 수 있도록 장 내 유익균의 증식을 돕는 것은 물론, 장 내 유해균의 먹이가 되는 단 음식은 최대한 절제시켜야 한다. 특히 밀가루와 우유를 멀리해야 한다. 밀가루에 포함된 글루텐과 유제품에 포함된 카제인은 장에서 완전히 소화되지 못하고 데소모르핀과 카소모르핀이라는 물질로 바뀌어 신경계를 교란시킬 수 있는데, 이 물질들은 마약류인 모르핀과 같은 역할을 한다. 마약류와 같은 역할을 한다고 해서 막연히 중독과 관련 있을 것이라고 생각하지만 데소모르핀과 카소모르핀은 고통을 못 느끼게 하는 아편 유사 수용체(opiate receptor)에 작용해 자폐스펙트럼장애 아이들이 보이는 자해행동(대부분은 고통을 덜 느끼거나 잘 느끼지 못해 자해하지만, 자극을 추구하기 위해 자발적으로 일어나는 상동작용과 연관되는 부분들도 배제할 수 없다)을 일으키며, 뇌 보호막(Brain Blood Barrier)을 통과해 언어와 청각 인지를 담당하는 측두엽에 영향을 끼치는 것으로 알려져 있다.

아이마다 증상은 각기 다르고 같은 치료를 받아도 그 효과와 정도가 다를 수 있으므로 전문가와 상담을 통해 내 아이에게 맞는 치료 계획을 세우는 것이 가장 중요하다.

장과 뇌는
연결되어
있다?

"모든 질병은 장에서 시작된다."

현대의학의 선구자이자 아버지로 일컬어지는 히포크라테스가 한 말이다. 히포크라테스는 "우리가 먹는 음식이 약이 되어야 한다"고도 강조했다. 무려 2000년 전에 한 이 말이 이제야 조금씩 증명되고 있는 것 같아 참으로 반갑다. 하지만 우리는 먹는 음식이 중요하다는 사실을 인지하면서도 실제로는 그만큼 신경을 쓰지 못하는 경우가 많다.

기능성 의학(Functional Medicine, 신체와 기관이 최적의 기능을 유지하는 것을 중요시하는 의료. 전인의학과 대체의학이 이에 속한다)을 공부하는 의사들 사이에서는 이와 관련해서 유명한 말이 있다.

"You are not what you eat, you are what you absorb."

이 말은 '좋은 음식이나 좋은 약을 먹는다고 해서 다 내 것이 되지 않는다. 음식이나 약을 제대로 소화시키고 흡수시킬 수 있어야 한다'는 의미이다.

우리는 보통 몸에 좋다는 음식이나 약을 먹으면 몸이 건강해질 거라고 기대한다. 그러나 위장관의 소화·흡수 기능이 정상적일 때나 그렇지, 위장관이 건강하지 않은 스펙트럼장애 아이들은 그렇지 않은 경우가 대부분이다. 장을 포함한 위장관의 중요성은 누구나 알고 있지만 '장은 더럽다'는 인식과 '찌꺼기 배출'이라는 기능 때문에 사람들은 장에 대한 고민과 불안을 숨겨왔다. 방귀를 소리 내어 뀌지도 못했다. 그러나 생활이 현대화되고 서구화될수록 위장관 질환으로 고통받는 사람들이 많아졌고, 이제는 더 이상 숨길 수도 숨겨서도 안 되는 문제로 인식되기 시작했다.

최근 20년 동안 이루어진 장에 관한 연구들은 위장관이 단순히 음식을 소화시키고 흡수시키는 기관만이 아니라 외부의 유독물질로부터 인체를 보호하는 일차적인 기관이며 신체의 면역 기능을 70%나 담당한다는 것을 증명해주었다. 특히 장 건강이 당뇨, 비만, 관절염, 우울증, 만성피로, 자가면역질환과 깊은 관련이 있다고 밝혀졌다.

장은 제2의 뇌

장에는 100조 마리나 되는 균들이 포진하고 있다. 셀 수도 없이 많은 이 개체수는 체내 세포의 수보다 10배 이상 많다. 장 내 균들은 우선적으로 장의 기본 기능인 소화와 흡수를 도와주고, 외부 감염으로부터 인체를 보호하며, 신체 대사를 활성화한다. 또한 장은 신체 면역의 70%를 담당하는데 신체 그 어느 부위보다도 면역세포가 가장 많이 존재한다. 뇌와 장이 신경계를 통해 연결되어 있고 환경독소와 같은 이물질이 음식물을 통해 가장 많이 유입되기 때문으로 생각된다.

장에는 전체 신경세포의 절반 이상이 자리하고 있는데 척추와 뇌에 있는 신경보다도 장의 신경세포가 더 많을 정도다. 게다가 자체적으로 조절할 수 있는 별도의 신경 시스템이 있다. 이처럼 장은 자체 신경계를 가지고 정밀하게 조절되는 기관이기에 '제2의 뇌'라고도 불린다.

뇌와 장은 중추신경계와 개별적인 신경계를 통해 긴밀하게 연결되어 있고 환경독소나 나쁜 음식물로부터 우리 몸을 보호하기 위한 시스템을 가동함으로써(구토, 설사 등) 뇌를 근본적으로 보호한다. 스트레스, 불안, 초조, 우울 등과 같은 부정적인 감정과 환경독소들은 장 건강을 해치는 가장 큰 외부 요인들이다. 스트레스를 받으면 뇌는 장에도 이를 전달하고, 뇌와 장의 긴밀한 공조가 깨지면 장은 스트레스로 인해 기능 조절에 이상을 겪게 된다. 뇌만 외부의 자극을 받고 반응하는 것이 아니라 장도 그만큼 민감하게 반응을 하는 것이다.

장은 제2의 뇌

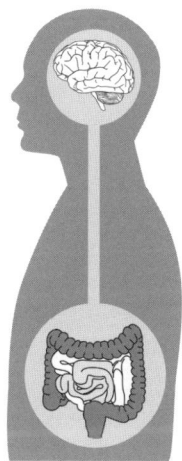

외부에서 독소가 들어오거나 스트레스를 받으면 뇌는 장에 이를 전달하고, 장은 전체 면역 시스템의 70%가 넘는 면역세포를 지휘해 우리 몸을 독소로부터 지켜낸다.

필자는 병인을 진단할 때 장 건강을 뇌 건강만큼이나 중요하게 생각한다. 먹을거리가 오염되고 서구화된 산업사회에서 장 건강은 여러 질병의 원인들과 연결되어 있기 때문이다. 안타까운 점은 장 건강이 좋지 않은 사람들의 절반 이상은 자각증상이 없거나, 위장관과 관련된 증상이 있어도 의사는 위와 장에 국한해 접근한다는 것이다. 위장관의 소화·흡수·배설 기능이 본인의 의지와는 상관없이 뇌에 의해 조절되기 때문에 위장관의 소화·흡수 기능의 문제를 뇌와 연관 지어 생각해야 하는 게 맞는데도 말이다.

뇌 기능 불균형과 자율신경계의 역할

아이들이 성장하려면 많은 영양소를 필요로 하는데 영양소의 소화·흡수·분배의 과정에는 자율신경계의 역할이 절대적으로 중요하지만 스펙트럼장애 아이들은 뇌의 기능 불균형으로 자율신경계가 역할을 제대로 해내지 못한다.

자율신경계는 말 그대로 '내가 신경 쓰지 않아도 자율적으로' 조정되는 신경계로, 연수나 뇌간 같은 뇌의 하단부에 집약되어 있으면서 뇌의 직접적인 조절을 받으며 호흡, 소화, 혈액순환 등 생존에 필요한 신체 기능을 조절한다. 다행인 것은 우리가 의식적으로 이를 조절할 필요가 없다는 것이고, 불행한 것은 그렇다 보니 자율신경계에 문제가 생기면 파악하기 어렵고, 설령 파악한다 해도 이를 어떻게 해결할지가 난감하다는 점이다. 뇌의 기능 장애로 인한 자율신경계의 불균형은 소화·흡수·순환에 관계되는 위장관에 장애를 불러온다. 위장관의 장애는 성인에게는 역류성 식도염, 민감성 대장증후군과 같은 위장관 관련 증상으로 나타나지만 스펙트럼장애 아이들에게는 소화·흡수와 같은 기본적인 대사가 힘들어지면서 뇌와 각 기관으로로 향하는 영양 공급이 원활히 이뤄지지 않는다.

영양소의 부족한 공급은 테스토스테론과 같은 성호르몬, 세로토닌과 같은 신경전달물질에도 영향을 주어 뇌에서 조절해야 하는 기능에 문제를 일으키고 감정 조절도 잘 안 된다. 스펙트럼장애 아이들의 감정 조절은 기본적으로 정상적인 전두엽의 기능과 세로토닌과 같은 신경전달물질의 영향을 받지만, 아연과 오메가-3와 같은 필수영양소의 결핍 또한 스펙트럼장애 아이들의 감정 조절에 영향을 주는 것으로 알려져 있다.

이처럼 뇌의 기능 불균형으로 인한 자율신경계의 기능 저하는 심각한 생의학 문제를 일으키고 그로 인해 감정 조절까지 잘 안 되는 결과를 가져올 수 있다.

위장관장애는 자율신경계 기능 저하의 한 증상

자율신경계의 기능 저하로 인한 생의학적인 문제는 아이의 행동이나 증상과 달리 가볍다가 심해지기도 하고 심하다가 갑자기 약해지는 경우가 흔한데, 생의학에 대한 이해가 없는 전문가들은 이를 알아채기 쉽지 않다.

몇 년 전에 본 홍수(가명)라는 아이가 생각난다. 홍수는 스펙트럼장애 아이들에게서 공통적으로 나타나는 특징들을 많이 가지고 있었다. 출생 예정일보다 1개월 일찍 태어난 누나와는 달리 10개월을 채우고 태어나서 7개월째에 앉기 시작하고 8개월이 되어 기기 시작했다. 그리고 만 12개월이 되자 서툴지만 한 걸음 한 걸음 걷기 시작했다. 부모가 다른 아이들과 홍수가 다르다는 것을 알게 된 것은 자신이 좋아하는 장난감을 방에서 거실로 반복적으로 옮기는 행동을 본 뒤였다. 아이가 놀고 난 후 장난감을 정리해 방에 가져다놓으면 홍수는 반드시 매번 같은 자동차 장난감을 다시 거실에 가

겨다놓았다.

홍수는 특이한 행동을 많이 보였다. 방에서 나와 거실을 지나갈 때는 항상 문의 오른쪽으로 나와 거실의 오른쪽 벽을 따라 가다가 장식장을 한번 만지고 부엌에 있는 식탁의 오른쪽 모서리를 만지고 자신이 좋아하는 의자에 앉은 후에야 다른 것들에 관심을 보였다. 부모의 눈에 처음에는 그 행동이 신기하고 귀여워 보였는데 어느 순간부터 걱정이 되었다. 그 외에도 홍수는 낮에 커튼 사이로 비쳐 너울거리는 햇빛을 몇 시간이나 바라보았고, 그림책을 자세히 보고 이해하기보다는 그저 책장을 넘기는 것을 좋아했다.

언어 발달에도 특이한 점들이 보였다. 10개월째에는 엄마를 부르는 것 같은 옹알이를 시작했지만 12개월이 지나자 오히려 줄어들었다. 커가면서는 "홍수야" 하고 이름을 부르면 반응이 없을 때가 많았다. 귀와 그 주변을 만지는 것을 워낙 싫어해서 이비인후과에서 귀 검사를 받거나 미용실에 가면 자지러지게 울었다. 결국 청력 검사를 받아보았지만 청력에는 이상이 없었고, 중이염이 있다 해서 항생제를 처방받아 먹이면 다시 괜찮아졌다. 하지만 여전히 이름을 부르면 반응이 없었다. 걱정되는 마음에 소아과에서 검사를 받는데 의사는 홍수가 눈맞춤이 좋다며 발달이 정상 아이들에 비해 조금 느릴 뿐이지 절대 걱정할 일은 아니라고 부모를 안심시켰다. 그러나 날이 갈수록 홍수의 반복적인 행동과 특이한 행동은 늘어났다. 과일을 주면 먹지는 않고 눈이나 입술에 비벼댔고, 빨대를 꽂아 음료수를 주면 윗입술과 이빨 사이에 빨대를 계속 찔러 넣었다. 길을 다닐 때는 보도블록 패턴을 한참 동안 바라보느라 한 곳에 머물러 있기 일쑤였다.

홍수는 어릴 때부터 편식이 심했다. 바나나, 팝콘, 생선 모양 과자, 우유에 말아먹는 시리얼을 좋아했고, 김과 소시지가 없으면 밥을 먹지 않았다. 다양한 음식을 주려는 엄마의 노력은 매번 실패했다. 그런데 홍수는 자신이 좋아하는 것만 먹는데도 자주 토하고, 항상 변이 묽고 설사를 했다. 병원의 권유로 알레르기 검사를 해보았더니 콩, 옥수수, 달걀흰자, 땅콩, 우유, 곰팡이, 미세먼지, 고양이, 개 털 등에 심한 알레르기반응을 보였다. 이렇게 놔두면 안 되겠다 해서 찾아간 발달센터에서는 홍수의 집중력이 심하게 떨어진다며 좀 더 전문적인 검사를 받아볼 것을 권유했다. 검사 결과 홍수는 조금 더 크면 자폐가 될 것이며 앞으로 성장해도 지적장애를 가질 것이라는 진단을 받았다.

홍수의 이야기가 모든 스펙트럼장애아들의 경우와 일치하지는 않겠지만 대부분 문제없이 잘 자라다가 갑자기 언어 능력을 잃어버리거나 반복적으로 이상행동을 보이면 부모의 의심은 걱정으로 바뀌고 결국 그 걱정은 사실이 된다.

홍수를 통해 알 수 있듯이 부모들은 자녀의 행동이나 운동 발달에만 관심을 가지지 자율신경계의 기능이 저하되어 설사·편식·아토피와 같은 증상이 나타나리라고는 상상조차 하지 못한다. 자폐스펙트럼장애 아이들이 가지고 있는 대부분의 내과적 문제들은 자율신경계의 기능 저하와 그로 인해 생의학적 대사 과정에 문제가 있을 때 발생한다. 특히 자폐스펙트럼장애아들에게서 공통적으로 보이는 위장관장애는 식이를 바꾸기만 해도 많이 개선될 수 있다. 눈맞춤이 안 되던 아이가 눈맞춤을 시작하고, 언어 발화조차 안 되던 아이가 말을 하기 시작한다. 행동 조절에 문제가 많던 아이가 차분해지고, 감각적으로 민감한 문제들도 사라진다. 단, 생의학적으로 세포 단위에서 심각한 문제들을 내포하고 있을 때는 식이 변화뿐만 아니라 생의학치료가 병행되어야 한다.

하지만 일부 의사들은 자율신경계와 대사 과정을 고려하지 않는다. 외부 환경으로 인해 장 건강이 손상되고, 장 내 환경 변화로 뇌의 기능 손상되는 경우가 흔함에도 불구하고 운동장애(틱, 뚜렛과 같이 운동 기능이 조절되지 않는 장애. 무도병이나 파킨슨병이 대표적이다)나 소뇌위축증(소뇌가 이유 없이 줄어들어 균형장애, 운동 기능 상실, 언어 손실을 거쳐 죽음에 이를 수 있는 질환) 환자들에게 그 어떤 전문가도 장과의 연계성에 대해서 언급하는 것을 보지 못했다. 심지어 내가 본 운동장애 환자는 30년 넘게 운동장애에 대해서만 진찰을 받았지 셀리악병(글루텐으로 인해 면역이 지나치게 활성화되어 소장의 섬모조직이 망가지는 병)과 연계될 수 있는 장의 문제들을 언급한 의사는 없었다고 한다. 그 환자는 위장관 기능이 좋지 않아서 음식을 먹어도 소화가 원활하지 않았고, 아토피처럼 피부 질환이 심했다. 장 기능이 어떠냐고 물어보았을 때도 장 기능은 어려서부터 안 좋았다고만 할 뿐 그 증상이 얼마나 심각한 것인지, 뇌 기능 장애와 연관이 있는지는 생각해 보지 않았다고 했다.

스펙트럼장애 아이들의 생의학 문제는 갈수록 심각해지고 있다. 필자가 생의학치료를 접한 2000년대 초반과 자폐스펙트럼장애 치료를 본격적으로 시행한 2010년경, 그리고 최근을 비교하면 생의학 문제들은 점점 더 심각해지고 있다. 바로 환경독소 때문에 말이다(1부 참고).

아쉽게도 국내에는 생의학치료에 대해 실질적으로 도움을 줄 전문가들이 매우 부족하다. 일반의학 과정에서는 병리학과 약리학을 중점적으로 다루는 반면 영양과 영양치료를 배우지 않기 때문이다. 생의학치료를 맹목적으로 부정하는 의사들도 있지만, 좀 더 많은 관심이 필요한 분야임은 확실하다.

스트레스와 뇌

　스펙트럼장애 아이들의 생의학적 원인에 대해 생각하다 보면 의문점이 생길 수 있다. 스펙트럼장애는 좌우 뇌의 기능이 불균형적으로 발달해서 생긴다고 하는데, 그렇다면 뇌세포 단위에서 뇌의 기능 저하는 어떤 메커니즘이 관여하는 것일까? 뇌세포는 단순히 환경오염물질로 인해 손상되는 것일까?

　여기에는 체내에서 일어나는 염증반응이 큰 영향을 미치고 스트레스가 중요한 요소로 작용한다. 특히 임신 기간에 받은 스트레스는 스펙트럼장애의 원인 중 하나이다. 임산부의 스트레스는 성별에 따른 아이의 뇌를 결정하는 호르몬 대사에 불균형을 가져오고, 스트레스반응은 체내 염증반응을 가속화하기 때문이다.

스트레스와 스트레스반응은 다르다. 스트레스반응은 스트레스가 개인의 적응 능력을 넘어설 때 나타나는 반응이다. 스트레스를 받았을 때 생각하는 것, 먹는 것, 마시는 것, 일하는 것과 같은 일상생활에서 신체가 어떻게 반응하느냐가 더 중요하며, 이러한 스트레스반응은 개인마다 다르다.

최근에 이와 관련해서 여러 논문에 실린 내용이 있는데 주목할 내용은 '스트레스와 뇌는 연관되어 있으며, 실제로 발생하는 스트레스와 그로 인한 감정적 반응은 생의학적으로 신체 내에서 일어나는 스트레스반응과 비례하지 않는다'이다. 본인이 스트레스를 많이 받는다고 생각할 수 있지만 몸에서 일어나는 생의학적 스트레스반응은 의외로 적을 수 있고, 본인은 별로 스트레스를 받지 않고 개의치 않는다고 하지만 몸에서는 엄청난 스트레스반응이 호르몬이나 혹은 화학적으로 나타날 수 있다는 의미다.

스트레스 호르몬 '코티솔'

스트레스를 받으면 신경계에서는 '뇌→뇌하수체→부신'으로 연결되는 경로를 통해 부신에서 코티솔(cortisol. 코르티솔)이라는 스트레스 호르몬을 생성하고 방출시키는데, 만약 뇌에서 부신으로 연결되는 경로나 이 명령을 내리는 뇌 영역의 조절 기능에 문제가 생기면 코티솔이 무작위로 방출된다. 이로 인해 신체는 감염에 훨씬 쉽게 노출되고 결국에는 만성 염증으로 발전한다.

코티솔 생성이 증가하면서 생기는 또 다른 문제는 수면을 조절하는 호르몬인 멜라토닌이 영향을 받아 생체리듬(circadian rhythm)이 깨질 수 있다는 점이다. 원래 오전에는 코티솔이 증가하고 멜라토닌은 감소하며, 점심을 지나 저녁이 되면 코티솔은 감소하고 멜라토닌이 증가하는 게 자연의 순리다. 하지만 저녁이 되어서도 스트레스 호르몬인 코티솔이 지나치게 방출되면 아침에 일어나기 힘들고 밤이 되면 잠들기가 힘들어지며 점심을 먹고 난 오후에는 졸립고 무기력한 상태가 지속된다. 과도한 코티솔은 기억을 담당하는 뇌의 해마를 손상시키는 원인이기도 하다. 이 때문에 나이가 들면서 기억력이 나빠지거나 기억이 왜곡되는 등의 문제가 생긴다. 또 성호르몬과 갑상선 호르몬의 불균형을 만드는 가장 큰 원인으로도 알려져 있다.

생의학적 스트레스반응으로 인해 코티솔이라는 스트레스 호르몬이 분비되는 것은 지극히 정상적인 생리작용이며, 이때 분비된 코티솔은 여러 가지 역할을 한다. 그중에서 우리가 주의 깊게 보아야 하는 것은 염증 반응을 조절하는 기능이다. 그런데 스트레스가 만성으로 오랫동안 지속되면 잘 분비되던 코티솔이 고갈되어 더 이상 분비되지 않는 상태가 되고 만다. 자세히 말하면, 스트레스가 만성인 상태에서는 부신이 코티솔을 과

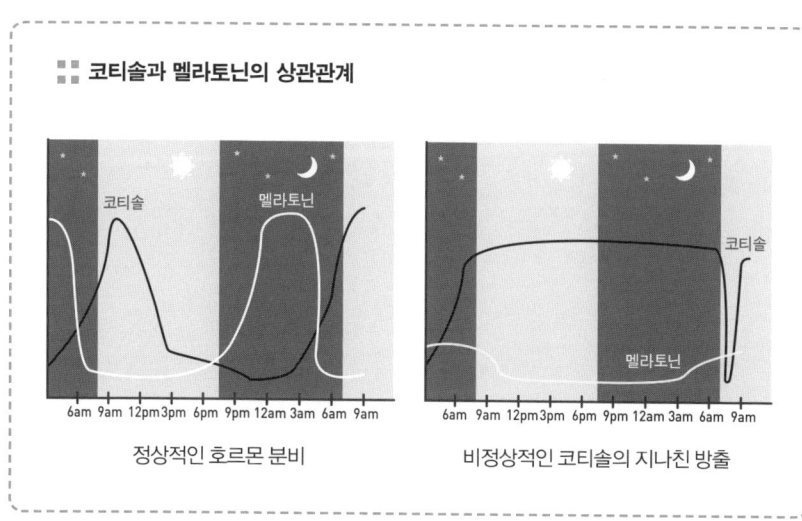

도하게 만드는데 점차 그 양이 줄어들면서 코티솔 저하증 상태가 된다. 그러나 여전히 스트레스가 지속되면 결국 코티솔이 고갈된다. 이때 코티솔은 성장호르몬과 멜라토닌 등의 분비 또한 감소시켜 신체 치유와 재생을 근본적으로 방해한다. 이렇듯 코티솔은 많이 방출되어도 적게 방출되어도 문제다.

만성 스트레스로 인해 코티솔 분비가 줄어들거나 고갈된 상태에서는 외부의 해로운 병원체가 장에 접근하지 않도록 위 점막을 보호하는 분비성 면역글로불린A(Secretory IgA. 코·눈·목·위장관의 점막과 침, 눈물 등에도 포함되어 있다) 또한 감소해 새는장증후군으로 이어진다. 새는장증후군은 장벽의 보호막이 약해져서 평소 흡수되지 않던 글루텐, 카제인과 같은 단백질 펩타이드가 장 벽을 통과해 혈류로 유입되는 현상으로 면역 기능을 더욱 약화시키고, 새는 장을 통해 들어온 외부 독소들은 신체에서 염증반응을 늘려서 혼란에 빠진 면역계를 교란시킨다. 만성 스트레스로 인한 코티솔 고갈 상태에서 빠져나오려면 아침을 먹고, 일찍 자고, 스트레스반응을 줄일 수 있는 노력을 해야 하며, 탄수화물을 줄이고, 염증반응을 일으킬 수 있는 환경독소나 나쁜 음식들을 생활 속에서 제거해야 한다.

염증반응과 뇌 기능의 손상

그렇다면 신체에서 자연스럽게 발생하는 염증반응이 어떻게 뇌의 기능을 손상시키는 것일까?

외부의 대기오염물질, 중금속, 환경호르몬, 식품첨가물 등과 같은 해로운 물질이 신체로 들어오면 이로부터 신체를 보호하기 위해 면역계의 보호 반응이 시작되고 이 전쟁에서 남은 부산물들이 만성 염증을 가속시킨다.

몸 안 곳곳에 있는 세포들이 재생 과정을 거칠 때도 염증반응이 일어난다. 운동을 하면서 다치거나 넘어져서 신체가 손상되면 치유를 위해서 가장 먼저 일어나는 반응은 염증반응이다. 어떻게 보면 몸 안의 염증반응은 나쁜 것만도 위험한 것만도 아닌 꼭 필요한 과정이다. 근육과 인대와 같은 신체 부위가 손상됐을 때도, 과로나 피로가 쌓였을 때도 염증반응이 생기지만 이를 통해 신체는 기력을 회복하고 자연스럽게 치유된다. 그러나 지속적인 스트레스는 신체 내 염증반응을 지속시켜 동맥경화, 심근경색, 뇌졸중을 유발하고 뇌 기능 이상을 일으키는 주범이 된다. 뇌 기능이 감소되거나, 기억력이 서서히 떨어지거나, 혹은 뇌의 기능 불균형이 생기는 과정을 자세히 들여다보면 만성 염증반응을 통해 뇌세포가 괴멸되고 정상적인 재생 과정에 이상이 생기면서 기능이 저하되는 것을 확인할 수 있다.

이미 만성 스트레스인 상태에서 임신을 하거나 만성 스트레스 때문에 가임이 쉽지 않았던 임산부들은 만성 염증반응을 가진 면역계를 자녀에게 물려줄 확률이 높다. 특히 비만인 사람들에게서 만성 염증반응이 두드러지게 나타나는데 나이를 불문하고 복부비만인 이들이 부모가 된다면 그 부모의 아이는 위험 인자를 이미 가지고 태어난다고 볼 수 있다.

만성 염증반응은 노화 현상의 하나로 생각되었지만 최근의 신경면역학(neuroimmunology)에 의하면 만성 염증반응이 반드시 중년 이상의 성인에게만 국한된 현상이 아니며 외부나 유전적·환경적 요인 없이도 소아나 유아에게도 빈번하게 발생할 수 있다고 해 심히 우려된다.

자가면역질환과 뇌 불균형

만성 염증반응은 자가면역과도 깊은 연관이 있다. 자가면역질환은 면역계가 너무 민감히 반응해 체내 세포나 기관을 적으로 오인하고 공격하는 질환을 말하며 크론병, 류마티스 관절염, 루푸스, 강직성 척추염이 대

자가면역 시스템의 문제 : 뇌 염증반응

- 1차 뇌 염증반응 : 기억, 인지, 운동반사 등의 뇌 반응 속도 저하
- 2차 뇌 염증반응 : 세포 내 미토콘드리아 문제로 에너지 생성이 감소

에너지 생성이 감소되는 것은 세포 내 미토콘드리아의 문제이다. 뇌세포를 포함해 세포 내에는 에너지 공장인 미토콘드리아가 있고 그곳에서는 세포의 에너지원인 ATP를 생성하는데, 만성 염증반응으로 인한 자가면역으로 미토콘드리아가 파괴되면 세포 내 정상 기능이 불가능하다. 그리고 염증반응을 제어해주는 역할을 코티솔이 하지만 만성 스트레스가 지속되면 코티솔이 제대로 분비되지 않는다. 뇌 염증반응은 브레이크가 없다.

표적이다. 최근 자가면역질환이 국내에서 기하급수적으로 증가하고 천식, 아토피, 원인이 불분명한 알레르기 질환이 만연한 것은 만성 염증반응과 무관하지 않다. 위장관의 기능이 약해서 생기는 음식 알레르기나 새는장 증후군을 동반하는 스펙트럼장애 아이들이 증가하는 것과는 별개로 최근 20년간 일반 아이들의 자가면역질환도 증가하고 있다.

그러면 뇌 불균형은 자가면역과 어떤 관계가 있을까?

발달장애나 자폐증 아이들은 뇌 기능에 문제가 있거나 뇌가 충분히 발달하지 않은 상태에서 태어나기 때문에 그 후에 진행되는 신체 발달이나 신체 조절 능력 또한 비정상적으로 발달한다. 특히 좌우 뇌가 불균형적으로 발달하면 신체 조절이나 신체 기능들도 정상적으로 발달하기 힘들다. 신체의 면역 기능은 좌우 뇌의 기능이 균형을 이룰 때 최적의 상태

를 유지하는데 한쪽 뇌의 기능만 좋고 다른 한쪽의 기능이 저하되면 면역 기능이 떨어질 수 있고, 반대로 너무 항진되어 불균형이 심할 경우 자가면역질환과 같은 부조화를 일으키게 된다. 즉 환경, 식습관, 장 건강 등 자가면역질환을 유발하는 요소들은 많지만 자가면역을 유발하면서 가속화하는 근본적인 원인 중 하나는 뇌 기능 불균형이다.

좌뇌 기능 저하 시의 자가면역 시스템

- 좌뇌는 면역 기능을 항진하는 작용을 하는데 좌뇌의 기능이 저하되면 감염과 감기가 빈번하게 발생한다.
- 좌뇌의 기능에 이상이 생기면 자율신경계가 부조화를 이뤄 면역 기능이 감소하고 중이염이 생길 수 있다. 이로 인해 청각 인지에 문제를 일으킬 수 있으며, 지속되는 감기나 염증 때문에 생활에 불편함이 많다.

우뇌 기능 저하 시의 자가면역 시스템

- 우뇌는 면역 기능을 억제하는 작용을 하는데 우뇌의 기능이 저하되면 비염과 아토피가 발생한다.
- 우뇌의 기능에 이상이 생기면 면역 기능이 과도하게 흥분되어 자가면역 기능이 항진되고 이로 인해 면역글로불린G(IgG)와 같은 항체반응이 증가해 음식에 대한 알레르기가 생기고 아토피와 같은 피부 질환이 심해진다.

면역글로불린은 혈청 등의 체액에 함유되어 있는 항체 활성을 갖는 글로불린 단백질로, 혈액과 림프에 저장되어 있다가 면역반응에 따라 활성화된다. 알레르기반응에만 관여하는 IgE와는 다르게, 주로 면역을 담당하는 항체로 반응하는 IgG는 감염증에 대한 보호 메커니즘으로 장기 면역반응과 루프스, 다발성 경화, 관절염 등의 자가면역질환에 관여하는 것으로 알려져 있다. 여러 논문에 의하면, IgG는 태반을 통과해 태아의 면역반응을 돕는데, 산모의 IgG를 통해 전달된 잘못된 자가항체가 뇌의 특정 부분에서 자가면역반응을 일으켜 자폐증을 일으킬 수 있다.

면역 시스템에서 좌뇌와 우뇌의 역할과 기능이 다르다는 것은 알려져 있지만 정확히 어떤 경로와 메커니즘을 통해 자가면역이 발동하는지는 알려져 있지 않다. 이 부분에서 더 많은 연구가 이뤄져야 하겠지만 필자의 경험상 자가면역은 좌뇌와 우뇌의 불균형한 발달로 인해 교감신경과 부교감신경의 균형이 깨지고, 이의 지배를 받는 장과 면역계의 기능에 이상이 생겨 발생한다고 볼 수 있다.

엄마에게 물려받는 것들

임산부의 만성 스트레스가 태아에 악영향을 미친다는 사실은 누구나 알고 있으며 그 근거들은 수없이 많다. 한마디로 임산부의 스트레스는 태아에게 행동장애, 불안장애, 우울증, 양극성장애, 약물중독, ADHD, 자폐스펙트럼장애를 일으킬 수 있는 위험요소다. 그 이유는 스트레스로 인한 만성 염증이 엄마의 피를 통해 그대로 태아에게 전달되어 뇌에 영향을 주기 때문이다. 만성 염증반응은 알레르기, 류마티스 관절염, 만성 피로, 두통, 당뇨, 위장관장애, 근증후근, 심장병, 대사성 질환, 아토피 등과 관련이 있으며 심장마비와 같은 심혈관계 질환에도 영향을 미치는 것으로 알려져 있다.

실제로 가족력을 살펴보면 자폐나 발달장애, 틱과 같은 운동장애를 포함하는 스펙트럼장애 아이와 그 엄마가 면역계 질환을 동시에 가지고 있는 경우가 많다. 예를 들어 엄마는 갑상선기능저하증(주된 원인은 하시모토 갑상선염이라고 최근에 밝혀졌다. 하시모토 갑상선염은 만성 염증반응을 통해 야기되는 자가면역질환인데 면역세포가 TPO 항체나 TG 항체를 만들어서 갑상선호르몬의 생산을 방해해 갑상선기능저하증이 된다)을, 그 자녀는 이와는 다른 자가면역질환을 앓고 있는 것을 흔하게 목격할 수 있었다. 스펙트럼장애 아이들의 생의학 문제는 뇌와 관계가 없다고 생각해 엄마의 자가면역 문제는 엄마만의 문제이고 아이의 자가면역질환은 아이의 문제로만 생각하기 쉽다. 또 부모는 자가면역질환과 같은 면역계 질환이 없으나 발달장애 아동들이 생후 초기부터 자가면역질환을 얻는 것은 부모와는 전혀 상관이 없다고 생각하기 쉬운데, 사실 어머니에게서 물려받는 인자들을 완전히 배제할 수는 없다.

엄마의 어떤 인자가 아이에게 전달될 수 있는지를 좀 더 살펴보자.

여성은 분석적이고 논리적인 좌뇌를 우성으로 가지고 있다. 그런데 좌뇌가 지나치게 발달하고 우뇌 기능이 저하된 엄마들은 주관이 강하고 분석적이고 논리적이어서 때로는 지나치게 고지식하다는 소리를 듣는다. 이런 엄마들은 자식에 대한 욕심과 통제력이 철저하거나 과한 편이다. 전문직 여성도 많다. 이렇게 우뇌 기능이 낮으면서 만성 스트레스에 오랫동안 노출된 여성들은 면역계가 과민해져 있는데, 이런 여성들이 출산을 하면 자폐스펙트럼장애 아이가 태어날 확률이 높다.

자가면역은 과민한 면역계를 통해 발병하는데, 자신이 자가면역의 문제를 가지고 있는지조차 모르는 엄마들이 많다. 그런 엄마들이 가장 흔히 겪는 문제는 갑상선기능저하증이다. 미국의 기능신경학자이자 자가면역으로 인한 갑상선기능저하증의 전문가인 데이티스 카라지안 박사는 "스펙트럼장애의 생의학 문제는 근본적으로 자가면역질환과 관계가 깊다. 스펙트럼장애 아이들의 경우 민감한 면역계가 뇌와 신경계를 파괴하는 주범"이라고 말한다. 그는 새는장증후군, 만성 스트레스, 인슐린 저항성, 음식 알레르기 등을 가진 임산부는 스펙트럼장애 아이를 출산할 확률이 높고 아이의 뇌에 기능적 손상이 없더라도 아토피, 천식, 음식 알레르기 등을 가진 아이를 출산하게 된다고 강력히 주장한다. 이러한 복합적인 이유 때문에 결혼 전이나 임신 중에 스트레스를 많이 겪고 면역에 문제가 생긴 여성들은 발달장애나 자폐아를 낳을 확률이 훨씬 더 높다. 만성 스트레스를 겪는 임산부들은 대부분 우울감이 심하고, 혈액검사를 해보면 스트레스 유발 염증 인자들을 많이 가지고 있다. 그에 비해 건강한 임산부들은 만성적인 스트레스를 겪는 임산부들에 비해 관절염이나 그 이외의 자가면역질환들을 훨씬 적게 가지고 있는 것으로 나타났다.

갑상선기능저하증이나 알레르기와 같은 자가면역질환들은 실상 쉽게 치료할 수도 있다. 면역계를 안정시키고 면역계를 도발하는 인자를 제거하면 된다. 만약 음식 알레르기가 있으면 알레르기반응을 일으키는 음식을 끊으면 된다. 영국에서 발표된 논문을 보면 알레르기를 일으키는 음식은 일부 식품에 한정되어 있다. 셀러리, 글루텐 함유 곡물(밀, 호밀, 보리, 귀리), 갑각류(게, 새우), 달걀, 생선, 우유, 어패류(홍합, 굴 등), 겨자, 견과류(헤이즐넛, 아몬드, 호두, 브라질넛), 땅콩, 참깨, 콩, 옥수수 등이 대표적이다.

자가면역이 발동하는 초기에는 단순히 면역계를 교란시키는 인자를 제거하면 된다. 달걀 알레르기가 있으면 달걀을 안 먹으면 된다. 그러나 자가면역이 점차 발달해 피부를 공격하고, 갑상선을 공격하고, 기관지 세포와 점막을 공격하고, 뇌를 공격하면 이때는 단순히 알레르기반응을 일으키는 요소를 제거하는 것으로 끝나지 않는다. 게다가 알레르기반응이 진행되어 신체 내부 기관이나 세포들을 공격하면 염증 면역반응을 촉발하는 체내 독소를 제거하기만 해서는 치료 기간이 너무나 오래 걸린다. 대부분의 자가면역질환에는 가장 빠르게 치료할 수 있는 인공 스트레스 호르몬인 코티솔, 스테로이드 계열의 프레드니손(prednisone)과 같은 면역억제제를 처방한다. 그러나 면역억제제를 통해 통증이나 증상은 없어지고 조직의 퇴행 가속화를 일시적으로 막을 수는 있지만 잠재된 불씨를 완

> **스트레스 호르몬인 코티솔을 줄이는 방법**
>
> 1. 운동을 생활화한다.
> 2. 탄수화물, 설탕, 과일과 같은 음식은 염증반응을 가속화하므로 되도록이면 섭취를 줄인다.
> 3. 아침을 꼭 먹는다. 아침을 먹지 않으면 코티솔 분비가 증가한다.

전히 없애지는 못한다.

이런 이유 때문에 임신을 앞둔 부모들은 만성 스트레스로 인한 스트레스반응을 줄일 수 있도록 노력하고 환경독소나 알레르기 유발 음식을 제거하는 동시에 신체활동을 늘려 뇌 기능을 적극적으로 보호해야 할 필요가 있다.

면역 강화보다
면역 조절이
더 필요할 때

스펙트럼장애 아이들도 그렇지만 요즘에는 아토피나 비염으로 고생하는 사람들이 너무나 많다. 병원에 다녀도 완치되지 않고, 대부분 신경성이거나 면역력이 떨어져 생기기 때문에 식이요법이 최선의 치료법이라고들 말한다. 이런 이유들 때문인지 음식 혹은 건강식품도 면역 강화를 강조하며 홍보를 하고 초유, 비타민C, 노니와 같은 면역 강화 식품들이 불티나게 팔린다. 왠지 면역만 강화시키면 몸에 나타나는 여러 문제들이 다 해결되고 더 건강해질 것 같다.

면역 강화 식품이 나쁘다고 비판하는 것은 절대 아니다. 면역에 관해서 조금만 살펴보면 면역을 강화하는 것보다는 면역을 약화시켜야 할 때도 있다는 사실을 말하고 싶을 뿐이다. 예를 들어 백혈병이나 암은 면역 강화를 필요로 하지만, 아토피와 비염은 면역 강화가 아닌 면역 조절이 더 필요하다.

면역은 체내로 유입되는 박테리아, 바이러스, 외부의 환경독소물질과 같은 적군을 백혈구, 림프구와 같은 아군이 싸워 이기는 것을 말한다. 만약 아군을 적군으로 오인해 공격하면 자가면역질환이 되고, 적군을 감지하지 못해 방치하면 B형 간염이나 암으로 진행될 수 있다. 면역의 관점에서 보면 아토피와 비염, 천식은 다 같은 질환이며 외부 물질이나 중금속, 환경독소에 면역계가 과민반응을 일으킬 때 발생한다. 이러한 경우에 면역을 강화하면 오히려 불에 기름을 붓는 것과 같아서 면역 강화보다는 과민한 면역을 조절하는 것이 아주 중요하다.

무엇보다 면역 조절이 안 되는 질환을 동반하는 스펙트럼장애는 면역 조절 문제를 뿌리째 뽑지 않고는 치료가 쉽지 않다. 스펙트럼장애의 경중이 뇌 기능보다 면역 기능과 관련이 있는 만성 염증반응과 생의학적 대사과정에서 비롯된다면 이를 살피지 않고서는 치료가 더디거나 방향성을 잃을 수 있기 때문이다.

예를 들어 언어 기능까지 제한된 중증의 자폐스펙트럼장애라면 생의학 문제를 심각하게 고려하지만, ADHD나 학습장애처럼 증상이 심하지 않은 경우에는 생의학 문제를 대수롭지 않게 여기는데 실제로는 심각한 경우가 많다. 그래서 생의학적 대사 기능들은 스펙트럼장애 아이들을 치료할 때 반드시 고려되어야 한다. 면역 조절이 잘되지 않으면 뇌의 염증반응이 잘 조절되지 않고, 이러한 상태에서는 치료 효과가 더디거나 제자리를 맴돌 수 있기 때문이다.

생각해보자. 근원적으로 생의학적 대사에 문제가 있는 스펙트럼장애 아이의 경우 면역 기능과 생의학적 대사 과정을 고려하지 않고 치료를 한다면 감각통합이든 토마티스요법이든 약물요법이든 미술치료든 음악치료든 심리치료든 치료 효과는 정체될 수밖에 없다. 그러한 사실도 모른 채 '증상이 비슷한 다른 아이에게는 효과가 있는데 왜 내 아이에게는 효과가 없는 걸까? 다른 치료를 해봐야 하나?' 하고 고민하다 보면 치료에 있어 가장 중요한 시간을 잃어버리고 만다. 그렇기에 뿌리 깊게 드리운 생의학 문제를 반드시 바로잡아야 한다.

자가면역과 뇌 불균형을 이해하려면 면역에 대해 알아야 할 필요가 있다. 면역은 양날의 검과 같아서 과하면 알레르기와 같은 자가면역질환으로 발전하고 부족하면 각종 질환에 쉽게 감염된다.

면역 시스템 이해하기

미생물은 우리 주변 곳곳에서 발견되며 지구상에서 개체수가 가장 많은 생명체이다. 오죽하면 인체를 구성하는 세포(수십 조)보다 장 속에서 사는 미생물(수백 조)의 개체수가 더 많으랴. 몸속 미생물 중에는 소화를 돕고 세포를 보호하는 유익한 것들도 있지만 병을 일으키는 유해한 병원균체도 있다. 이러한 수많은 미생물들 사이에서 살아남기 위해서는 정밀한 면역 조절이 필요하다.

면역은 신체를 보호하고 지키는 인체의 작용인데 눈에 보이지 않으니 그 중요성이나 면역이 저하되었을 때의 위험성을 감지하기가 여간 어렵지 않다.

선천성 면역과 후천성 면역

면역은 크게 선천성 면역계(innate immunity)과 후천성 면역계(적응성 면역: adaptive immunity, 획득면역계라고도 한다)로 나뉜다. 병원균이 처음 우리 몸에 침투하면 가장 먼저 선천성 면역계가 인지하고 반응한다. 하지만 2~3주가 지나거나 동일한 병원균이 다시 침입하면 우리 몸은 더 빠르고 강력하게 병원균을 무찌른다. 후천성 면역계가 병원균을 '기억'하고 있기 때문이다.

선천성 면역계는 우리 몸속에 이미 존재하면서 외부에서 병원균이 침입할 때를 대비하지만 후천성 면역계처럼 기억 작용은 없다. 그저 피부나 점막에서 병원균이 들어오는 것을 막거나, 침이나 위액에 분비물을 내보내 병원균을 죽인다. 대식세포나 호중구, 수지상세포와 같은 먹보 세포들이 출동해 병원균을 감싸 흡수하듯이 잡아먹거나 자연살생세포 같은 킬러세포가 병원균을 죽이는 것이다. 이 세포들은 모두 백혈구다.

반면, 후천성 면역계는 처음 침입한 항원을 림프구가 기억했다가 다시 침입했을 때 특이적으로 반응해 항원을 효과적으로 제거함으로써 선천성 면역계를 보강하는 중요한 역할을 한다.

두 가지 면역계가 모두 중요하지만 특히 알레르기, 스펙트럼장애와 연계되는 자가면역반응과 관련해서는 후천성 면역계가 어떻게 활성화되고 조절되는지를 살펴볼 필요가 있다.

후천성 면역계와 자가면역

후천성 면역계는 세포성 면역(cell mediated immunity)과 체액성 면역(humoral immunity)으로 구분된다. 세포성 면역은 흉선에서 킬러T세포라는 림프구를 이용해 감염된 아군과 적군을 가리지 않고 모두 사멸시킨다. 체액성 면역은 헬퍼T세포의 하나인 Th2가 B림프구에 명령을 내림으로써 간접적으로 항체를 생성해 적군을 죽인다.

알레르기반응은 후천성 면역계에 작용하는 헬퍼T세포인 Th1과 Th2의 균형이 깨질 때 발생한다. 특히 체액성 면역에 관여하는 Th2가 과도하게 활성화되면 아토피, 비염과 같은 알레르기 질환에서 시작해 류마티스 질환, 궤양성 대장염, 크론병, 갑상선기능저하증, 퇴행성 뇌 질환 등의

후천성 면역계의 종류와 작용

	세포성 면역	체액성 면역
림프구	킬러T세포, 헬퍼T세포(Th1)	B세포, 헬퍼T세포(Th2)
작용	감염된 아군과 적군을 즉시 공격	항체 생성, IgE(알레르기반응)

자가면역질환으로 발전한다. 음식물 중에서도 감초, 인삼, 버섯류 등은 Th1을 자극한다. 사과와 양파에 많이 들어 있는 쿼시틴(Quercitin)과 녹차, 카페인 등은 Th2를 자극하는데 Th1과 Th2의 불균형이 심각해서 질환으로 발병했을 때는 섭취량을 세밀하게 조절할 필요가 있다.

Th1과 Th2의 불균형을 가속화시키는 인자 중 하나는 뇌 기능 불균형이다. 뇌 기능의 균형이 깨지면 면역계가 민감해져서 해당 음식을 제거하고 생의학치료를 해도 Th1과 Th2의 균형을 쉽게 맞출 수 없다. 면역계는 일상적인 공기와 먼지와 음식에도 반응해서 염증반응을 유발하고, 염증반응은 스트레스반응을 일으켜 장 벽을 파괴함으로써 장 기능과 당 대사, 호르몬 조절의 불균형을 일으킨다. 이 현상이 만성적으로 진행되면 신체는 염증반응을 가라앉히기 위해 코티솔을 지속적으로 방출시키지만 결과적으로 염증반응도 그대로고 코티솔만 혈중에서 높게 유지된 채 만성 염증반응으로 인한 질환이 발병되는 것이다.

임상적으로 의사들이 면역 기능을 체크할 때 가장 기본적으로 보는 것이 백혈구와 적혈구 수치인데, 백혈구 수치가 늘어났다는 것은 외부 감염으로 인해 백혈구가 작동한 것을 의미하지만 이 자체로 면역계가 어떻게 작용하는지는 알 수가 없다. 좀 더 깊이 설명하면, Th1과 Th2의 사이토카인(cytokine, 세포 간의 정보 전달에 관여하는 단백질)의 균형 여부를 정확히 파악해야 자가면역, 알레르기반응, 음식 알레르기를 조절할 수 있는 방법이 생긴다.

우리가 흔히 먹는 음식으로도 Th1과 Th2 사이토카인의 균형이 흐트

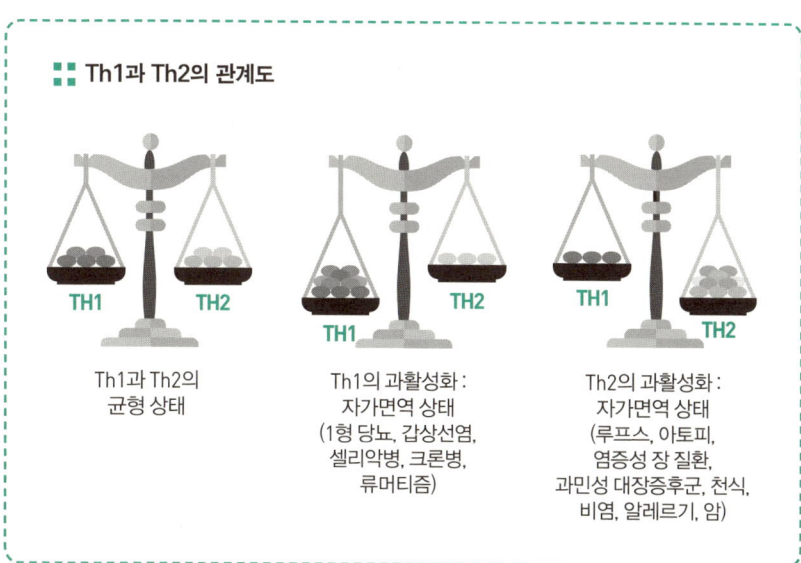

러질 수 있으므로 음식으로 스펙트럼장애아들의 Th1과 Th2의 균형을 정확히 조절할 수 있다고 생각하는 것은 무의미하다. 알레르기나 자가면역 질환을 치료하는 데 있어 Th1과 Th2의 균형이 가장 중요한데, 이를 중재하는 전문적인 방법 중에서 쉽게 실행할 수 있는 방법은 유익균, 초유, 비타민D, 비타민A, 비타민E 등을 섭취하거나 글루타티온이라는 해독 영양소를 섭취하는 것이다(그 외의 방법은 전문의에게 의뢰하는 것이 좋다).

면역관용

면역관용이란 특수한 경우에 정상적인 면역 시스템이 발동하지 않는 것이다. 면역 시스템이 발동하지 않는다고 해서 꼭 나쁜 것만은 아니다. 면역관용이 일어나지 않는다면 모체의 면역계는 태아를 이물질로 인식해 거부반응을 보일 것이다. 실제로 반복적으로 자연유산을 경험한 여성들의 경우, 배아가 착상하는 자궁 탈락막 부위에 면역세포인 T세포가 증가되거나 말초혈관에서 NK세포들이 증강되는 현상이 관찰된 바 있다. 또 장기 이식에서 면역 거부반응이 일어나면 이식된 장기뿐만 아니라 이를 이식받은 사람까지 위험에 빠지는 것처럼, 엄마에게도 입덧이 악화되어 심혈관계·신장·간 등에 이상을 일으키는 임신합병증이나 임신중독증(전자간증·부종·고혈압·단백뇨) 등의 전신 질환이 나타날 수 있다. 그렇다고 해서 태아에 대한 거부반응을 막기 위해 면역세포의 활동을 억제할 수도 없는 일이다. 면역력이 지나치게 낮아지면 감염성 질환에 속수무책으로 점령당하기 때문이다.

해독이 먼저일까, 면역 안정이 우선일까?

스펙트럼장애 아이들이 겪는 뇌의 기능 이상의 원인 중 하나가 중금속 오염이기에 해독은 꼭 필요한 과정이라고 본다. 그렇다면 이쯤에서 생각해볼 문제가 있다. 해독이 우선일까, 아니면 면역을 안정화시키는 게 우선일까?

알레르기, 자가면역이 유행하는 세상

정확한 통계는 없지만 우리나라의 자가면역질환 유병률은 전체 인구의 1% 내외라고 생각되는데 미국은 20%에 육박한다. 미국인 5명 중 1명이 어떤 형태로든 자가면역질환으로 고생하고 있다는 의미인데, 국내 자가면역질환의 유병률만 예외적으로 낮은 것일까? 식습관이나 환경오염이 급진적으로 서구화되는 현실을 감안할 때 알려지지 않은 우리나라의 자

자가면역질환과 스펙트럼장애의 남녀 아이들의 비율

① 자가면역질환

② 스펙트럼장애

스펙트럼장애를 유발하는 뇌 기능 불균형은 남아에게는 뇌의 기능 손상으로 인한 스펙트럼장애를, 여아에게는 자가면역에 손상을 줘서 자가면역질환을 유발한다.
그렇다고 스펙트럼장애 남아들이 자가면역으로부터 안전하다는 것은 아니다. 뇌 기능이 불균형일 뿐만 아니라 장 기능도 좋지 않아 생의학적 대사에 심각한 손상이 있기 때문에 아토피, 천식, 비염 등의 질환을 동반하는 경우가 많다.

가면역질환 환자는 예상보다 많을 것이며, 실제 자신이 자가면역질환에 걸린 것조차 모르고 지내는 사람도 많을 것으로 예상된다.

스펙트럼장애 아이들의 유병률은 남아가 여아보다 높은데 자가면역질환자의 경우 75% 이상이 여자다. 스펙트럼장애와 자가면역질환 모두 좌우 뇌의 기능 불균형이 있어도 좌우 뇌 교류나 양쪽 뇌의 활용도(좌우 뇌를 연결하는 교량)가 남아보다 여아들이 더 높기 때문에 여아들은 뇌 기능의 손상보다는 인체 시스템에 영향을 미치는 면역계 손상에 더 취약한 것이다. 이 때문에 여아들은 성인이 될수록 자가면역질환 증상이 더 뚜렷하게 관찰된다.

환경독소, 이젠 피할 수 없다

자가면역질환으로 오랫동안 고통을 받아온 도나 잭슨 나카자와 박사는 《자가면역의 유행(The Autoimmune Epidemic)》에서 환경독소와 자가면역질환의 연관성에 대해 강조했다. 2005년 미국에서 발간된 〈환경화학물질에 노출된 인류에 대한 국가보고서(The national report on human exposure to environmental chemicals) 3판〉에 의하면 1900년 이후 8만여 종 이상의 새로운 독성 화학물질이 생성되었는데 이 중 550여 종에 대해서만 안전성 검사가 이뤄졌다. 그리고 미국 성인의 경우 평균적으로 146가지의 화학물질이 몸속에 축적돼 있으며 신생아의 제대혈에서도 살충제, 프탈레이트(플라스틱을 부드럽게 하는 화학첨가제), 다이옥신(독성이 강한 화학물질), 내염제 테플론(조리기구나 포장용기에 주로 쓰이는 화학물질), 수은 같은 중금속을 포함한 287가지의 산업화학물질들이 발견되었다고 한다.

그렇다면 우리나라는 어떨까? 국립환경과학원의 2009년도부터 2011년도까지의 제1기 국민환경보건기초조사에 따르면 성인 남녀 6000명 중 70%에서 16종의 조사 대상 물질이 검출됐다. 그리고 2013년 말 식품의약품안전평가원의 발표에 의하면 소아청소년 10명 중 9명의 소변에서 환경오염물질의 하나인 파라벤(식품이나 화장품에 보존제로 주로 쓰임)이 검출됐는데, 어린 아이일수록 검출된 체내 농도가 더 높았다.

과연 해독이 만병통치 치료법일까?

생의학치료 전문가들은 중금속 오염이나 환경독소로 인해 뇌 기능이 손상된다면서 이를 발달 지연 혹은 발달장애나 스펙트럼장애의 가장 큰 원인으로 본다. 그렇다면 해독을 중점적으로 하는 것이 옳을까?

미국에서 중금속 모발검사를 통해 수백여 명의 스펙트럼장애 아이들을 검사했는데 측정 항목 중에서 대표적인 지표인 수은의 측정치가 높은 아이들도 있고 낮게 나온 아이들도 있었다. 좀 더 상세한 처방을 위해 미국의 의사와 과학자들로 구성된 댄(DAN)학회에 검사 결과지를 보냈더니 수은이 높은 아이나 낮게 나온 아이 모두 킬레이션 해독요법을 처방했다.

킬레이션 해독요법은 주사를 통해 체내에 축적된 중금속을 소변으로 배출시키는 치료법인데, 도대체 어떤 기준으로 그 요법을 처방했는지 궁금해서 물어보니 담당 의사도 속 시원히 대답해주지 못했다. 검사 결과와는 상관없이 자폐스펙트럼장애 아이들은 중금속 오염이 심하고 체내에 있는 중금속이 문제가 되기 때문에 무조건 킬레이션 해독요법을 해야 한다는 대답뿐이었다.

미국에서는 최근 해독의 중요성을 무조건적으로 강조하던 추세가 주춤한 편이다. 물론 필자가 미국에서 진료하던 10여 년 전만 해도 대체의학이나 생의학치료에서는 모발 검사나 스펙트라셀(www.spectracell.com. 일반적인 혈액 검사로 파악할 수 없는 세포 내 부족한 미량영양소를 확인하는 검사), 대변 검사(장 내 유해균, 이스트균, 유익균 등을 확인하는 검사), 혈액 검사, 유전자 검사(스펙트럼장애와 연계되는 염색체 이상 확인)와 같은 기능 검사를 통해 중금속 오염이나 그와 관련된 생의학적 원인들을 자세히 살폈지만, 생의학치료에 국한하지 않고 더 넓은 관점에서 현대의 난치병을 치료하는 기능성 의학에서는 중금속, 외부 독소의 위험성보다는 외부의 위험요소들이 체내에 침입했을 때의 신체반응을 더 중요하게 고려하고 있다. 우리나라에서는 생의학치료의 중요성이 대두된 지 얼마 되지 않아 실행되는 검사들마저 미흡한 부분들이 있기 때문에 대부분의 검사들을 미국에 의뢰한다.

현실적으로, 중금속 오염도를 정확히 측정할 수 있는 방법은 실제로 없다. 다만 체내에 있던 중금속이 얼마나 배출되는지, 오염 정도가 정상

수치에 비해 얼마나 상대적인지를 알 수 있는 모발 중금속 검사가 있지만 임상적으로 경험해본 바에 의하면 신뢰도가 높지 않은 게 문제다.

일반적으로 스펙트럼장애를 가진 아이들은 중금속과 같은 환경독소에 오염되어 있는 것이 사실이다. 그래서 오염이 누적된 성인들의 경우 해독요법을 한 뒤에 증상이 호전되는 경우도 많으며, 아이들도 해독을 통해 도움을 얻는 경우도 있다. 단, 면역 기능을 고려해야 한다.

이럴 땐 꼭 면역 기능을 고려한다

체내에 중금속이 축적되지 않은 사람은 이 세상에 존재하지 않으며, 중금속과 같은 환경오염을 피해 갈 수 있는 사람도 없다. 물론 오염 정도는 개인마다 다르겠지만, 오염 정도가 비슷하더라도 어떤 이는 중금속 오염으로 인해서 심각한 증상이 나타나는 반면, 증상이나 피해 없이 정상적으로 삶을 영위하는 사람들도 있다. 이러한 천국과 지옥을 결정하는 것이 신체의 면역 기능이다. 면역계가 중금속이나 환경독소에 민감하지 않다면 만성 염증반응, 알레르기반응, 뇌세포 파괴가 일어나지도 않을뿐더러 체내에 잔존하는 중금속이나 독소들도 시간이 지나면서 세포 내의 메틸레이션 대사 과정에서 생성되는 글루타티온을 통해 자연스럽게 점차적으로 배출될 것이다(메틸레이션 대사 과정에 대해서는 323쪽에 설명한다).

면역계가 과민한 아이나 이미 자가면역이 발동한 아이의 경우에는 몸속에 축적되어 있던 중금속이 해독 과정에서 갑자기 혈액으로 섞여 들어오면서 증상이 더 악화되기도 한다. 물론 해독요법을 통해서 극적으로 기능이 개선되는 아이도 있지만 해독요법을 통해서 별다른 효과를 못 보거나 증상이 심해지는 경우가 더 많기 때문에 해독을 먼저 할 것인지, 아니면 민감한 면역계를 다스릴지는 신중히 결정해야 한다.

기억해야 할 것은 만약 비염, 아토피, 자가면역 등과 같은 알레르기반응이 있을 경우 해독을 통해 체내, 특히 지방세포에 깊숙이 숨어 있는 독소들을 다시 꺼내 면역계를 괴롭히고 알레르기반응을 유발하는 것은 문제가 있다는 사실이다. 해독을 통해 신체 내의 위험요소들이 혈액으로 운반되고 그 영향으로 알레르기반응은 마치 불에 기름을 부은 것처럼 면역계를 악화시킬 수 있기 때문이다. 이럴 경우에는 민감한 면역계를 안정시키는 것이 급선무이고 해독은 그 뒤에 정말로 필요한지를 생각해보고 결정하는 것이 효율적이다.

2장

가려 먹어야 잘 낫는다

믿고 먹었는데
믿을 만한 식품이
아니라니…

　스펙트럼장애 아이들의 부모들과 생의학치료에 대해 이야기하다 보면 숱한 질문 끝에 나오는 마지막 질문은 한결같다.
　"그럼 도대체 뭘 먹여야 하지요?"
　그러면서 "뭐든지 가리지 않고 골고루 잘 먹으면 되는 것 아닌가요?"라고 반문한다. 가공식품을 먹이지 않고, 조미료를 덜 치고, 너무 달지도 너무 짜지도 않게 먹이고, 콜레스테롤이 많이 들어간 음식은 피하고, 뇌에 좋다는 오메가-3와 견과류를 먹인다면서 말이다. 그런데 그렇게 먹는 것이 정말 우리 아이들을 위한 바람직한 식사법일까?

무엇을 먹어야 바르게 먹는 것이고 어떻게 먹는 게 좋을까? 미국 식약청(FDA)에서는 생선은 수은에 중독되어 있으니 임산부는 생선 섭취량을 줄이라고 권고하고, 소·닭·돼지고기에는 환경호르몬이 넘친다 하니 식품을 구입할 때 더 민감해질 수밖에 없다.

환경독소에 찌든 고기

우선, 고기의 안전성을 살펴보자.

소와 돼지, 닭은 고기의 생산성을 높이기 위해 대부분 집단 사육을 한다. 그렇다 보니 한정된 장소에서 수많은 가축들이 내놓는 배설물 때문에 사육 공간은 오염이 심하다. 그뿐인가? 오염에 가축들이 병들지 않게 하려고 많은 항생제를 쓰고, 가축들을 살찌우기 위해 풀이 아닌 곡류, 그것도 유전자 조작을 통해 재배된 것을 사료로 준다. 그것도 모자라 호르몬을 투여해 젖을 많이 나오게 하거나 육질을 좋게 한다. 사정이 이러하니 우리가 아무리 환경호르몬이나 구성성분을 살펴가며 먹을 것을 고르고 관련 기관에서 인체에 무해한 수준으로 양을 적법하게 조절한다 해도 가축의 몸속에 쌓인 독소들이 인간의 몸에 어떤 위험을 끼칠지 우리는 알지 못한다.

사실 안전하게 먹을 수 있다고 생각되는 식품도 호르몬, 항생제, 살충제 등에 찌들어 있다. 남들이 다 먹기 때문에 안전성에 대한 의심 없이 먹지만 이러한 물질들은 특히 위장관 기능이 취약한 스펙트럼장애 아이들에게는 더 위험할 수밖에 없다.

영양소가 턱없이 줄어든 채소와 과일

그러면 채소와 과일은 어떨까? 하루에 최소한 두 끼는 꼭 먹어야 한다는 채소나 과일도 유기농으로 정성스럽게 재배한 것이 아니면 두 끼는 턱없이 부족하다. 들어 있어야 할 영양소의 15%도 포함되어 있지 않기 때문에 채소나 과일을 배가 터질 때까지 먹어도 필요한 영양은 모자랄 수 있다는 소리다.

우리 선조들은 곡식이나 작물을 돌려짓기를 하면서 토양의 영양이 고갈되지 않도록 지혜롭게 재배했지만, 대량 생산을 하는 지금은 같은 땅에서 같은 작물과 과일을 계속 재배한다. 그렇다 보니 땅에서 얻어야 할 영양소는 점점 줄어들고, 농민들은 농산물에 영양이 차 있든 말든 도시 소비자들이 선호하는 '겉이 멀쩡한 상품'을 만들기 위해서 질소비료를 준다.

그런데 질소비료는 몸체와 키만 불리고 필요한 영양을 주지 않는다. 게다가 질소비료를 쓰다 보니 온갖 해충들이 꼬여 살충제를 필요 이상으로 사용하게 되고, 살충제나 제초제를 과다하게 사용하니 유전자 재조합을 통해 살충제나 제초제를 견딜 수 있는 종자를 개발하게 되었다. 이렇듯 채소와 과일마저 영양이 충분하지도 않고 안전하지도 않은 식품이 되어버렸으니 영양제를 필수 식품으로 여길 수밖에 없게 된 것이다.

알레르기를 유발하는 밀가루, 유제품, 콩, 옥수수

평소 즐겨 먹는 음식이 오히려 우리를 해치는 경우도 많다. 대표적인 것이 밀가루, 유제품, 콩, 옥수수이다.

밀가루나 유제품이 스펙트럼장애 아이들에게 나쁘다고 하면 부모들은 혼란스러워하며 "밀가루나 유제품이 서양인에게나 문제를 일으키지 한국인에게는 전혀 나쁘지 않다는 말이 있던데, 대체 어떤 관점에서 스펙트럼장애 아이들에게 나쁘다고 하느냐"고 묻는다. 단순히 밀가루나 유제품은 안 좋으니 먹지 말라고 하기 전에 근본적으로 뇌에 왜 위험할 수밖에 없는지를 알아보아야 한다.

밀은 대표적인 GMO 작물

국내에서는 유전자재조합(GMO) 표시를 제대로 한 제품을 찾기도 어렵지만, 더욱 큰 문제는 Non-GMO, 즉 'GMO로부터 안전(GMO free)하다'고 하는 제품들도 법률이 제한하는 범위에서 괜찮다고 인식된다는 사실이다. 주위에서 많이 물어보는 것 중 하나가 "유기농이나 직접 재배해서 먹는 우리 밀은 괜찮지 않을까요?"이다. 과연 유전자재조합(GMO)에서 이들이 안전할까? 통계를 보면 반드시 그렇다고 단언할 수 없다.

우리나라는 전체 곡물 자급률이 22.6%로 OECD 국가 중 최하위인데 2011년 기준으로 밀은 1%, 옥수수 0.8%, 대두 6.4%, 쌀 83%를 자급하고 있다. 설령 밀로 만든 음식과 옥수수로 만든 과자, 콩으로 만든 두부 등을 국산 농작물로 만들었다고 해도 종자든 씨든 결과적으로는 수입 식품으로 보면 된다. 2014년에 126만t의 식용 GMO 옥수수를 수입했고, 128만t의 식용 대두를 수입했는데 이 중 80%인 102만t의 콩이 GMO(어디까지나 법률의 안정 허용범위 안에서)에 해당한다. 2014년 처음으로 GMO 작물 수입량이 200만t을 넘었는데 점차 증가하는 추세다.

종자도 마찬가지이지만 땅도 수입 종자로 인해 오염되었고 이 오염은 갈수록 심해질 것이다. 실상 2천 년 전의 순수한 유전자 조합 곡류는 더이상 존재하지 않는다고 하니 우리 밀, 우리 콩, 설령 유기농 재배 곡물도 GMO에서 절대로 자유로울 수 없다.

콩, 옥수수, 우유는 알레르기 유발 식품

20년 전부터 대체의학계에서는 콩과 옥수수는 유전자 재조합으로 인해 알레르기를 유발하는 가장 대표적인 식품이라는 사실을 지겹도록 주장해왔다. 우유도 최근에서야 완전식품이 아니라 위험할 수 있다는 사실이 조금씩 일반인들에게 소개되고 있다. 이처럼 일부 부모 혹은 전문가들에 의해 스펙트럼장애 아이들에게 어떤 것들은 먹이면 안 되고 어떤 것들은 먹여야 하는지에 대해 서서히 알려지는 것 같아 반가울 따름이다.

내 아이를 위한 심사숙고

마트에 가면 우리가 선택할 수 있는 식품은 너무나 많지만 진열된 식품 중에서 70% 이상이 식품이라고 부르기조차 민망한 수준이다. 특히 스펙트럼장애 아이들의 부모에게 이러한 고민과 좌절은 하루에도 몇 번씩 반복되고 식품을 고를 때마다 심사숙고하게 되지만, 최소한 이런 고민을 한다는 것은 긴 여정의 첫 관문에서 이미 반 정도는 성공했다고 할 수 있다. 고민을 한다는 것은 개선할 의사가 있다는 의미이기 때문이다.

스펙트럼장애와 관련된 특수 식이만 해도 수백 가지가 넘으며 스펙트럼장애의 치료를 위한 영양제는 셀 수 없을 정도로 많다. 그중에서 주변 사람들의 말에 혹해서 특정 식이와 치료를 무작정 따라하면 귀중한 시간만 낭비하기 일쑤다. 스펙트럼장애 아이들을 위한 식이나 영양 치료는 옆집 아이한테는 맞을 수 있지만 내 아이에게 맞지 않을 수 있음을 항상 자각하고 있어야 한다.

어떤 아이는 장 문제가 가장 큰 문제일 수 있고, 어떤 아이는 신경전달물질을 잘 만들지 못하는 게 문제일 수 있으며, 또 어떤 아이는 뇌의 염증반응이 가장 큰 문제일 수 있다. 지금도 자폐스펙트럼장애 아이들을 치료하기 위해 효과가 입증되지 않은 민간요법이나 '카더라' 통신에 의해 아까운 시간과 경비를 낭비하는 부모들이 있을 텐데, 더 이상 방황하지 않기를 간절히 바란다.

지금이라도 늦지 않았다. 생의학적 관점에서 식이법을 고쳐나가는 데 있어 꼭 알아두어야 할 핵심을 하나씩 짚어나가자.

밀가루를 먹지 말아야 하는 이유

약국에서든 한의원에서든 약을 처방받으면 "밀가루 음식은 되도록 피하세요"라는 말을 자주 듣는다. 약을 먹는 기간에는 되도록 밀가루 음식을 먹지 말라는 것은 밀가루가 과민반응을 일으킬 수 있기 때문이다.

밀가루가 위험한 것은 글루텐이라는 단백질 때문인데 미국에서는 일찌감치 글루텐의 해악을 파악하고 스펙트럼장애 아이들에게 밀가루 대신 쌀이나 현미, 옥수수, 감자로 만든 과자, 글루텐이 함유되지 않은 소시지, 어묵과 같은 음식을 주는 것이 보편화되어 있다. 하지만 우리나라에는 아직 그와 같은 상품이 많지 않다. 혹시 마트를 다니다가 '글루텐 프리(Gluten Free)'라는 문구를 보더라도 반가운 나머지 덥석 집어서 쇼핑카트에 넣는 성급한 행동은 하지 않기를 바란다. 쇼핑카트에 넣기 전에 포장지 뒷면에 적혀 있는 원료명 및 함량을 보길 권한다. 대부분 이런 제품들에는 전분(맥아밀)이나 별도의 글루텐이 포함되는 경우가 많다. 글루텐은 들어 있지 않지만 알레르기를 유발하는 옥수수를 주원료로 하는 제품들도 있으니 주의해야 한다.

글루텐 프리(Gluten Free)

최근 글루텐에 대한 해악성이 강조되면서 글루텐이 함유되지 않은 식품들이 쏟아져 나오고 있다. 그러나 이 제품들 중에서도 특히 밀가루 없이 옥수수나 보리 등이 포함된 질 낮은 글루텐 프리 제품들은 조심해야 한다. 옥수수는 GMO로 인해 알레르기를 유발하기 때문이다. 글루텐 대신 쌀이나 현미가 첨가된 제품들을 찾자.

당뇨병 환자에게만 해당되는 얘기가 아니다

당뇨가 있는 사람들에게 밀가루나 쌀 대신 현미를 먹으라고 하는 이유는 현미에는 쌀겨와 같이 쉽게 소화되지 않는 섬유질이 포함되어 탄수화물이 당으로 전환하는 데 시간이 오래 걸리기 때문이다. 소화되는 데 오래 걸리니 인슐린 분비가 더뎌지고 그 결과 인슐린을 분비하는 췌장은 부담을 덜 느낀다.

　이 과정을 택시 승합장에 비유해보자. 서울역에 도착한 KTX 기차에서 승객들이 내리기 시작한다. 그 승객들은 순식간에 택시 승합장으로 몰려들고, 택시 승합장은 금세 분주해진다. 여기서 승객은 소화되어 장에서 흡수되고 간으로 운반되기를 기다리는 탄수화물(당)에 비유할 수 있다. 택시는 당을 운반하는 운반체인 인슐린이다. 택시 승합장에 승객이 갑자기 몰리는 것을 방지하는 것이 현미와 같은 복합탄수화물인데, 승객들이 한번에 몰리지 않고 질서 있게 줄을 서게 하는 역할을 한다. 그렇기 때문에 택시(인슐린)는 안정된 운행을 할 수 있고 승객은 오래 기다리지 않을 수 있는 것이다. 그러나 밀가루는 섬유질을 깎아낸 정제된 단순 탄수화물이기 때문에 택시 승합장에 승객이 갑자기 몰리는 것을 방지할 대책이 없다.

　이러한 현상은 당뇨가 없는 사람들에게도 일어나는 일이다. 그렇기 때문에 당뇨병 환자들만 밀가루 섭취를 조심해야 한다고 생각했다가는 큰 코다칠 수 있다.

GMO 밀, GMO 글루텐은 우리 몸엔 외부 독소

　밀은 조상들이 수천 년 동안 먹어온 안전한 곡류로 알려져 있다. 그런데 왜 갑자기 밀을 빻아 만든 밀가루가 위험하다고 하는 것인가? 미국인을 포함한 서양 사람들이 주식으로 먹는 밀을 먹지 말라니?

앞에서 말했듯 밀가루는 대표적인 GMO 식품이며 글루텐이라는 단백질을 함유하고 있다. 밀의 글루텐 함량은 불과 100년 전만 해도 요즘의 절반 수준에 지나지 않았다. 요즘 밀에 글루텐 함량이 높아진 이유는 단순히는 상업적인 목적 때문이다.

서양에서는 오랜 기간 동안 꾸준한 품종 개량을 통해 밀의 글루텐 함량을 계속 높여왔다. 글루텐이 많을수록 더 쫄깃한 면을 만들 수 있고 더 바삭한 과자를 만들 수 있기 때문이다. 그러기까지 밀 종자는 최근 40~50년간 많은 유전적 변화를 거쳤는데 병충해나 자연재해에 잘 견딜 수 있도록 강화되어 단위면적당 생산량이 무려 40배까지 크게 늘었다. 예전에 경작을 해서 재배한 밀들은 길이가 1m가 족히 넘었지만 현대의 농법으로 대량 재배된 밀들은 길이가 그 절반이 채 되지 않는다. 육종 개발과 질소비료의 사용으로 이삭이 거대해지면서 큰 키의 줄기가 구부러지자 줄기의 길이를 줄이는 작업을 추가로 했기 때문이다. 결과적으로 밀은 유전자 조작이라는 과정을 통해 가장 강한 한 가지 품종이 전체 밀의 99%를 차지하게 되었고, 글루텐도 다양해졌다.

상업적으로는 성공을 했지만 교배를 통해 새롭게 만들어진 밀의 글루텐 유전자는 체내에서 위험인자로 인식되어 면역 시스템을 발동시키고 알레르기반응과 염증반응을 일으키게 되었다.

글루텐이 일으키는 부작용 : 갑상선기능저하증, 셀리악병

밀이 유전자 재조합 과정을 거치면서 생긴 가장 큰 문제점은 글루텐의 함량이 증가된 것이다. 그러나 우리 몸은 글루텐을 수은, 알루미늄, 납처럼 외부 독소로 인식한다.

빵, 과자, 음료수처럼 밀가루나 설탕이 많이 들어간 음식을 먹으면 글루텐으로 인해 면역이 지나치게 활성화되어 소장의 섬모조직이 망가지는 셀리악병(celiac disease)과 같은 질환들이 생기는데 이로 인해 영양소 결핍이 시작된다. 특히 셀레늄의 흡수가 저하된다. 셀레늄은 갑상선호르몬 생

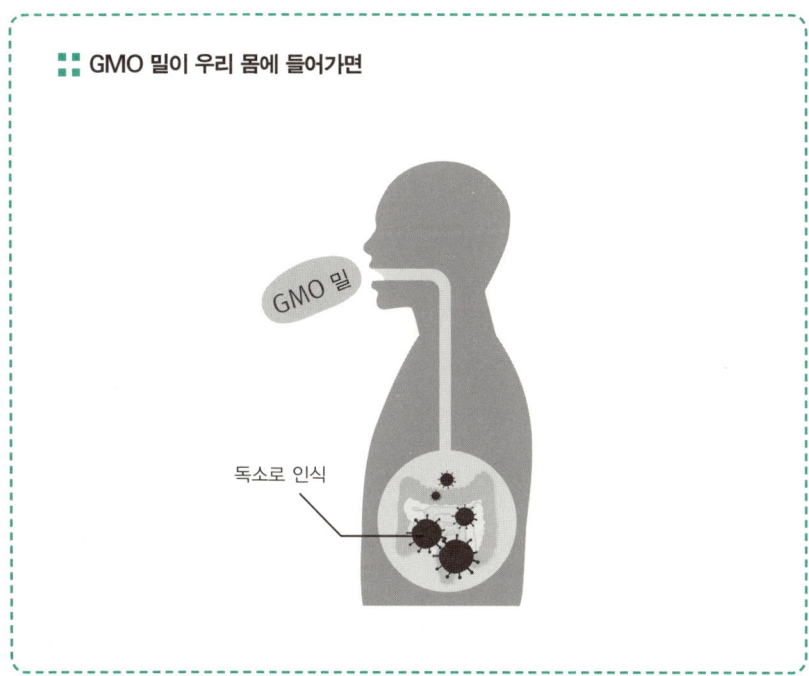

GMO 밀이 우리 몸에 들어가면

독소로 인식

성에 중요한 영양소로, 결핍되면 갑상선호르몬 합성이 저해되어 갑상선기능저하증이 오게 된다. 갑상선은 온도계와 같이 몸의 온도를 조절하는 역할을 하기 때문에 갑상선 기능이 저하되면 추위를 잘 타고, 얼굴과 손발이 붓고, 살이 찌고, 피곤하고 기운이 떨어진다. 또 대부분의 신경전달물질과 마찬가지로 뇌에도 갑상선 수용체가 있는데 갑상선호르몬에 문제가 생기면 뇌의 기능에도 문제가 생긴다.

이와 같은 글루텐 부작용은 남녀노소를 가리지 않는다. 외부에서 독소가 들어오면 인체는 여지없이 면역 기전을 발동시켜 자가면역질환으로 발전시킨다. 갑상선기능저하증의 95% 이상이 자가면역으로 발생하는 하시모토병(Hashimoto's, 만성 갑상샘염증)이다. 하시모토로 인한 갑상선기능저하증을 치료하는 약은 스테로이드 계통의 면역 저하 기능을 하는 프레드니손(prednisone)이다. 면역계가 민감(면역 기능 증대)하다는 이유로 면역계를 억제하는 것은 옳은 치료가 아니지만 현재로서는 자가면역에 대한 뚜렷한 치료책이 없기에 프레드니손을 쓰는 것이다.

일반인 5명 중 1명은 어떤 형태(아토피, 천식, 비염과 같은 알레르기, 류마티스 관절염, 루푸스, 갑상선기능저하증, 뇌 질환 등)로든 자가면역질환으로 고통받고 있으며 그 환자들 중 대부분이 여성이다. 미국의 경우 전체 인구의 10%에 육박할 정도다. 갑상선기능저하증보다 더 흔한 자가면역질환은 만성 염증의 원인을 제공하는 장 관련 질환이다. 이처럼 밀가루의 글루텐은 초기에는 아토피, 비염, 천식과 같은 알레르기성 질환, 갑상선기능저하증을 일으키지만 나중에는 치매나 파킨슨병을 생기게 하고 후세에게는 스펙트럼장애의 원인을 제공하는 해악한 존재다.

밀가루의 글루텐만 문제일까?

밀가루가 우리 몸에 들어가 각종 문제를 일으키는 것이 글루텐의 단독 범행일까? 그렇지는 않다. 밀가루의 글루텐에 의해 만들어지는 조눌린(Zonulin) 단백질이 장에서는 새는장증후군을 발생시키고, 정도가 심하면 소장에 셀리악병을 생기게 하며, 생의학적 메커니즘을 통해 뇌의 기능이 손상되면 자폐스펙트럼장애로 나타난다. 이 외에 밀가루에 포함된 대부분의 단백질 역시 문제다.

밀가루는 단백질인 글루텐과 렉틴으로 구성되어 있다. 글루텐은 글리아딘(Gliadin)과 글루테닌(Glutenin)의 결합체이다. 글리아딘은 유전자 재조합을 통해서 생긴 단백질이다. 얼마 전까지만 해도 글리아딘만 독성이 있고 글루테닌은 안전한 것으로 알려졌지만 최근에는 글리아딘과 글루테닌 모두 독성물질이며 장 내 영양소 흡수를 저해하는 셀리악병의 원인이 된다고 밝혀졌다. 하지만 자가면역으로 인해 글루텐을 외부 독소로 인식하고 항체를 형성했는지를 알아내는 혈액 검사(심지어 이조차도 국내에서는 미국에 혈액을 보내서 해야 한다)로는 현재 알파, 베타, 감마, 오메가 유형의 글리아딘 항체밖에 알아낼 수 없어서 실상 글루텐 민감성을 가지고 있어도 증상이 없거나 검사로 나타나지 않는 사람이 너무 많다. 글루텐 민감성이 심한 셀리악병도 제한된 검사 때문에 잘 진단되지 않는데, 이를 오인해서 셀리악병이 없으면 글루텐에 안전하다고 말하는 것은 정말

어이없는 일이다.

밀가루의 문제는 그 속에 포함된 글루텐이라는 단백질에 국한되지 않는다. 렉틴도 문제인데, 렉틴은 아글루티닌(Wheat Germ Agglutinin: WGA)으로 분해되고 아글루티닌은 글루텐처럼 독소로 인식되어 이에 대한 항체를 생성하지는 않지만 뇌에 들어가서는 흥분제로 작용하고 뇌세포막인 미엘린수초를 파괴한다. 게다가 장에서는 과민성 대장증후군, 복강 질환 혹은 셀리악병을 일으키는 주원인으로 알려져 있다.

콩, 두부, 견과류에도 렉틴이 들어 있는데 이 물질이 염증반응을 일으키고 자가면역질환을 유발한다. 견과류 중에서도 특히 땅콩을 조심해야 한다.

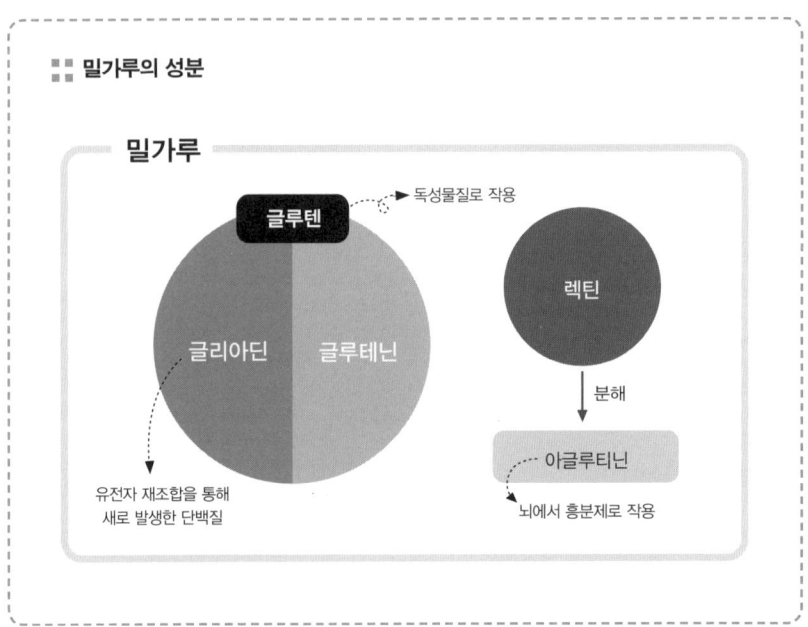

글루텐 민감성(gluten sensitivity)

흔히 글루텐 불내성(intolerance)과 오인되는데, 글루텐 불내성은 장 점막의 분비성 면역글로불린A(IgA)를 통해 진단되며 급성이나 만성일 수 있다. 장과 관련된 소화장애, 각질 증상, 피로, 편두통, 우울이나 불안과 같은 심리장애, 만성 피로, 자가면역과 같은 증상들을 가지고 있지만 글리아딘 항체를 가지고 있지 않다는 점에서 글루텐 민감성과 구별된다. 글루텐 민감성은 소장에서 분비되는 글리아딘 IgA를 확인해 밀가루의 글라이딘에 급성으로 반응하는 특성이 있다.

글루텐 불내성, 글루텐 민감성, 셀리악병은 장과 관련된 증상들이지만 정작 증상을 못 느낄 수도 있다. 글루텐 불내성, 글루텐 민감성과는 달리 셀리악병은 글리아딘 항체(알파, 베타, 감마, 오메가), 장 질환과 같은 특성이 있다.

점점 증가하는 셀리악병, 한국인들도 위험하다

미국인들의 경우 10명 중 3명 정도가 글루텐 민감성이 있는 것으로 알려져 있으며, 취약 인자가 잠재된 사람들을 포함하면 10명 중 8명 정도까지 될 것이라고 전문가들은 추측한다. 그런데 글루텐 민감성은 미국에나 해당하는 이야기이지 국내 실정에는 전혀 맞지 않는 이야기라고 주장하는 학자들이 있다. 밀이 주식인 서구에서조차 셀리악병의 유병률이 낮은데 쌀이 주식인 우리나라에서 굳이 밀을 금기해야 하느냐는 반응이다. 과연 그럴까?

셀리악병은 소장에서 일어나는 알레르기 질환으로, 글루텐 민감성이 아주 심해서 위장관에서 자가면역이 증폭되어 나타나는 질환이다. 글루텐에 의해 소장 점막이 손상을 입고 장 내 융모의 평단화, 염증성 세균 침윤 등이 나타나며 결과적으로 장 내 흡수 기능이 제 역할을 하지 못한다. 그 영향으로 구토, 설사가 지속되고 지방변이 다량으로 배출되지만 글루텐 제한 식사를 지속적으로 유지하면 염증은 점차 개선될 수 있다는 것이 희망이라면 희망이다. 미국에서는 글루텐 민감성에 대한 경계심이 강해서 슈퍼나 마켓 어디를 가도 글루텐이 없는 밀가루와 밀가루 음식 또는 간식들을 쉽게 구할 수 있다.

글루텐의 위험성이 심각하게 제기되는 미국에서 셀리악병의 유병률은 20년 전에는 5000명 중 1명이었고 불과 10년 전만 해도 250명당 1명이었다. 하지만 현재는 약 100명당 1명꼴로 증가되고 있다. 특히 2008년과 2009년 사이에 셀리악병이 엄청나게 증가한 것으로 보고되고 있다(이 시기에 글루텐 민감성의 유전자를 진단할 수 있는 검사들이 좀 더 대중화하기 시작했다). 2009년 미국 메이요병원의 존 머레이 박사는 연구를 통해 1950년대에 보관된 공군 조종사의 혈액과 현대인들의 혈액 검사를 비교한 결과 1950년대보다 셀리악병이 4.5배나 증가했다고 발표했다.

글루텐의 민감성이 심해서 나타나는 셀리악병이 지속적으로 증가하는 것을 보면 셀리악병은 유전병이 아니라 환경적 요인에 기인한다는 것을 알 수 있다. 유전병은 인구 증가와 비례해 증가하지만 셀리악병의 유병률을 보면 실제 관여하는 유전자는 그리 중요하지 않은 요소임을 짐작할 수 있다.

우리나라의 통계는 없지만 셀리악병과 같은 장 질환은 그 빈도가 점점 늘어가고 있으며, 밀 소비량이 늘고 쌀 소비량은 점차로 줄어드는 것으로 보아 글루텐으로 인한 폐해는 계속 늘어날 것으로 예측된다. 일부 전문가들은 밀 소비가 감소될 것을 우려해 '동양인은 절대로 밀가루에 대한 폐해나 위험성이 없다'는 말로 소비자들을 안심시키려 하지만 하늘은 두 손으로 절대 가릴 수 없다.

글루텐은 뇌 기능도 손상시킨다

글루텐 민감성은 단순히 장에 염증반응을 일으키고 염증반응이 만성화되면 자가면역을 일으키는 국소적인 문제로 그치지 않는다. 밀가루의 글루텐은 뇌에 들어가서 신경계를 파괴시킨다. 그리고 단순히 밀가루를 2주에서 한 달 동안 끊는다고 해서 글루텐으로 인한 염증반응이 쉽사리 개선되지도 않는다.

사실 글루텐 민감성은 전문가나 의사들이 그리 중요하게 여기는 사항이 아니다. 대부분의 의사들이 글루텐 민감성에 대한 전문 교육을 받지 않았기 때문이다. 설령 글루텐의 폐해에 대해 전문 교육을 받은 의사라 할지라도 만성 소화장애나 셀리악병의 진단에만 글루텐 민감성을 적용하는 경우가 대다수다. 최근 논문에서는 셀리악병의 진단이 글루텐의 민감성을 밝히는 데 한계가 있으며, 글루텐은 셀리악병 없이도 뇌의 염증반응으로 인한 뇌 기능 손상을 일으킬 수 있다고 경고하고 있다.

글루텐 민감성으로 인한 뇌 손상 사진

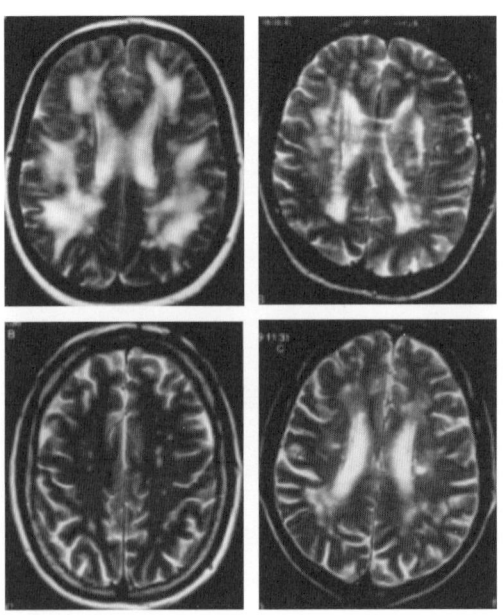

글루텐 민감성을 가진 평균 52세의 여성 6명과 남성 4명의 백색질 이상을 보여주는 MRI 사진이다. 뇌실로 인해 정중앙에 H 형태로 희게 표시된 부분이 염증반응으로 인해 하얗게 좌우로 확산되어 있다. 이들은 두통, 시각과 체감각 이상, 보행 시 이상이나 불편함을 호소했다. 또 셀리악병은 아니지만 이와 유사한 장 내 염증반응이 대부분 발견되었다. 이 중에서 9명이 GFCF 식이요법을 한 결과 7명은 두통이 완전히 사라졌으며, 2명은 두통이 개선되었다.

(출처: 7. Hadjivassiliou M, Grunewald RA, Lawden M, Davies-jones GA, Powell T, Smith CM. Headache and CNS white matter abnormalities associated with gluten sensitivity. Neurology. 2001;56(3):385-8.)

프로디노르핀 (pro-dynorphin)

뇌의 여러 가지 작용에서 중요한 역할을 하는 단백질이다. 특히 감각, 기억, 고통을 느끼는 데 작용하는 것으로 알려져 있다. 프로다이놀핀을 만들지 못하는 사람들은 마약 중독, 정신분열, 양극성장애, 간질에 취약한 것으로 나타났으며 글루텐 민감성을 가진 사람들은 프로다이놀핀에 대한 항체를 만들어 뇌신경장애를 발생시키는 것으로 알려져 있다.

글루텐은 세로토닌 합성도 방해한다

세로토닌은 안정과 평안을 관장하는 신경전달물질로 행복 호르몬이라고도 한다. 세로토닌은 대부분 잠자는 동안에 만들어지는데, 세로토닌이 원활히 분비되어 기능을 하려면 비타민B_6와 마그네슘이 필요하다. 그러나 글루텐 민감성이 있을 경우에는 장이 안 좋고, 이로 인해 세로토닌 합성에 문제가 생긴다.

'나는 아니겠지'라고 안심하고 싶겠지만 밀가루 음식의 무분별한 섭취로 인해 상당수의 사람들은 이미 글루텐 민감성을 잠재적으로 가지고 있다. 이를 방치하면 장에 염증이 생기고 뇌에 염증이 생기고 구멍이 생기고 결과적으로 기억력장애, 경도 인지장애, 치매로까지 이어질 확률이 높다. 게다가 그 빈도는 증가하고 연령대는 감소하고 있다. 상황이 이러함에도 불구하고 평소에 즐겨 먹는 밀가루를 옹호하는 사람들이 많다. 누구나 먹는 건데 왜 이게 문제냐고 의아해하는데, 이렇게 안일한 인식을 쉽게 바꾸지 못하는 현실이 참으로 안타깝다.

끊기 힘든 글루텐의 중독성

스펙트럼장애 아이들이 밀가루를 먹지 말아야 하는 또 다른 이유는 다른 탄수화물 식품에 비해 탐닉성과 중독이 강하기 때문이다. 밀에 들어 있는 글루텐이 몸속에 들어가면 자연적으로 엔도르핀(Endorphine)에 대비되는 엑소르핀(Exorphine)을 생성한다. 엑소르핀은 습관성 마약인 모르핀처럼 뇌를 마비시키고 중독되게 한다.

장 내 환경이 건강하고 유익균이 충분한 사람이라면 엑소르핀은 아미노산으로 분해되어 큰 문제가 되지 않지만 항생제 과다 복용, 병원 입원, 양약의 지속적 복용 등으로 장 내 유익균이 부족한 사람은 장 벽 세포에 누수가 생기고 그 틈으로 완전히 소화·분해되지 않아 분자 크기가 비교적 큰 펩타이드가 들어온다. 펩타이드는 엑소르핀의 형태로 뇌로 가서 탐닉을 유발하고 지속적으로 강화시켜 나도 모르게 밀가루 음식에 중독되게 하는 것이다.

자폐증이나 ADHD와 같은 뇌 기능 이상 질환도 밀가루의 엑소르핀과 관련이 있다. 사무를 보면서 책상 위의 빵과 과자를 게 눈 감추듯 해치우게 하는 것도, 퇴근 후에 스트레스 해소를 위해 이러한 음식을 배가 터져

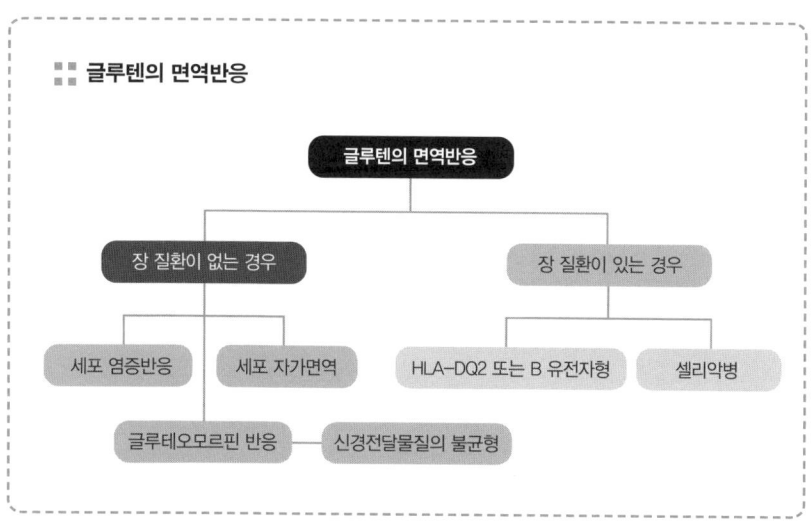

라 탐식하는 것도 마찬가지다. 글루텐은 몸속에서 염증반응을 일으키는데 그로 인해 글루텐을 끊었을 때 더 심해지는 탐닉 증상을 글루테오모르핀 반응(Gluteomorphin reaction)이라고 한다.

유제품의 카제인과는 달리 밀가루의 글루텐은 면역반응이 오래 가서 없어지기까지 오랜 시간이 걸린다. 그 이유로 밀가루 음식을 끊는다고 바로 면역반응이 없어지지 않으며 이 때문에 밀가루 음식 끊기를 중도 포기하는 경우가 많다. 밀가루 음식, 즉 글루텐을 끊는 것은 최소한 1년은 해야 한다.

글루텐에 중독됐음을 알 수 있는 10가지 증상

다음의 10가지 증상 중 3가지 이상에 해당되면 글루텐 민감성의 위험성이 증가하고 있다는 뜻이다.

증상	Yes	No
1. 배에 가스 차는 증상이 빈번하다.		
2. 과민성 대장증후군		
3. 위산 역류		
4. 만성 설사		
5. 만성 변비		
6. 편두통		
7. 관절통		
8. 뇌 혼미(brain fog) 증상		
9. 만성 피로		
10. 피부습진		

밀가루의 글루텐은 몸에서 염증반응을 일으키고 알레르기를 유발하는데 이 염증반응은 통증을 일으킨다. 한동안 밀가루를 끊었다가 다시 먹으면 관절통, 천식, 허리 통증, 위장 질환, 우울, 감정 기복, 피로, 불안, 불면 등의 증상이 생기고 별다른 원인 없이 두통을 포함한 신체 통증이 있다면 염증반응이 있는 것이고, 이는 뇌로 전달되는 염증반응이 시작되었음을 의미한다. 글루텐에 중독될수록 이러한 신체 통증은 가중된다.

혈당을 높이는 음식을 멀리하라

스펙트럼장애 아이들은 기본적으로 당분이 많이 들어간 초콜릿이나 사탕, 인공감미료 등을 먹고 나면 매우 산만해지거나 충동적으로 행동하는 경우가 흔하다. 정제된 당분은 몸속에 들어가면 독소가 될 수 있다.

밀가루를 예로 들면, 이미 곱게 정제를 해서 입에 들어가면 씹을 것도 없이 부드럽게 목으로 넘어가 쌀보다 소화가 잘될 것 같다. 실제로 소화, 흡수가 너무 빠르다 보니 밀가루 음식을 먹고 나면 금방 혈당이 올라가면서 인슐린이 지나치게 분비된다. 인슐린의 지나친 분비는 체내 지방 및 콜레스테롤을 축적시키는 것은 물론 인슐린의 기능을 떨어뜨리는 인슐린 저항성을 발달시키고 결국 당뇨, 고혈압, 고콜레스테롤, 심장병, 비만(대사증후군: 신드롬 X)을 유발한다.

뇌 기능과 혈당

뇌가 기억, 창의적 사고, 학습과 같은 기능을 수행하기 위해서는 에너지가 필요하다. 이 에너지원은 단백질, 지방, 탄수화물 중에서 탄수화물, 즉 포도당이 담당한다. 그래서 우리는 하루 종일 열정적으로 일할 뇌를 위해 아침마다 설탕이 가득 들어간 오렌지주스, 커피와 시리얼, 도너츠 또는 밥 위주의 식사를 하는지도 모른다.

그러나 이런 탄수화물 중심의 아침식사는 정제설탕을 너무 많이 함유하고 있는 데다 몸속에 들어간 탄수화물은 모두 당으로 변환되어 급속하게 혈당을 높인다. 그리고 췌장에서는 이들을 온몸 구석구석 세포로 보내기 위해 인슐린을 다량 분비한다. 그러나 지나치게 많이 공급된 혈당 중에서 일부만 세포 속으로 들어가 에너지원으로 사용되고 나머지는 간과 근육에 글리코겐(glycogen)의 형태로 저장되거나 지방으로 변환되어 저장된다.

정제설탕이 다량 함유된 음식을 자주 섭취하면 혈당이 급속히 올라갔다가 갑자기 뚝 떨어지는 '저혈당증' 또는 '탄수화물 중독증'이 발생한다. 예를 들어 식사를 거르면 손이 떨리거나 심장이 두근거리고 집중력과 기억력이 감퇴되며 식후 두세 시간 후에 졸음과 어지러움, 무기력감을 느끼게 된다. 이런 증세는 심하지 않으면 일시적인 현상에 그치지만 정제설탕이 잔뜩 들어간 음식을 자주 섭취하면 대사성 질환으로 발전한다. 또 췌장은 필요 이상으로 인슐린을 분비하게 되어 기능이 저하되고, 각 세포들은 인슐린에 대한 저항력이 생겨서(insulin-resistant) 혈당을 세포 안으로 받아들이지 않는다. 결국 세포로 들어가지 못한 혈당은 정처 없이 떠다니다가 당뇨, 고혈압, 중풍, 혈관 질환 등 각종 질환을 일으키게 된다.

뇌에 에너지를 공급하는 것보다 더 중요한 것은 뇌를 저혈당이나 고혈당 상태가 되지 않게 하는 것이다. 탄수화물 중심의 식사를 하면 혈당 조절을 위해서 저혈당이 오는데, 이때 근육이나 간에 저장해둔 당을 꺼내 쓰기 위해 스트레스 호르몬이 방출되고 뇌와 몸은 스트레스 호르몬으로 인해 염증반응들이 가속화되기 때문이다.

탄수화물 음식이 당으로 전환되는 정도를 분류해 도표화한 것이 당분해지수(Glycemic Index: GI)와 당부하지수(Glycemic Load: GL)다. GI는 질적인 부분을, GL은 양적인 부분을 의미한다고 이해하면 된다. 이 기준은 책마다 조금씩 다르지만 수치가 높을수록 섭취했을 때 혈당 수치를 많이 높인다는 의미이니 경계해야 한다.

식품별 GI를 보면 순수한 당을 100으로 했을 때 쌀은 73, 시리얼(콘후레이크)은 121, 팝콘은 55, 요구르트는 33, 아이스크림은 62, 우유는 31, 통감자는 82, 고구마는 70, 콩류는 대부분 낮아서 20~40 사이이다(282쪽 도표 참고). GI는 분해 속도를 기준으로 하므로 정제되거나 순수한 탄수화

∷ GI가 높은 식품과 낮은 식품

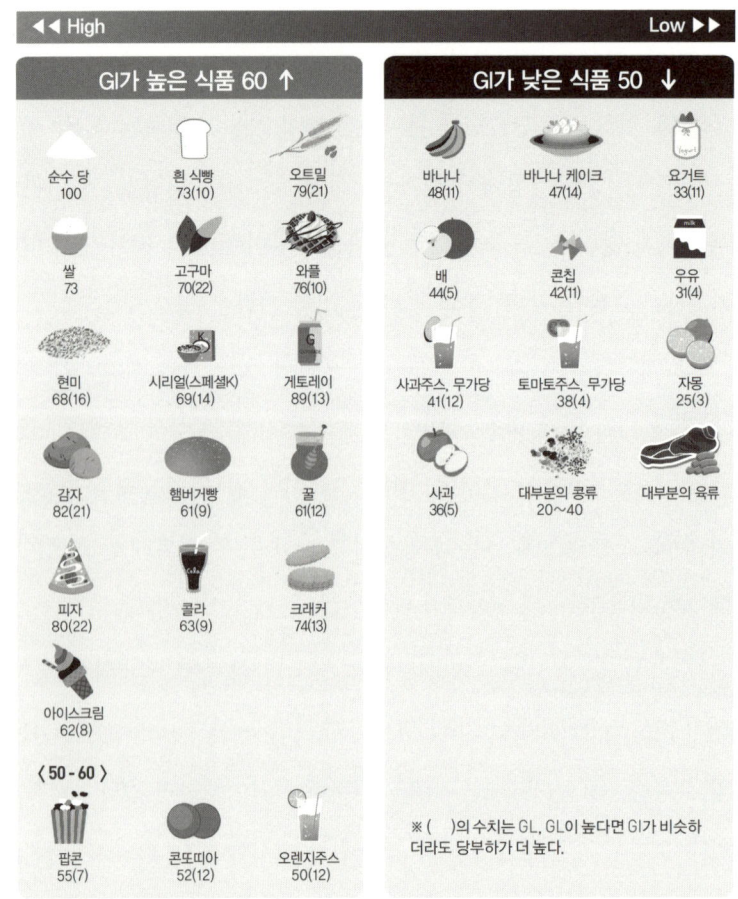

GI는 당질 분해 속도를 의미하는 수치라 양적인 부분까지는 볼 수 없다. 하지만 식품을 섭취한 후 얼마나 많이 혈당 수치를 올리는지를 추정하는 GL까지 고려한다면 너무 복잡해진다. 그래서 일반적인 의미에서의 기준이 되는 GI를 참고하는 것이다.

GI가 낮다고 무조건 먹어도 된다는 의미는 아니다. GI가 낮아도 탄수화물은 가급적 멀리하고 우유, 콩은 알레르기를 유발하는 음식이어서 피해야 하며, 가공 탄수화물, 특히 밀가루가 원재료인 제품들은 피하는 것이 좋다.

(출처: 하버드 의대 건강출판 자료)

물일수록 높다. 과일은 수분이 많아서 GI가 높지 않지만 한번에 많이 먹을 수 있으니 조심해야 한다. 과일 중에 사과는 36, 바나나는 48이지만 사과주스는 무가당이라 하더라도 41로 GI가 높다. 다른 과일에 비해 비교적 GI가 낮은 과일은 자몽으로 25이고, 꿀은 61이다. 가공 탄수화물인 크래커·와플·오트밀 등은 GI가 높은 편이다. 음료수는 과일주스나 과일보다도 높아서 항시 섭취량에 신경을 써야 한다.

GI가 높으면서 GL까지 높은 식품은 스펙트럼장애 아동들의 뇌에 좋지 않은 것은 물론 지나치면 당뇨나 혈압, 심장병, 고콜레스테롤, 비만을 부를 가능성이 많으니 단순히 글루텐이나 카제인이 없다고 해서 안심하지 말고 항상 섭취량에 신경을 써야 한다.

과일에도 탄수화물이 들어 있다

국내에서는 비타민과 미네랄이 풍부하다고 과일을 무조건 좋은 것으로 알고 맘껏 먹으라고 한다. 하지만 과일에도 탄수화물이 함유돼 있어 맘껏 먹으면 생각지도 못한 문제를 만나게 된다.

곡류 섭취는 어떻게 하나?

탄수화물이 단순히 비만이나 당뇨와 관련 있다고 생각하면 큰 오산이다. 우리가 매일 먹는 백미, 현미, 보리, 수수, 기장, 옥수수, 밀 등 모든 곡류의 탄수화물은 뇌에 큰 영향을 미친다.

탄수화물이 뇌에 안 좋다고 하면 사람들은 묻는다.

"그럼 우리가 주식으로 먹는 쌀이 뇌를 안 좋게 한다는 말인가요?"

탄수화물을 통해 뇌에 생기는 가장 큰 손상이 염증반응이다. 식생활이 서구화되면서 탄수화물의 섭취와 음료를 통한 당류의 섭취는 예전에 비해 많이 증가했다. 뇌 기능을 좋게 하려면 탄수화물을 지금보다 적게 먹는 게 우선이다. 현미든 백미든 어떤 곡류든 마찬가지다. 탄수화물은 단순탄수화물이든 복합탄수화물이든 몸에 들어가면 당으로 바뀌고 당을 세포로 운반하는 인슐린의 민감성을 저하시킨다. 몸에 당이 차고 또 넘쳐나면 뇌 신경세포를 포함한 체내 단백질은 손상이나 변형을 겪고 그 결과 노화가 빨리 오게 된다.

탄수화물 중독, 잠깐의 행복감과 맞바꾼 뇌 건강

탄수화물은 중독되기 쉬운 영양소이므로 탄수화물 중독에서 벗어나고 탄수화물 섭취를 줄이는 것이 뇌를 위한 식이의 첫걸음이다. 탄수화물 중독이란 탄수화물을 섭취한 뒤에 느껴지는 심리적 안정감과 포만감 때문에 지속적으로 탄수화물을 찾는 현상을 말한다. 점심에 탄수화물 중심의 식사를 하고 식곤증이 몰려온다면 탄수화물 중독이라고 보면 된다.

정제된 탄수화물이나 단순탄수화물은 뇌에도 몸에도 좋지 않다. 지방 과다 섭취가 원인인 줄 알았던 비만이 실제로는 탄수화물 때문이라고 한다. 탄수화물은 몸 안에 들어가면 모두 당(설탕)이 된다. 당으로 전환되는 속도는 다를지언정 각각의 탄수화물에 몸에 좋은 비타민이나 미네랄이 있다 할지라도 탄수화물은 예외 없이 당이 된다.

그래서 탄수화물 섭취는 되도록 줄이고 채소와 단백질, 지방을 주기적으로 먹는 게 좋다. 당을 과도하게 흡수할 경우 당을 처리하기 위한 대사 과정에서 비타민B군이 조효소로 사용된다. 가뜩이나 스펙트럼장애 아이들은 메틸레이션 대사 과정(323쪽 참고)에 문제가 있는데 탄수화물을 많이 섭취하고도 간식으로 탄수화물을 달고 살다 보면 비타민B군이 더 부족해질 수밖에 없다. 특히 비타민B_6가 많이 소모되면 세로토닌을 만들기가 힘들어지는데, 세로토닌이 부족하면 우울증이 오고 무기력해지는 것은 물론 불면증을 겪고 사람들을 기피하게 된다. 심하면 공황장애로 발전한다.

탄수화물과 지방을 적정 비율로 섭취할 때 지방은 적절한 수준으로만 중성지방으로 전환되고 탄수화물은 오히려 중성지방으로 전환되지 않는다. 하지만 지방보다 탄수화물의 섭취량이 지나치게 많을 경우에 탄수화물은 아무런 제재 없이 대부분 중성지방으로 전환된다.

탄수화물 중독의 폐해

1. 뇌와 장에 염증반응을 증가시킨다.
2. 모든 호르몬에 이상을 초래할 수 있다.
3. 혈당 조절이 어려워지고 인슐린 저항성이 증대된다.
4. 치매와 같은 뇌 질환의 원인이 된다.
5. 내장지방이 증가한다.

우리 아이가 탄수화물 중독증?

다음은 탄수화물 중독증에 대한 설문이다. 다음 질문들 중에서 자녀에게 해당되는 것에 체크를 하자.

1. 아침식사를 제대로 한 날은 식사를 하지 않은 날보다 점심시간이 되기 전에 훨씬 더 배가 고프다고 한다. (6점)
2. 오후 3~4시쯤 되면 피곤해하고 배가 고프다며 간식을 찾는다. (2점)
3. 과식을 한 후에는 매우 피곤해하거나 활동량이 줄어든다. (1점)
4. 저녁식사 후에는 게을러져서 숙제 등의 학습을 기피한다. (4점)
5. 정제설탕이 함유된 음식(스낵, 전분, 케이크 등)을 먹으면 전혀 먹지 않았을 때보다 계속 더 먹고 싶다고 한다. (5점)
6. 식사 후 2시간 정도 지나면 피곤함, 불안함, 무기력함을 보이며 두통을 호소한다. 이때 간단한 스낵류를 주면 좀 나아진다. (3점)
7. 스트레스를 받으면 먹는 것으로 풀려고 한다. (3점)
8. 아이가 먹는 식단에 설탕이나 과당이 포함된 음식이 많다. (1점)
9. 체중이 늘고 있다. (3점)
10. 친척 중에 비만인 사람이 있다. (3점)
11. 활동적이지 못하다. (3점)
12. 스트레스를 매우 잘 받고 민감한 편이다. (3점)
13. 부모 중 한 명 또는 양쪽 모두 고지혈증, 고혈압, 당뇨, 심장병, 동맥경화를 앓고 있거나 앓았던 적이 있다. (4점)

● 체크 결과

13점 이하 : 의심스러운 탄수화물 중독증
14~22점 : 경증의 탄수화물 중독증
23~35점 : 중증의 탄수화물 중독증
36~41점 : 아주 심한 탄수화물 중독증

우유는 불완전식품 이다

밀가루를 비롯한 탄수화물 식품 다음으로 스펙트럼장애 아이들이 민감하게 반응하는 식품은 우유다.

인류가 지금처럼 대량으로 우유를 마신 지는 얼마 되지 않았다. 그 시점은 산업혁명 이후로 추측되며, 우유를 완전식품이라고 정의한 것은 과학자나 연구원들이 아니라 낙농업자들이다. 다른 여러 기능성 음료 때문에 우유의 소비가 예전보다 줄어들긴 했지만 우유는 여전히 가장 많이 팔리는 음료의 하나이다. 왜냐하면 '우유는 완전식품이고 우유를 먹으면 뼈가 튼튼해지고 키도 큰다'는 인식이 사람들의 머릿속에 각인되었기 때문이다.

그러나 우유는 한마디로 믿을 만한 식품이 아니다. 농업혁명과 더불어 시작된 공장식 가축 사육으로 인해 소고기와 마찬가지로 우유에도 다량의 항생제와 성장호르몬이 축적되어 있다. 우유를 섭취하면서 우리 몸에 들어온 항생제는 장 기능을 망가뜨리고, 환경오염물질과 몸에서 생성된 독소들을 분해하기에도 급급한 간은 성장호르몬으로 인해 큰 부담을 안고 산다. 우유를 마시면 극한 경우에는 설사, 알레르기, 동맥경화증, 심장마비를 일으킬 수 있다는 보고도 있다.

그럼에도 불구하고 언론과 광고는 '우유는 완전식품이고, 골다공증 예방을 위해서 먹어야 하고, 성장기 어린이에게는 필수식품'이라고 강조하고 있다. 이러한 광고 문구가 공정거래위원회의 지적을 받자 낙농업자들은 '우유에는 뭔가 특별한 것이 있다'고 광고를 하고, 연예인이나 유명 인사들을 내세워 우유에 대한 이미지를 높이려고 애쓴다. 사실 이러한 광고의 이면에는 정치인과 낙농업계의 로비 관계도 있다. 어쨌든 우유가 완전식품이 될 수 없고 스펙트럼장애에 나쁜 영향을 주는 이유가 분명히 있으니 조목조목 따져보자.

우유가 불완전식품인 이유

불완전한 살균으로 더 오염되었다

아무리 소독을 하고 항생제를 투여해도 우유는 박테리아 같은 균에 오염되기 쉬운데, 우유를 모아놓으면 오염 가능성이 더 높아진다. 저온 살균을 해도 마찬가지다. 미국 공중보건국에서는 우유 1㎖당 2만 마리까지의 박테리아와 10종 미만의 미생물균을 허용함으로써 살균 후에도 균들이 남아 있다는 사실을 인정하고 말았다.

소화효소의 제거로 소아당뇨를 부른다

살균과 관련해 우유와 소아당뇨의 연계성에 대해 다룬 논문들이 많다. 그 논문들이 공통적으로 지적하는 내용은 살균 과정에서 살아남은 박테리아균들이 당뇨를 일으키는 게 아니라, 우유를 소독하는 과정에서 소화에 필요한 효소들이 제거되어 당뇨를 일으킨다는 것이다. 소아의 성장에 꼭 필요하다는 완전식품이 소화효소를 만드는 췌장에 부담을 주어 소아당뇨를 유발시키는 주범이 될 수도 있다는 것이다.

산화된 지방이 너무 많다

1ℓ의 우유에는 지방이 35g 들어 있는데 이 중에서 60%가 포화지방이다. 우유를 균질화(우유의 지방 성분을 걸러낸 후 압력을 가해 잘게 쪼개는 것)하는 과정에서 우유 속의 다른 지방들도 쉽게 산화된다. 그나마 좋다고

생각되는 저지방 우유(skim milk. 지방률 0.1% 이하의 우유. 탈지유라고도 한다)는 지방을 제거한 대신 우리 몸에서 우유 속의 비타민과 미네랄이 흡수되기 어렵게 만든다. 1%, 2% 저지방 우유 속에 들어 있는 콜레스테롤은 처리 과정에서 이미 산화되어 심혈관계 질환을 유발하기 쉽다.

철분의 흡수를 막아 빈혈을 일으킨다

우유에 들어 있는 카제인이라는 단백질은 위장장애를 일으키는 등 알레르기를 유발하고, 위장관 벽에 미세 출혈을 일으킬 수 있다.

우유를 많이 마시는 아이들은 철 결핍성 빈혈을 경험하기도 하는데, 우유의 다른 성분이 철분과 결합해 철분이 장에서 혈액으로 흡수되는 것을 방해하기 때문이다. 즉 우유 섭취는 우리 몸에 철분을 거의 공급하지 못하는 것은 물론, 미세 출혈의 영향으로 철분이 부족해지기 쉽다. 특히 유아는 철분 부족으로 빈혈을 느끼면 짜증을 내고 무감각해지고 주의력이 없어진다. 이런 사정을 알 리 없는 부모는 아기가 마구 울어대면 배고파서 운다고 생각하고 다시 우유병을 물리는데, 이로써 악순환이 반복된다.

각종 질병과 연계되어 있다

우유는 알레르기를 유발하는 가장 흔한 음식 중의 하나로 연쇄상구균으로 인한 염증을 유발한다. 또 설사, 경련, 위장 출혈, 철 결핍성 빈혈, 피부 발진, 동맥경화, 피부병, 중이염, 기관지염, 백혈병, 다발성 경화증,

류머티즘, 충치의 원인이 될 수 있다.

칼슘 흡수에 전혀 도움이 되지 않는다

미국의 여성들이 유제품을 포함해서 하루 평균 900㎖의 우유를 마신다는데, 그중에서 무려 3000만 명의 여성들이 골다공증을 가지고 있다. 왜 그럴까? 우유의 인(탄산음료에도 들어 있다)이 칼슘의 흡수를 방해하고, 우유의 단백질은 칼슘을 몸 밖으로 배출하기 때문이다. 칼슘이 흡수되기 위해서는 아연, 구리, 붕소(boron), 실리콘, 비타민D, 비타민K 등과 마그네슘이 필요한데 우유에는 마그네슘이 너무나 적게 들어 있다.

마그네슘 섭취의 중요성을 보여주는 좋은 사례가 있다. 북극에 사는 에스키모인들은 하루에 섭취하는 총칼로리의 25%가 단백질이고 매일 2000mg의 칼슘과 250~400g의 단백질을 섭취하지만 골다공증이 어떤 인종보다도 심각하다. 남아프리카의 밴터스인들은 총칼로리에서 단백질(주로 식물성)이 12%밖에 안 되고 칼슘은 200~350mg밖에 섭취하지 않으나 아이를 보통 6~7명씩 낳아도 골다공증이 전혀 없다. 관찰해보니 남아프리카의 밴터스인들은 에스키모인들보다 칼슘의 흡수를 돕는 미네랄을 많이 먹고 있었다. 채식 중심에서 육식 중심으로 식생활이 변한 동양인들에게 골다공증이 증가한 것도 같은 이유이다.

우유는 송아지의 밥이다

동물들의 젖을 탄수화물, 단백질, 지방, 미네랄 등의 구성성분으로 비교한 결과 구성성분도 성분 비율도 동물마다 모두 달랐다. 소의 젖은 송아지를 위해서, 말의 젖은 망아지만을 위해서 만들어졌기 때문이다. 그렇다면 인간의 모유 역시 우유와 구성성분과 비율이 다를 수밖에 없다.

완전식품이라고 하지만 우유의 성분은 탄수화물 29%, 지방 52%, 단백질 19%로 그 구성비율이 모유와 다르기 때문에 인간의 아기에게는 맞지 않을뿐더러 칼슘이 너무 많아서 인체에 꼭 필요한 마그네슘이 결핍되고 만다. 소의 젖은 모유의 3~4배가 되는 단백질과 5~7배가 되는 미네랄이 들어 있지만 필수지방산(불포화지방. 특히 리놀레산)이 6~8배나 부족하다. 유기농 우유도 항생제나 성장호르몬은 적을지 몰라도 락토페린이나 면역글로불린, 성장호르몬, 다이옥신, 박테리아와 같은 물질들이 면역계를 교란시켜 알레르기반응을 일으키는 등 유익할 게 별로 없다. 저온 살균을 하지 않은 생우유(raw milk)가 좋다고 하는데 이것도 사람마다 다르다. 밀가루의 글루텐에 민감성이 있다면 우유의 카제인에도 민감할 것이다.

생각해보면, 우리 인간들은 소처럼 몸집이 크지도 않고 뼈가 굵지도 않아서 우유가 제공하는 영양분이 필요치 않다. 이와는 반대로 신경계 중추나 뇌의 발달이 필수인 태아에게는 필수지방산이 많이 들어 있는 모유가 절대적으로 필요하다. 송아지가 인간의 모유를 먹는다면 영양이 결핍되기 쉽다. 같은 이치로, 우유가 사람에게 좋을 리 없다. 성인이 되어서도 우유를 먹는 포유동물은 인간밖에 없다.

암을 유발할 수 있다

FDA에서 성장호르몬을 써서 우유의 생산성을 늘리는 것을 허용한 이후 더 많은 문제가 생겼다. 성장호르몬은 소젖을 감염시키고 더 많은 항생제를 필요로 하는 악순환의 원인이기도 하다.

단지 50년 전만 해도 소는 1년에 950ℓ의 우유를 생산했는데 2003년 경에는 1년에 약 1만ℓ(하루 30ℓ)로 생산량이 증가되었다. 그뿐만 아니라 우유를 마시면서 우리 몸에 침투된 성장호르몬은 인슐린 유사 성장인자(insulin-like growth factor: IGF-1)를 증가시킨다. 인슐린 유사 성장인자는 암을 유발할 뿐만 아니라 암 유발인자를 악화시킨다.

소화가 잘 안 되고 염증을 유발한다

우유는 또한 소화가 잘 안 된다. 우유에 들어 있는 락토오스를 소화시키기 위해서는 락타아제가 필요한데 대부분의 성인들은 소화효소인 락타아제가 없고 우유의 락토오스는 장에서 박테리아에 의해 분해되어 복통이나 더부룩함과 같은 부작용을 일으킨다.

가장 큰 폐해는 글루텐처럼 우유에 들어 있는 카제인이 장 벽을 파괴하고 만성 염증반응과 뇌 염증반응을 유발하고 결국에는 몸속을 돌아다니다가 자가면역을 발동시키는 것이다(참고로 카제인은 산업용 접착제로 맥주병이나 소주병의 라벨 등을 붙일 때 이용된다).

우유를 대신할 것들 : 질 좋은 지방, 충분한 수면, 햇볕 쐬기

지금까지 우유의 부작용을 자세히 살펴보았다. 그럼 모유는 어떨까? 한마디로 대답하면, 영양 면에서 그리고 태아의 초기 면역을 형성하는 데 도움을 준다는 점에서 모유만큼 좋은 것은 없다.

그러나 최근의 연구 보고서에 따르면 불행히도 1만 4000명 여성들의 모유를 검사한 결과 살충제와 여러 암 유발인자들이 검출되었다. 육류나 유제품의 지방에 녹아들어 있던 살충제와 환경오염으로 인한 산물들이 그대로 모유에도 스며들어간 것이다. 채식주의자 엄마들에게서는 그것의 반 정도가 스며들어 있을 뿐이었다. 모유가 그 어떤 이유식 제품이나 우유보다는 낫기 때문에 수유를 준비하는 여성이나 엄마들은 더더욱 먹는 음식에 신경을 써야 할 것이다.

우리는 지금 개미나 다른 곤충들을 죽이기 위해 무심코 뿌린 살충제가 우리 몸속으로 스며들어 어른이나 아이들을 병들게 하는, 독으로 넘쳐나는 세상에 살고 있다. 이런 독은 장을 해치고 간에 부담을 주며 결국에는 다른 질병을 일으키는 원인이 되고 있다.

자폐스펙트럼장애의 유병률이 증가한 것은 절대 우연이 아니다. 우유가 우리 몸에 좋지 않다는 사실을 널리 알리기 위한 웹사이트 www.notmilk.com은 알레르기, 당뇨, 치매, 천식, 유방암, 심장병, 비만, 불임, 우울증 및 각종 신경 질환의 발병이 우유와 연관이 있다고 강조한다. 미국에서 한때 논란이 된 〈슈퍼 사이즈 미(Supersize me, 하루 세끼를 맥도날드 햄버거만 먹으면서 변해가는 자신의 몸을 관찰하는 내용의 영화. 몸과 정신의 변화를 통해 패스트푸드의 악영향을 보여준다)〉나 〈브랜디드(Branded, 브랜드 홍보를 위한 마케팅의 그늘을 꼬집는 내용의 영화)〉와 같은 영화는 상업적이진 않지만 어떻게 기업들이 자기네 목적과 이득을 위해서 건강과는 상관없이 소비자들을 우롱하고 기만하는지를 잘 보여준다. 그들이 광고와 미디어, 소위 전문가의 입을 통해서 우리를 세뇌시켜 우유를 마시게 해 결국 우리는 예전에는 없던 병들이 창궐하는 세상에 살게 되었다는 것이다(우유에 대해 좀 더 자세히 알고 싶으면 프랭크 오스키의 《오래 살고 싶으면 우유 절대로 마시지 마라》 참고).

그렇다면 어떤 음식으로 칼슘을 섭취해야 할까?

뼈가 튼튼한 소나 말, 코끼리에게서 힌트를 얻을 수 있다. 소, 말, 코끼리는 성장하면 더 이상 젖을 필요로 하지도 않고 젖을 먹지도 않는다. 우유는 송아지가 어릴 때 먹는 것이지 소가 되어서는 우유를 먹지 않는다. 그럼에도 단단한 뼈와 근육을 유지하는데 그 비결은 바로 채식이다. 포유류 중에서도 채식동물은 인간과는 다른 방식으로 대사가 이루어져(채식동물은 되새김질과 특별한 소화 작용을 통해 섬유질을 지방으로 변환시킬 수 있지만 사람은 그렇게 할 수 없다) 성장에 문제가 없으면 뼈가 튼튼할 수 있는 것이다.

칼슘은 녹색 채소(녹색이 진할수록 좋다), 백색 치즈, 연어, 콩, 브로콜리, 아몬드 같은 식품을 통해 충분히 얻을 수 있다. 그렇다고 해서 채식을 권고하는 것은 아니다.

사실 우유를 마시지 않는다고 해서 크게 걱정할 필요는 없다. 칼슘은 뼈의 성장을 돕는 원료이고 그 외 뼈를 둘러싼 근육, 혈관, 피부를 만드는 원료는 단백질, 즉 아미노산이다. 그리고 성장호르몬은 오케스트라의 지휘자처럼 이들을 지도해서 잘 성장할 수 있도록 도와준다. 과도한 음료나 저질의 식용유와 같은 지방(패스트푸드, 가공식품, 오래되거나 산화된 기름으로 튀긴 음식)을 섭취하지 않는 한 칼슘은 절대로 부족하지 않다. 물론 이 같은 음식을 자주 먹는다면 칼슘 보충제를 섭취하는 것을 고려해보아야 한다.

비싼 돈을 주고 성장호르몬을 주사하는 사람들도 있는데 이것 말고 더 좋은 방법이 있다. 성장호르몬과 같은 호르몬제는 콜레스테롤이 주성분이며 콜레스테롤은 지방으로부터 만들어진다. 채식동물은 채식으로 섭취한 섬유질 대부분을 위장관에서 지방으로 바꾸지만 인간은 그렇게 못하므로 좋은 지방을 더 섭취해야 한다. 우유의 대체식품으로 가장 좋은 것은 성장호르몬을 잘 만들 수 있는 양질의 지방이다. 코코넛오일, 올리브유, 동물성 버터(순서 순으로 권장)를 그냥 먹을 수 있다면 가장 좋지만 그렇지 않다면 음식에 넣어서 요리하기를 권한다. 하루에 최소한 4숟가락(요리에 넣는 양 포함)을 먹고, 코코넛오일과 버터를 제외한 올리브유는 가급적 센 불로 조리하지 말고 날로 먹기를 권한다. 오메가-3는 뇌에 꼭 필요한데, 뇌의 발달이 지연되거나 기능이 좋지 않은 경우를 제외하고는 일주일에 3회 이상 등 푸른 생선을 섭취하면 충분하다. 물론 이는 좋은 지방을 평소에 충분히 섭취한다는 조건이 충족됐을 때다(지방에 대해서는 302쪽에서 더 자세히 다룬다).

참고로, 성장을 위해서는 야외활동을 해서 햇빛을 쐬게 하고 10시 이전에 취침하는 것 또한 꾸준히 실천해야 한다. 햇빛을 통해 피부에서 생성된 멜라토닌이 간에서 비타민D로 재합성되면 뼈를 튼튼하게 성장시킬 수 있다. 칼슘만으로는 뼈를 튼튼하게 할 수 없으며 반드시 비타민D와 보론(boron)과 같은 미네랄이 필요하다. 또 밤에 10시 이전에 잠을 자야만 스트레스 호르몬인 코티솔의 감소를 도와서 성장호르몬의 불균형과 낭비를 막을 수 있다.

단백질 섭취로
뇌에 필요한
신경전달물질을 만든다

　스펙트럼장애 아이들은 뇌를 포함한 신경계와 위장에 염증반응이 있는 경우가 많다. 염증은 혈액 검사 결과 C-반응성 단백시험(C-reactive protein test)과 사이토카인(cytokine) 수치로 확인할 수 있다. 태아 때 염증반응이 있었던 아이들은 뇌와 신경계가 손상되면서 스펙트럼장애가 악화되는데, 이런 아이들은 면역력이 약하면서 민감한 경향이 있다. 또 염증반응은 뇌와 신경계뿐만 아니라 세포 내 에너지 공장인 미토콘드리아를 손상시키면서 탄수화물 대사에 문제를 일으킨다. 이런 아이들은 먹는 만큼 살이 찌지 않으면서 에너지도 항상 부족해 쉽게 피곤함을 느끼며 뇌에 에너지를 전달하는 데 문제가 있다.

뇌에 필요한 신경전달물질을 합성하려면 단백질을 섭취해 아미노산으로 변환시키고 아미노산의 대사 과정을 거쳐야 한다. 이 과정에는 비타민B군이 필요한데, 특히 비타민B_6가 메틸레이션이라는 대사 외에 아미노산 대사에서도 중요한 역할을 한다.

아미노산 대사와 관련해 알려진 질환 중 하나는 페닐알라닌 축적 대사장애인 페닐케톤뇨증(PKU)이다. 페닐알라닌은 단백질을 가수분해해서 얻는 화합물에 존재하는 아미노산으로 여러 가지 단백질 속에 포함되어 있다. 인공 설탕인 아스파탐에도 포함되어 있으며 소화 시 페닐알라닌을 생성한다. 일반인이 단백질을 섭취하면 페닐알라닌은 티로신으로 전환되고 도파민이나 아드레날린과 같은 신경전달물질을 만드는데, 페닐알라닌 축적 대사장애를 가진 스펙트럼장애 아동들은 페닐알라닌이 소화되지 않고 체내에 축척되어 신경계 발달을 저해하고 정신장애를 일으킬 수도 있다. 도파민 생성이 잘되지 않으면 집중력이 감소하고 아드레날린이 과도하게 증가하면 불안도가 증가하기 때문이다.

ADHD 아이들에게는 특히 도파민이 부족하다. 도파민이 부족하면 파킨슨병처럼 운동 기능이나 감각 처리에서 문제를 야기할 수 있다. 도파민 생성 센터는 대뇌와 소뇌 사이에 있는 중뇌에 있다. 중뇌는 시각, 청각 정보가 처리되는 첫 관문으로 도파민에 문제가 있으면 시각과 청각에 집중하고, 시각과 청각 자극을 통해 중뇌가 자극되면 도파민 분비가 증가한다. 도파민이 많이 분출되면 일시적 안정감을 주는데, 이것이 ADHD를 포함한 일반 아이들이 게임에 쉽게 중독되는 이유이기도 하다.

중뇌에서 도파민 분비가 잘 안 되는 이유 중 하나는 일회용 플라스틱 용기를 지나치게 자주 사용하기 때문이다. 플라스틱에 포함된 에스트로제닉 활성물질(BBP, DBP)인 프탈레이트가 도파민 세포를 특별히 공격해 파괴시킨다. 이러한 문제는 면역계가 민감해 환경독성물질에 취약한 아동들이 더 심각하게 겪을 수 있다.

우리 몸의 신경전달물질

● **도파민**
아미노산인 호모바닐라산을 통해 만들어진다. 그러나 체내에 도파민이 너무 많이 분비되면 정신분열 증세를 초래할 수 있으므로 도파민이 많은 것이 무조건 좋은 것은 아니다(기저핵의 문제로 도파민의 대사에 문제가 생길 수도 있다). 정신분열증의 경우 도파민 합성을 억제하는 처방을 하기도 한다. 이와는 반대로 ADHD는 염색체 11번의 이상(DRD4 도파민 수용체 부족)으로 도파민이 부족하기 때문에 신경 말단부에서 도파민이 재흡수되는 것을 억제하는 약을 처방하기도 한다.

● **아세틸콜린**
아미노산인 콜린과 비타민B군을 통해 만들어진다. 아세틸콜린은 여러 기능을 하지만, 특히 주목해야 할 기능은 새로운 기억의 생성과 관련해서 학습에 관여하는 것이다.

● **노르에피네프린, 에피네프린**
아미노산인 티로신을 통해 만들어진다. 노르에피네프린과 에피네프린은 아드레날린이라고도 하며 주로 스트레스를 받으면 부신피질에서 방출된다. 티로신을 통해 만들어지는 도파민과 합성 경로를 공유하기 때문에 너무 많은 스트레스나 교감신경의 잦은 흥분은 도파민 생성을 감소시킬 수 있다.

● 세로토닌

아미노산인 트립토판을 통해 만들어진다. 행복과 안정감을 주는 신경전달물질이다. 트립토판이 세로토닌으로 변환되지 않고 퀴놀린산 대사 물질로 변경되는 뇌 신경계에 염증반응이 일어날 경우 세로토닌이 부족해진다(퀴놀린산 대사 물질은 소변유기산 검사로 확인할 수 있다). 세로토닌에 문제가 생기면 감정 조절이 원활하지 않고, 대인기피증이나 우울증이 생기기 쉽다. 세로토닌은 스펙트럼장애 아이들에게 부족한 신경전달물질이며, 부족하면 잠을 잘 자지 않거나 정서가 불안정해진다. 세로토닌의 대사 과정에는 반드시 비타민B6와 마그네슘이 필요하다.

● 가바

아미노산인 글루타민을 통해 만들어진다. 글루타메이트(glutamate)가 글루탐산탈탄산효소(GAD)라는 조효소를 통해 가바(GABA)로 변환될 수 있다. 가바는 신경안정성 신경전달물질로서 눈맞춤이라든가 언어 발달에 기여하는데, 글루타메이트의 변환 과정에 문제가 생겨 너무 많은 양의 글루타메이트가 뇌 속에 존재하면 신경에 치명적인 결함을 입힌다. 이 변환 과정에 필요한 다른 조효소는 비타민B6와 마그네슘이다. 마그네슘은 신경절과 글루타메이트가 결합해 신호를 전달하는 NMDA 수용체 작동의 기능을 막아주어 흥분독성 물질인 글루타메이트의 피해를 차단한다. 이러한 이유 때문에 비타민B6와 마그네슘 고용량 요법이 자폐증에 효험이 있는 것으로 알려져 있다. 억제를 담당하는 몇 안 되는 신경전달물질로 스펙트럼장애 중 특히 ADHD의 행동 조절이나 틱장애에 중요한 역할을 한다. 틱장애는 면역기능 이상으로 글루탐산탈탄산효소의 항체를 만들어 가바가 부족해져 생기기도 한다.

신경전달물질을 증가시키는 음식들

- 달걀, 내장기관 : 콜린, 아세틸콜린 증가
- 생선, 요거트, 아보카도, 아몬드, 호박씨 : 도파민, 에피네프린 증가
- 시금치, 오렌지 : 엽산을 제공해 노르에피네프린과 세로토닌 증가
- 시금치, 광어 : 가바 증가
- 쌀, 치즈, 육류, 생선 : 세로토닌 증가

좋은 지방은
뇌 기능을 좋게 하고
몸도 건강하게 한다

    3대 영양소로 알려진 탄수화물, 지방, 단백질 중에서 가장 많은 오해를 받고 있는 영양소가 지방이다. 한때는 '저지방'이라고 하면 웰빙의 상징으로 생각되었고, 현재도 저지방 음식이 건강에 좋다는 생각들을 가지고 있다. 그러나 저지방 식이는 절대로 뇌에 좋지 않다. 특히 저지방 가공음식은 지방을 줄인 대신 탄수화물을 채워 넣은 것에 불과하다. 탄수화물이 우리 몸에 들어가서 어떤 문제를 일으키는지 살펴보지 않았는가! 지방이 몸에 좋지 않다는 인식이 자리잡은 것은 제약사들과 이를 뒷받침하는 미국 심장학회와 푸드 가이드라인(미국 농무부에서 제시한 식품 가이드 피라미드)의 영향이 크다. 그리고 식품 제조사들은 지방 대신 탄수화물을 채워 넣으면서 제조비용이 감소한 현실을 반기고 있다.

지방에 대한 의심을 거두지 못하는 사람들이 많은 줄 안다. 그래서 더더욱 자신이 알고 있던 정보가 절대적 진실이라는 믿음 때문에 삶이 충분히 좋은 방향으로 바뀔 수 있음에도 불구하고 대체로 건강하지 않은 삶을 살아가는 모습들을 보면 안타깝기 그지없다. 사람들이 의심하지 않고 믿어버리는 이야기 중 하나가 '건강한 식생활을 하면 뇌도 건강해지겠지'이다. 도대체 '건강한 식생활'의 정의가 무엇일까? 만약 내가 믿는 건강한 식생활의 전제가 애시당초 틀렸다면 그와 관련된 행동들은 모두 잘못된 것일 수 있지 않은가. 아이들의 경우 식사를 준비하는 엄마가 지방을 극도로 제한하면 아이의 인지 기능과 기억력, 학습 능력이 떨어지는데 이 경우 지방에 대한 인식을 바꾸고 식이만 조금 바꿔주어도 아이가 백팔십 도로 바뀌는 것을 쉽게 볼 수 있다.

저지방 식이는 뇌 기능을 떨어뜨린다

진실을 얘기하면 '지방은 뇌에 정말로 중요한 영양소'이다. 뇌의 60~70%가 지방이므로 뇌에 지방이 필요하다는 것은 누가 봐도 인정할 수밖에 없는 사실이다. 그러나 저명한 심혈관계 질환 전문가들은 "담배보

■■ 미국 농무부에서 제시한 식품 가이드 피라미드(1일 섭취 기준)는
스펙트럼장애 아동에게 적합하지 않다!

스펙트럼장애 아이들은
이 가이드대로 먹을 경우 증상이 악화될 수도 있다.

지방과 당분
음식 조리에 약간 첨가하는 정도
지방, 소스(기름)
과자, 단것

NO 이렇게 먹으면 안 돼요!!

유제품 2~3회
요구르트, 치즈 외
우유가 들어 있는
모든 유제품
1회는 우유 1컵, 요구르트 1컵
치즈 3조각 정도

육류 2~3회
고기, 생선, 달걀, 콩류
1회는 달걀 1개
손바닥 반 정도의 고기 덩어리

채소류 3~5회
1회는 생채소나
샐러드 1컵,
당근 1/2개 정도

과일류 2~4회
1회는 중간 크기 과일 1개
통조림 과일은 1/2,
주스로는 3/4컵 정도

기초식품군 6~11회
곡류 위주의
탄수화물
1회는 쌀 1/2컵,
식빵 1쪽에
해당하는 양

탄수화물 > 단백질 > 지방

다 몸에 나쁜 것이 동물성 지방이다. 피자나 핫도그, 기름에 튀긴 음식, 지방이 많은 삼겹살 등은 가급적 피해야 한다"라고 말한다. 그러면서 "나이가 들수록 혈관에 콜레스테롤이 쌓이고 혈관 벽에 기름이 찬다. 지방이 몸속을 돌다가 모세혈관에 달라붙어서 혈관이 터지거나 뇌에 가서 들러붙으면 중풍이 오고 치매가 온다. 간에 기름이 끼면 지방간이 되고 간암이 되며, 췌장에 기름기가 차면 당뇨병이 생긴다"라고 극단적으로 얘기한다. 그래서 우리가 콜레스테롤이 많은 음식을 피하고 지방 공포증에 시달리면서 저지방 식사에 집착하게 된 것이다.

구글 검색창에서 콜레스테롤, 파킨슨병, 치매와 같은 키워드를 연결해 검색하면 '저밀도 콜레스테로(LDL)이 낮을수록 파킨슨병과의 연계성이 높으며, 오히려 콜레스테롤이 많은 것보다 적을 때 문제들이 훨씬 더 증가한다'는 내용이 나온다. 굳이 최근 논문들을 살피지 않더라도 뇌의 대부분이 지방으로 이루어진 사실로 볼 때 저지방을 고집하고 지방 섭취를 엄격하게 제한하는 식습관은 개선되어야 한다고 생각된다.

일부 학자들은 1970년대 이후 이어져온 지나친 지방 섭취 제한이 결과적으로 심혈관계 질환의 유병률을 낮추지 못한 것은 물론 치매, 파킨슨병과 같은 뇌 질환의 유병률을 증가시켰다고 말하기도 한다.

우리가 '콜레스테롤을 증가시키고 혈관을 막히게 하며 심혈관계의 질병을 유발'하는 것으로 알고 있는 포화지방산이 아이들한테는 다른 지방 성분에 비해 월등히 필요하다. 너무 많이 먹으면 안 좋다고 생각되는 콜레스테롤은 실질적으로 뇌를 보호하는 역할을 한다. 콜레스테롤 자체보다 탄수화물을 너무 많이 섭취해서 콜레스테롤이 산화될 때 오히려 위험해진다. 과도한 탄수화물 섭취로 인해 허리 사이즈가 늘어갈수록 뇌의 크기는 줄어든다고 봐도 좋다.

콜레스테롤의 역할

- 세포 벽을 견고하게 유지한다.
- 스테로이드 호르몬을 만든다. 남성호르몬, 여성호르몬, 코티솔, DHEA까지도.
- 강력한 항염 작용을 한다. 염증을 증가시키는 류코트리엔(leukotriene)과 같은 지방산을 조절해 염증반응으로 인한 세포 손상을 막는다.
- 지방 소화효소인 바일과 바일산을 만든다.
- 미엘린(meyline)이라는 신경 수초를 생성하고 이를 통해 신경세포를 보호한다.
- 비타민D를 합성하는 능력은 콜레스테롤에 달려 있다. 콜레스테롤이 저하되면 비타민D 합성이 저해될 뿐만 아니라 면역 기능도 떨어진다.

뇌에 좋은 지방은 따로 있다

지방에 대한 잘못된 인식의 시초는 1970년대로 거슬러 올라간다. 심혈관계 전문가들이 심혈관계 질환이 증가하는 원인에 대해 지방과 연계가 있을 것이라고 막연히 확신하면서 시작되었다. 그때부터 포화지방의 어두운 역사는 시작되었다. 그렇다면 동물성 포화지방은 무조건 안 좋고 식물성 기름은 무조건 좋은 것일까?

식물성이니 당연히 좋겠지 하고 먹는 옥수수유, 카놀라유, 땅콩유, 포도씨유, 해바라기씨유, 마가린과 같은 식물성 기름들은 혈관을 막히게 하고 결국에는 뇌졸중이나 심혈관계 질환으로 이끄는 독약과 같은 존재다. 식용유들은 이미 제조 과정에서 산화된 상태로 판매된다. 그러니 절대로, 절대로, 절대로, 이 제품들은 드시지 않기를 바란다. 지금 부엌에 이와 비슷한 게 조금이라도 있다면 아낌없이 버리시라. 지방 중에서는 코코넛오일이 가장 좋기 때문에 이를 평소에도 많이 먹으면 좋다. 호두, 아몬드와 같은 견과류가 뇌에 좋다고 알려져 있지만 실상 견과류의 섭취에도 알려지지 않은 위험한 문제점들이 있다(357쪽 참고).

피해야 하는 지방들

마가린(트랜스지방), 식물성 버터, 식물성 기름들(옥수수유, 카놀라유, 땅콩유, 포도씨유, 해바라기씨유)

그러나 더 큰 문제는, 집에서는 조절할 수 있지만 거의 대부분의 음식점에서는 식물성 기름을 쓴다는 점이다. 몸에 좋다고 들었고, 무엇보다 싸니까. 어쨌든 광고와 고지식한 전문가들을 무분별하게 믿어서는 도움이 될 게 별로 없는 세상이다. 실제 가치보다 경제적인 이득을 더 우선시하는 이들이 있어서 말이다.

아이들에게 오메가-3가 꼭 필요할까?

그럼 오메가-3는? 오메가-3는 포화지방산처럼 몸, 특히 장에서 합성할 수 있는 지방이 아니고 외부에서 음식으로 섭취해야만 활용할 수 있는 지방산이기 때문에 필수지방산이라 한다. 비록 몸에서 요구되는 비율은 낮지만 뇌 건강을 위해서는 꼭 섭취해야 하는 지방이다.

뇌가 원하는 지방 중에서 우리가 평소에 중요하게 생각하는 오메가는 총 요구량의 27.1% 정도이다. 이 중에서 오메가-6가 15.4%이고 오메가-3가 11.7%이다. 뇌에 가장 중요하다고 생각되는 오메가-3의 요구량이 생각보다 적다. 그 외 72%의 콜레스테롤을 포함한 다른 지방들은 대부분 지방이 분해되는 케톤으로부터 다시 합성되기 때문에 지방만 제대로 섭취한다면 걱정할 것은 없다. 포화지방산을 먹어서 에너지로 쓰기 위해서는 케톤체로 변환시키고, 뇌에서 필요하다면 다시 지방으로 합성해 쓴다. 이러한 이유로 모유에서 세포 벽이나 세포 구조물을 생성하는 데는 사용하지 않지만 케톤으로 쉽게 변환해 사용할 수 있는 단-중간사슬 포화지방산(SaFA)이 아주 중요하다. 그래서 케톤 식이요법이 뇌에 좋다는 것이다. 케톤 식이요법은 케톤이 뇌에서 쓰이는 중요함 때문에 퇴행성 뇌 질환 및 간질 환자들에게 효과가 높은 것으로 알려져 있다.

또한 단-중간사슬 포화지방산은 박테리아의 세포 벽에 침투해 누수를 생기게 해서 항생제처럼 항박테리아의 효과를 낸다. 박테리아의 세포벽도 지방으로 구성되었으며, 무생물로 숙주처럼 세포에 기생하는 바이러스도 대부분 지방에 둘러싸여 있기 때문에 단-중간사슬 포화지방산이 외부 환경으로부터 신체를 보호할 수 있는 것이다. 단-중간사슬 포화지방은 코코넛오일에 많이 들어 있다.

코코넛오일을 먹고 오메가-3는 일주일에 2~3회 작은 생선을 먹는 것으로도 지방 섭취는 충분하다. 물론 스펙트럼장애 아이들에게는 필요에 따라 오메가-3를 더 많이 먹어야 할 때가 있다.

생의학 검사 및 치료법 알아보기

생의학치료 전에
하면 좋은
검사들

일반적인 생의학치료를 시작하기 전에 반드시 거쳐야 하는 절차가 있다. 바로 검사다.

필자의 경험으로 볼 때 자폐스펙트럼장애 아이들은 생의학적 대사에서 공통된 문제점이 있다. 물론 맞춤식 처방을 하기 위해 검사를 할 수도 있지만, 필자는 아이의 몸 상태가 생의학치료를 시작할 수 있는 상태인지를 알아보는 것에 검사의 의의를 두고 있다.

최근까지 가장 대표적으로 알려진 일반 검사로는 모발 검사와 알레르기 검사가 있다. 모발 검사는 중금속 오염과 미네랄 필요도를 알 수 있고, 알레르기 검사는 면역계가 민감한 아이들이 어떤 음식에 알레르기반응을 보이는지를 알 수 있다. 모발 검사는 모발을 통해 신체 내 중금속 오염도를 알 수 있는 검사로 알려져 있지만, 사람들의 생각만큼 신뢰도가 높은 검사는 아니다(315쪽 참고).

새롭게 부각되는 검사로는 소변 검사, 혈액 검사, 대변 검사가 있다. 각종 필수미네랄 및 중금속에 대한 검사를 혈액이나 소변을 채취해 실시한다. 혈액으로는 각종 필수아미노산 및 기타 아미노산, 필수지방산의 분포에 대해서 알 수 있고, 소변으로는 각종 필수아미노산 및 기타 아미노산에 대해서도 검사하지만 신진대사의 부산물인 각종 유기물에 대한 검사도 이루어진다. 대표적인 것이 소변유기산 검사다. 소변유기산 검사로 장내 세균의 분포 상태를 알 수 있지만 좀 더 정확하게 알려면 대변 검사가 필요할 수 있다.

일반적인 생의학 검사의 활용 및 의의

1. 칸디다균, 이스트균(곰팡이) 검사
대변 검사나 소변 검사로 가능하다. 특히 소변으로는 체내 곰팡이균을 파악할 수 있다.

2. 영양소 흡수 및 체내 이용률 검사
- 대변 검사(Stool test for GI Tract) : 장 내 영양소(비타민B군과 아미노산 등)의 흡수 여부를 알 수 있다.

- 소변유기산 검사 : 영양소의 세포 내 흡수 여부, 미토콘드리아(ATP 에너지를 만드는 공장)의 크랩 사이클에서 사용되지 못하고 전구물질이 소변에 섞여 배출되는 것을 확인한다.

3. **중금속 검사**
- 모발 검사 : 체내 잔류 중금속을 본다.
- 소변 검사 : 신체, 특히 간에서의 중금속 배출 능력을 본다.

유전자 검사(소변 및 혈액)

댄(DAN)학회에서는 많은 검사들을 추천한다. 그중에서 메틸레이션 대사 과정(Methylation cycle, 323쪽 참고)의 유전자 변형을 알아보기 위한 유전자 검사(SNP test)가 있다.

SNP(single nucleotide polymorphism, 단일염기다형성), 전장유전체 SNP(whole genome SNP) 유전자 검사는 소변·혈액·침 등으로 검사하는데, 자폐스펙트럼장애의 원인을 규명하기 위해 유전자 연구 분야에서 가장 활발하게 이용되고 있다. SNP는 사람의 유전자 염기서열에 존재하는 단일염기서열(single nucleotide)의 다형성(polymorphism, 같은 종이지만 모습이나 특징이 다양한 성질)을 말한다. 개인마다 질병의 감수성이나 치료 반응이 차이가 나는 원인을 검사를 통해 규명한다.

그러나 부모와 자폐스펙트럼장애 아이의 유전자를 검사했을 때 특별한 차이가 발견되지는 않는다. 왜냐하면 부모와 동일한 유전자를 공유하는 데다 모든 유전인자들의 원인과 개별 기능이 다 밝혀진 것이 아니고, 현재도 연구가 진행되고 있기 때문이다. 부모는 자폐스펙트럼장애 증상이 없지만 아이는 왜 가지고 있는가는 유전적 요인보다 환경적 요인(백신이나 중금속 오염, 화합물 첨가제 등)과 더 큰 연관성이 있다.

알레르기 검사(음식)

음식에 대한 민감성을 살피는 검사로, 음식에 대한 면역글로불린A(IgA), 면역글로불린G(IgG)에 대한 반응을 볼 수 있다(이 항체는 신체를 보호하는 역할을 한다). 각각의 음식에 대한 면역 민감도를 살펴보지만 체내 면역 시스템의 민감도는 확인해볼 수 없다.

대표적인 알레르기 유발 음식은 우유, 콩, 옥수수, 땅콩, 달걀이고 특이하게도 한국인들은 깨, 참기름, 들기름에 과민반응을 보이기도 한다.

모발 검사

신체의 중금속 오염도를 측정하는 가장 대표적인 검사다. 모발은 체내 독성물질, 특히 중금속을 내보내는 통로로 사용되기 때문이다. 예전에는 탄광이나 위험한 화학물질을 다루는 공장에서 일하던 사람이 갑자기 쓰러지거나 아플 때 검진 방법으로 사용했다. 그러나 스펙트럼장애의 치료에 있어서는 신경면역학이 대두되면서 해독은 더 이상 1차적으로 해결되어야 할 문제가 아니게 됐다. 즉 아이의 몸에 얼마나 많은 중금속이 있느냐보다 면역계가 중금속에 얼마나 과민하게 반응하는가를 더 우선시하고 있다.

모발 검사에 대해 많은 사람들이 오해하는 부분이 있는데, 바로잡으면 다음과 같다.

- 검사 결과는 신체에서 배출되는 중금속의 양을 측정한 것이지 몸 안에 있는 중금속의 양을 측정한 것이 절대로 아니다.
- 중금속 배출 결과는 신체의 독성 제거 기능에 이상이 없을 때 얻어진 결과와 비교(상대비교)해서 오염의 정도를 결정한다. 장과 간의 기

모발 검사의 신뢰도

미국에서는 초기 생의학적 검사 패키지에서 모발 검사 결과를 보조적 결과로만 사용했다. 기술이 발달된 지금은 혈액 혹은 소변 검사로도 정확하게 생의학적인 대사의 추이를 볼 수 있기 때문에 댄(DAN)학회나 에이미(Amy) 영양요법을 따르는 의사들은 모발 검사를 사용하지 않는 편이다.
우리나라에서는 현실적으로 이에 대한 대안이 없기 때문에 모발 검사를 하는데, 그 결과를 너무 맹신하거나 의무적으로 권유하는 태도는 개선되어야 할 것이다.

능이 저하되어 있고 세포 내 여러 대사 과정에 문제가 있어 독성 제거 기능이 미약한 스펙트럼장애 아이는 이미 중금속에 몸이 오염되어 있음에도 불구하고 배출되는 중금속 수치가 평균이거나 오히려 정상보다 낮은 범위로 치우쳐 있으면 중금속에 오염되어 있지 않다는 결과가 나올 수 있다. 즉 검사 결과가 체내 중금속 오염의 절대치를 보는 것이 아니라(이를 측정할 수 없는 것이 지금의 중금속 검사들의 한계다) 제거된 중금속의 상대치를 비교해 현재 몸의 상태를 진단하는 것이기 때문에 결과만으로 오염의 정도를 정확히 알 수 없다.

생의학 검사를 통해 발견된 자폐아들의 공통된 문제들

- 유전자 손상 및 변형 : 다양한 유전자 이상(특히 염색체 11번), 신경 연결 단백질인 뉴렉신의 변형 등
- 면역 기능 이상 : MMR 백신에 의한 신경조직 항체(MBP)
- 해독 능력의 감소 : 글루타티온(glutathione)과 메탈로티오네인(metallothionein)의 감소
- 중금속의 체내 축적 : 수은 함유 백신, 환경오염, 식품 오염 등이 원인
- 일부 식품에 민감 : 밀가루의 글루텐, 유제품의 카제인, 각종 식품첨가물, 오염된 원료에 민감
- 진균, 세균, 바이러스에 감염
- 세포 대사와 영양의 불균형

다양한 해독요법들

해독 자체를 권고하지는 않지만, 현존하는 중금속 해독요법으로는 킬레이션 주사요법(chelation), 약품, 항산화제가 있다.

몸속에 쌓인 중금속은 체외로 배출시키는 것이 쉽지 않아 중금속을 흡착시킬 수 있는 제재를 사용하는데, 이 방법을 킬레이션이라 한다. 대표적으로 EDTA(MgEDTA, CaEDTA), DTPA(CaDTPA, ZnDTPA), DMPS, DMSA 등이 가장 흔하게 사용된다. EDTA나 DTPA 주사요법은 부작용이 많이 보고되었다.

DMSA 요법은 소아 대상의 중금속 배출 방법으로 미국 FDA의 승인을 받았으며 수은 중독에 효과가 좋은 것으로 알려져 있다. DMSA 약물 킬레이션은 이전까지 일반인들도 약국에서 쉽게 구할 수 있었는데 FDA에서 일반인에게 처방전을 요구하면서 우리나라의 식약청 기준도 바뀌어 구입하려면 처방전이 있어야 한다.

스펙트럼장애의 생의학치료 3가지

아래의 3가지 방법이 생의학치료에서 전문의들과 부모들이 가장 선호하면서도 효과가 있다고 임상적으로 증명된 영양요법이다.

- 댄(DAN) 영양요법
- 에이미(Dr. Amy) 영양요법
- 갭스(GAPS) 식이요법

생의학치료를 위한 영양요법은 일단 뇌에 해악을 주는 글루텐과 카제인을 제한하는 GFCF 식이요법을 기본으로 하고, 결핍된 영양소와 신경세포의 손상을 막을 수 있는 영양소를 추가로 처방한다. 또 뇌와 장의 관계를 정상화하기 위해 장 기능을 개선하는데, 유익균은 주고 유해균을 죽일 수 있는 방법을 취한다. 대표적인 방법이 과일, 밥, 빵 등을 포함한 탄수화물 식품을 제한하고 좋은 지방을 섭취하는 것이다. 아이들마다 가지고 있는 생의학 문제들이 달라서 위의 3가지 영양요법 중 특히 우리 아이에게 잘 맞는 방법을 실행해볼 수도 있지만, 그렇더라도 공통된 원인들을 최우선적으로 처리하는 것이 원칙이다.

3가지 영양요법은 자폐스펙트럼장애의 원인을 서로 다르게 파악하고 있다. 댄(DAN) 영양요법에서는 신체의 생의학적 물질(영양분)의 불균형을 자폐스펙트럼장애의 원인이라고 하고, 에이미 박사(Dr. Amy Yasko)는 한 발 더 나아가 이러한 불균형이 결국은 신경세포, 특히 뇌세포의 손상을 일으켜 스펙트럼장애가 유도된다고 설명한다. 그리고 갭스(GAPS) 영양요법에서는 자폐스펙트럼장애의 원인 중에 뇌 기능 이상과 장 내 기능이 제일 중요한 요소라고 강조하면서 장 내 유해균의 원료가 되는 탄수화물을 제한하도록 권고한다.

이들 영양요법이 서로 어떻게 다르고 같은지 좀 더 자세히 알아보자.

댄(DAN) 영양요법

미국 의사와 과학자들로 구성된 댄(DAN)학회에서는 오래 전부터 발달장애의 생의학 문제를 해결하기 위한 효과적인 치료를 제안해왔다. 댄 영양요법은 현재 미국 내에서 가장 대중적인 생의학적인 영양요법으로 각광받고 있다.

댄학회에서는 정상적으로 자라던 아이들이 12개월에서 24개월 사이에 급격한 발달의 퇴행이 일어나면서(DSM 4판에서는 '아동기붕괴성장애'라고 정의한다) 언어 발달의 급작스런 중단, 눈 맞춤 감소, 난폭한 행동, 주위 환경에 대한 무관심 같은 증상들이 나타나는 가장 큰 원인을 '신체의 생의학적 기능 이상'이라고 보고 여기에 유전자 변형, 위장관 기능 장애, 면역과 해독 능력의 감소, 병원균 감염, 중금속 축적 등의 기질적 문제들이 복합적으로 작용한다고 설명한다. 이와 같은 병리 기전에 바탕을 둔 새로운 치료법들이 임상에 적용되면서 자폐스펙트럼장애의 치료에 큰 도움을 주고 있다.

임상적으로 생의학적 관점에서 치료 예후가 가장 좋은 경우는 정상적으로 발달하다가 만 2세 시기에 갑자기 발달이 퇴행하는 아이들이다. 이런 아이들은 생의학 문제로 뇌 기능이 손상된 것이기 때문에 손상이 심해지기 전에 원인을 제거하면 회복할 수 있다.

예전에는 갑작스런 퇴행도 유전의 영향이 크다고 봤지만 자폐스펙트럼장애의 유병률이 증가하고 인구 증가율과 상관없이 전염병처럼 증가하자

유전적 요인의 영향 외에도 환경적 요인들이 더 중요하게 작용하는 것으로 판단하고 있다.

에이미(Dr. Amy) 영양요법

스펙트럼장애의 치료에 있어서 사람마다 유전적, 환경적 요인이 다르기 때문에 에이미 박사는 개별적으로 치료할 것을 강조한다. 에이미 박사의 영양요법은 에이미 박사의 성을 따라 야스코(Yasko) 영양요법이라고도 불리는데 스펙트럼장애, 알츠하이머성 치매의 주원인을 만성 염증반응에 의한 생의학적 불균형으로 보고 생의학 검사 결과에 따라 처방하는 것이 특징이다. 치료에 있어서 생의학요법을 꾸준히 해도 일반적으로 최소한 3~4년은 걸리기 때문에 조급하게 생각하지 말고 주어진 방식에 따라 꾸준히 노력해야 한다(이 방법에 대해 좀 더 자세히 알려면 에이미 박사의 홈페이지 www.dramyyasko.com을 참고하자).

에이미 박사의 의견은 그렇지만, 자폐스펙트럼장애 아이들의 생의학치료를 오래 해본 경험으로 볼 때 뇌 기능 불균형은 자극치료와 생의학치료를 병행할 경우 치료 기간을 1년 미만으로 줄일 수도 있다. 실제로 다른 센터에서 감각통합치료와 운동치료를 5년여 넘게 해온 어떤 아이는 감각통합치료를 영양치료로 전환한 지 1년여 만에 지난 5년 동안의 치료 효과보다 더 좋은 효과를 보기도 했다.

에이미 박사가 생의학적 영양의 불균형을 제기한 이래로 사람들은 스펙트럼장애 아이들의 메틸레이션 대사 과정에 문제가 있다는 사실에 관심을 가지기 시작했다.

메틸레이션 대사 과정

메틸레이션 대사 과정(Methylation cycle)은 체내에서 바이러스, 박테리아 같은 각종 병균들에 대한 면역이나 신경세포 기능 조절에 필요한 생화학물질들의 합성 및 조절에 필요한 과정이다. 메틸레이션 대사 과정을 통해 메틸기($-CH_3$) 치환이 일어나면서 후성유전학에서 강조하는 유전자 발현이 일어나고 뇌의 기능 유지를 위한 신경전달물질도 합성된다.

- **메틸레이션 대사의 기능**

    신경전달물질의 합성, 간 해독의 활성화 등

- **메틸레이션 대사 문제로 생길 수 있는 증상**

    감염, 세포 괴사, 노화 가속, 장 내 염증반응, 새로운 신경세포 생성의 저하, 신경관 결손(neural tube defect), 난임, 피로, 암, 악성빈혈, 근육톤 저하, 다운증후군, 암모니아 증가, 황산염 증가, 황산염 민감도 증가, 편두통, 심혈관계 질환, 당뇨, 알츠하이머성 치매, 뇌졸중

- **메틸레이션 대사 과정에 관여하는 영양소들**

    – 비타민B_6·B_{12} : 고기에서 섭취할 수 있으나 스펙트럼장애 아이들의 경우 소화·흡수가 잘되지 않는다.

메틸레이션 대사 과정

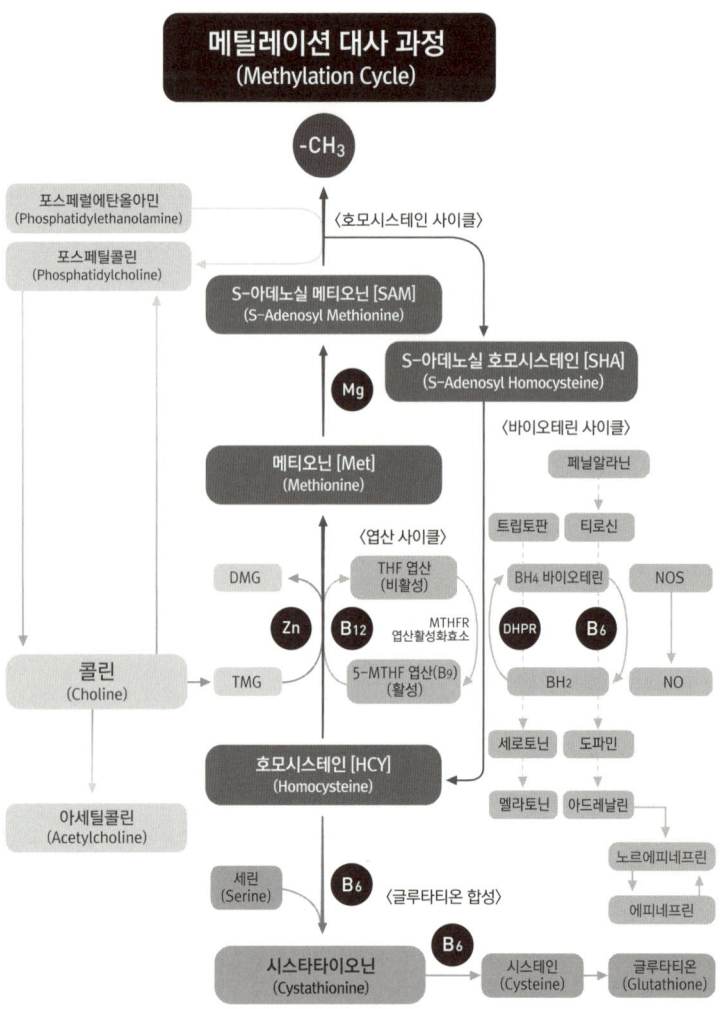

스펙트럼장애 아이들을 위한 메틸레이션 대사 과정에서 꼭 필요한 조효소는 마그네슘(Mg), B_6, B_{12}, 엽산이다.

[호모시스테인 사이클 : 호모시스테인 전환]

B_{12} : 호모시스테인 → 메티오닌

마그네슘 : 메티오닌 → S-아데노실 메티오닌(SAM)으로 전환

*메틸레이션 대사 과정에서 가장 먼저 요구되는 것은 심혈관계에 가장 위험하게 작용할 수 있는 독성 인자인 호모시스테인의 전환이다. 실상 콜레스테롤보다 호모시스테인이 심혈관계 질환을 유발하는 데 더 큰 영향을 미친다. 호모시스테인은 전환이 되지 않았을 때가 문제이고, 메틸레이션 대사 과정에서는 꼭 필요하다. 이 사이클에서는 B_{12}와 마그네슘 조효소가 꼭 필요하다.

[글루타티온 합성]

B_6 : 호모시스테인 → 시스타티오닌 → 시스테인

*호모시스테인은 글루타티온을 합성하는 데도 쓰이는데 조효소인 B_6가 필요하고, 이를 통해 생성된 글루타티온은 스펙트럼장애 아이들의 염증반응을 없애는 데 중요한 역할을 한다.

[엽산 사이클]

엽산(Folate)이 포함된 음식을 많이 섭취해도 MTHFR(엽산활성화효소)가 비활성 엽산인 THF를 활성화 형태의 5-MTHF 엽산으로 바꿔주지 않으면 아무 소용이 없다. 스펙트럼장애 아동은 MTHFR 효소가 제대로 작용하지 않는 경우가 많아서 일반 엽산을 먹어서는 도움이 안 된다. 활성화 형태의 엽산과 조효소 B_{12}가 꼭 필요하다.

[바이오테린(BH_4) 사이클]

신경전달물질 합성에 중요한 역할을 하며 조효소인 B_{12}와 엽산이 꼭 필요하다. 이 사이클을 통해 신경전달물질인 도파민, 세로토닌, 멜라토닌, 아드레날린을 합성하게 된다. 특히 바이오테린(BH_4) 사이클에 문제가 생기거나 페닐알라닌을 티로신으로 바꾸는 PAH 유전자에 손상이 있는 경우 페닐케톤뇨증이 발생해 페닐알라닌이 과잉되면 자폐스펙트럼장애의 원인이 되기도 한다.

바이오테린 사이클과 관련해서 바이오테린에 문제가 생겨 NOS(염증유도효소)가 NO(질산산화물)로 전환되는 데 문제가 생기면 염증반응이 가속화된다.

- 엽산 : 채소에서 섭취할 수 있으나 삶거나 볶으면 파괴된다(엽산을 과다 복용할 경우 아연이 감소하므로 메틸레이션 영양제를 대량 복용할 경우에는 아연과 함께 복용할 것을 권장한다).

*자율신경계의 기능이 좋지 않은 스펙트럼장애 아이들에게는 비타민B_6와 B_{12}, 엽산을 영양제로 추가 섭취할 필요가 있다.

메틸레이션 대사 과정은 세포 내 거의 모든 생의학적 대사 과정에 관여하지만 유전적으로 변형이 있으면 이 과정이 제대로 이뤄지지 않아서 신체가 허약해지고 신경세포들이 제 기능을 발휘하지 못한다. 스펙트럼장애 아이들은 이러한 메틸레이션 대사 과정에 문제가 생겨서 그 기능을 제대로 발휘하지 못하고, 대사 과정에서 생성되는 해독을 위한 글루타티온도 필요량보다 적게 생성된다. 이에 대한 적절한 보완이 이루어져야 건강해지면서 신체 스스로 다른 문제들을 해결할 수 있게 되어 중금속을 배출하고, 손상된 신경세포를 복구하며, 새로운 신경세포가 재생될 수 있다.

갭스(GAPS) 식이요법

3가지 생의학요법 중에서 최근에 가장 각광받는 요법은 갭스(GAPS: Gut And Psychology Syndrome) 식이요법이다.

갭스 식이요법을 창시한 사람은 영국의 여의사인 나타샤 캠벨로, 장과

▪▪ 자폐스펙트럼장애의 원인이라고 생각되는 외부 환경 및 내부 생의학적인 요인들

중금속 오염	수은·납·알루미늄의 축척, 아연 부족, 구리 과다
메틸레이션 문제	비타민B_6, 비타민B_{12}, 엽산 부족
소화 문제	단백질 흡수가 원활하지 않음
위장관(GI) 문제	• 글루텐과 카제인이 뇌에 들어가 과흥분시킨다. • 자가면역질환
곰팡이균, 칸디다균 문제	뇌세포에 염증반응을 일으킨다. 이런 이유로 비염, 아토피가 생길 수 있다.

▪▪ 태아기부터 출생 후까지 따른 시기별 자폐스펙트럼장애의 원인

태아기	• 외부 환경 : 환경독소, 엄마의 스트레스, 엄마의 병, 엄마의 약물 중독, 엄마의 알코올 섭취, 엄마의 흡연, 엄마의 부적절한 영양 섭취나 필수영양소 결핍
	• 유전적 요인
출생 시	조기 출산, 상해(저산소증 등)
출생 후	예방주사(수은 보존제), 아말감 수은 충전물, 환경독소
	유제품, 밀가루, 설탕의 과다 섭취

▪▪ 실제 임상 연구에서 밝혀진 자폐스펙트럼장애 아동들의 공통된 문제

유전적 문제	메틸레이션 기능 이상
신경학적 문제	좌우 뇌 기능 불균형
생의학 문제	신경전달물질과 그 외 대사 문제
위장관(GI) 문제	소화력 저하, 곰팡이균·칸디다균의 증가, 새는장증후군
해독 능력의 문제	간 해독 능력 저하(시스테인, 타우린, 글루타티온)
자가면역 시스템의 문제	뇌 기능 불균형, 민감한 면역계

뇌의 연관관계를 푸는 것이 치료의 핵심이라고 주장한다. 언어 문제를 가지고 있던 나타샤의 아들도 1년 반이 넘는 갭스 식이요법을 통해 언어가 가능해지고 자폐스펙트럼장애 증상들이 개선되었다고 한다.

나타샤 캠벨 박사의 갭스 이론과 식이요법은 '스펙트럼장애가 뇌의 기능적 문제에서 비롯되었지만 장과 밀접한 연관이 있으며, 장이 뇌보다 우선시되어야 한다'는 입장이다. 그래서 장 내 유해균들의 원료가 되는 탄수화물을 완전히 제한하도록 권고한다.

갭스 식이요법을 하면 위장관 기능이 좋아지고, 그 결과 뇌를 비롯한 몸의 기능이 제 역할을 할 수 있게 된다고 말한다. 일반적으로 장에 문제가 있는 대부분의 스펙트럼장애 아이들은 탄수화물을 제대로 소화시키지 못하고, 소화되지 못한 탄수화물은 유해균들의 먹이로 사용된다. 그래서 갭스 식이요법은 탄수화물을 제한하는 동시에 장 치료나 재생에 좋은 음식과 위장관이 제 기능을 찾을 수 있도록 도와줄 영양을 보충할 것을 권장한다.

생의학 문제와 치료에 대한 내용은 이 정도만 이야기하려 한다. 관련 논문과 학설들을 이 책에 모두 정리하기에는 분량이 너무 많거니와, 생의학치료가 국내 실정에서는 실행하기가 쉽지 않기 때문이다. 생의학치료는 자극치료와 식이요법을 먼저 시작한 후에 생각해보아도 늦지 않다.

식이요법, 본격적으로 시작하기

장 건강과
뇌 기능 발달에 좋은
다양한 식이요법들

식이와 관련해서 상담을 하다 보면 다음과 같은 질문을 많이 받는다.

"아이가 발달장애인데 어떻게 먹는 것이 좋은가요?"

"아이 때문에 가족 모두가 식단을 바꿔야 할까요?"

"과자는 왜 안 좋을까요?"

"몸에 좋은 건강한 식단은 맛이 없는데, 어떻게 먹여요?"

"밀가루는 완전히 금지해야 하나요?"

스펙트럼장애 아이들의 식이에 있어 기본 사항은 '피해야 할 것은 피하고 하지 말아야 할 것들은 하지 않는 것'이다.

식단에서 뺄 것, 식단에서 더할 것

밀가루와 유제품은 뺀다

가장 먼저 밀가루와 유제품을 피해야 한다. 밀가루와 유제품은 장에서 염증반응을 일으키고, 새는 장(leaky gut)을 통해 흡수되면 간의 해독능력을 저하시키고 체내 스트레스를 유발한다. 그뿐이 아니다. 결국에는 뇌까지 전달되어 뇌의 기능을 떨어뜨린다. 이는 성인도 마찬가지여서 파킨슨병이나 알츠하이머 치매와 같은 뇌 질환을 일으킬 수 있다.

지방은 더한다

뇌에는 많은 지방들이 필요한데, 알려진 사실과는 달리 오메가-3와 같은 불포화지방산은 꼭 필요하다. 더욱 중요한 사실은 지방이 뇌가 자라는 아동, 청소년뿐만 아니라 성인에게도 똑같이 필요하다는 사실이다.

글루타메이트와 MSG는 뺀다

뇌 신경계의 자극독소 또는 흥분독소인 엑시토톡신(Excitotoxin)은 신경을 흥분시키는 신경전달물질로, 그 양이 과도하게 많으면 신경세포를 손상시키거나 죽게 한다. 대표적인 흥분독소는 필수아미노산의 하나인 글루타메이트(glutamate, 글루타민산염, 화학조미료의 주성분)다.

글루타메이트는 인체에 있는 흥분성 신경전달물질로 학습과 장단기 기억과 언어 능력 발달에 반드시 필요하며, 진정성 신경전달물질인 가바(GABA)의 전구체이다. 그러나 MSG라든가 각종 설탕 대용제(뉴트라스위트, 이퀄, 스플렌다 등)에 첨가되면서 자연스럽게 많은 양을 섭취하게 되었다.

MSG와 같은 화학조미료 및 유사 설탕들은 다량의 MSG를 함유하는데, MSG는 뇌신경을 극도로 흥분시켜서 손상을 주거나 파괴한다. MSG가 나쁘다고 하니까 식품 업체들은 다른 첨가물을 사용하는 것처럼 이름만 바꾸어 화학조미료를 계속 사용하고 있다. natural flavor, hydrolysis yeast, hydrolyzed vegetable protein 등은 MSG의 다른 이름이라고 봐도 무방하다.

글루텐과 카제인 역시 과량의 글루타메이트를 함유하고 있다. 글루타메이트를 적절히 조절하지 못하는 자폐스펙트럼장애 아이들은 흥분독소의 폐해(신경세포의 손상 및 죽음)를 고스란히 입게 된다. 신경세포의 손상은 뇌 기능에 이상을 일으켜서 자폐스펙트럼장애를 유도하므로 아이에게는 가능한 빵류와 유제품을 안 먹이는 것이 좋다. 이를 GFCF 식이요법(글루텐과 카제인을 제한하는 식이요법)이라고 부르는데, 어떤 아이들은 GFCF 식이요법만으로 자폐증에서 완치되었다는 보고도 있다(Karyn Seroussi, Unraveling the Mystery of Autism and Pervasive Developmental Disorder, ISBN 0-684-83164-3).

특히 가공식품이나 화학 처리 식품, 기업적 목축에 의한 육류와 육가공식품 등은 철두철미하게 골라내서 절대로 섭취하지 말고, 가급적 자연식이나 유기농 제품을 먹여야 한다.

GFCF 식이요법 : 글루텐과 카제인을 제한한다

스펙트럼장애와 관련된 식이요법은 너무나 많다. 부모들은 이에 대해 어떻게 평가할까? 1967년부터 자폐아 치료 방법에 대한 부모들의 평가를 수집해온 미국자폐연구기관(Autism Research Institute)의 2009년 보고서에 의하면 66%의 부모들이 GFCF 식이요법이 증상 개선에 어느 정도 효과가 있다고 답변했으며, 69%의 부모들이 SCD 식이요법(특정 탄수화물만 제한하는 식이요법, 336쪽 참고)이 증상 개선에 효과가 있다고 답변했다.

그중에서 GFCF 식이요법(Gluten-Free, Casein-Free Diet, and often corn-free and soy-free)은 밀에 함유된 단백질인 글루텐과 우유에 들어 있는 단백질인 카제인을 제한하는 식이요법이다. 우리나라에 비해 비교적 오랜 기간 동안 자폐스펙트럼장애 아이들을 치료해온 미국에서는 생리화학적 보조영양치료를 통해 자폐스펙트럼장애가 완치된 일이 가끔 있었는데, 이러한 관점에서 중요한 생의학치료 중 하나가 GFCF 식이요법이다. 최근에는 유명인들도 다이어트나 건강 관리를 위해 GFCF 식이요법을 실천한다는 사실이 알려지면서 관심 있는 일반인들도 점차 늘어나고 있다.

스펙트럼장애 아이들은 선천적 혹은 후천적(항생제 과다 복용 등)으로 장이 헐어 있어 외부물질로부터 완벽하게 방어를 하지 못하는데, 이 상태에서 혈류를 통해 뇌에 그대로 전달된 글루텐과 카제인은 중추신경계를 흥분시키는 역할을 한다. 분해되지 않은 글루텐과 카제인 성분은 뇌에서 모르핀처럼 작용해 안개 낀 뇌(brain fog) 반응을 일으킨다고 알려져 있다. 하루 종일 눈이 풀린 멍한 상태로 있을 때가 많으며, 고통에 민감하지 않아 다쳐도 아픔을 잘 느끼지 못해 울지 않을 수 있다. 단기적으로는 유제품에 들어 있는 카제인이 더 문제인데, 카제인에 반응을 보이는 아이들은 대부분 글루텐에도 예민하게 반응한다.

GFCF 식이요법을 완벽히 실행할 경우 몸에서 사라지기까지는 카제인이 3일 정도밖에 걸리지 않지만, 글루텐은 완전히 소멸되는 데 8개월까지 걸린다. 게다가 집에서 완벽히 글루텐과 카제인을 제한해도 마트에서 구입하는 가공식품이나 외식 음식에는 글루텐과 카제인이 소량이라도 들어 있기 때문에 GFCF 식이요법을 완벽히 실행하는 데는 한계가 있다.

뇌가 좋아지고, 이로 인해 다른 신체 기능이 완전히 회복되기까지 뇌 기능 불균형 치료와 GFCF 같은 식이요법을 병행하는 것은 중요한 대안 치료가 될 수 있다. 물론 이를 완벽히 실행하기에는 분명 어려움이 있지만 자극 치료를 병행하면 뇌가 좋아지면서 자율신경과 민감한 면역계(자가면역과 같은)가 정상화되는 것은 물론 소화·흡수 작용의 개선으로 장 건강이 회복된다. 여기에 장에 좋은 유익균을 같이 섭취하면, 여전히 조절해야 하지만, 식이요법에서 조금 더 자유로울 수 있다.

우리나라 부모들이 겪는 어려움

댄이나 에이미 영양요법에서는 생의학 영양요법과 GFCF 식이요법을 100% 완벽하게 해야 하며 조금이라도 글루텐이나 카제인을 섭취하면 효과가 다시 원점으로 돌아가거나 상태가 더 안 좋아진다고 하니 난감한 일이다. 도대체 생의학치료를 하라는 것인가, 말라는 것인가?

이런 이유 때문에 우리나라의 스펙트럼장애 아이들의 부모들은 생의학치료의 시작부터 좌절감을 겪는다. 한국과 달리 미국은 GFCF 식이요법을 할 수 있는 대안이 충분히 있다. 글루텐이 들어가지 않은 과자나 간식은 물론 우유를 대체할 수 있는 쌀우유와 아몬드우유 등을 쉽게 구할 수 있으며, 심지어 피자를 파는 음식점에서도 글루텐 프리 피자를 쉽게 주문할 수 있다. 햄버거를 파는 어떤 곳은 상추를 빵처럼 사용해 밀가루가 들어가지 않은 햄버거를 제공한다.

얼마나 오래 해야 할까?

좋은 음식과 좋지 못한 음식을 제대로 구분하지 못하는 아이들은 특정 식품에 집착하기 쉽다. 해로운 음식을 먹더라도 몸에서 당장 부정적인 변화가 일어나지 않으니 부모 입장에서는 식이요법을 지속하기가 쉽지 않다. 또 생의학치료와 식이요법을 병행해도 근본적으로 뇌의 기능이 강해지고 이에 따라 면역 기능이나 신체 조절 기능이 완전히 회복되기까지는 시간이 비교적 많이 걸린다. 자폐스펙트럼장애를 위한 GFCF 식이요법 기간은 보통 다음과 같다.

- 평균 정도의 새는장증후군일 경우 : 최소한 60일(2개월)
- 중증의 새는장증후군일 경우 : 최소한 180일(6개월)
- 심각한 새는장증후군일 경우 : 최소한 360일 이상(1년)
- 자가면역질환, 셀리악병, 아토피, 비염일 경우 : 평생

장 기능이 그리 나쁘지 않은 아동들은 기간을 축소할 수도 있지만, 장 기능 저하 증상이 명확하다면 최소 6개월 이상 GFCF 식이요법을 고집스럽게 할 필요가 있다.

SCD 식이요법 : 복합탄수화물을 가려서 먹인다

SCD(specific carbohydrate diet)에서 말하는 특정 탄수화물은 일반적으로 단당류보다 좋다고 여겨지는 복합탄수화물(이당류, 다당류)이다. 그러나 스펙트럼장애 아이들은 복합탄수화물을 대사 과정의 문제로 완전히 소화시키지 못하기 때문에 장에서 유해한 박테리아를 번식시키는 원인이 된다. SCD 식이요법에서는 복합탄수화물뿐만 아니라 정제설탕으로 만든 음식과 곡류, 녹말·전분류를 제한하라고 요구하기 때문에 탄수화물이 주식인 국내에서는 실행하기가 쉽지 않은 식이요법이다. 곡물가루(grain flour) 대신 견과가루(nut flour)를 섭취할 것을 추천한다.

식이요법을 경험해본 부모들은 SCD 식이요법만 실행하기보다는

GFCF와 병행하는 것이 더 효과적이라고 말한다. 이 외에 식품첨가물, 설탕, 탄수화물, 발효식품, 콩과 같은 음식들까지 식단에서 제외한다.

저퓨린 식이요법 : 퓨린의 함량을 제한한다

세포 내 퓨린계(Purine)의 대사 작용에 장애가 있어서 자폐스펙트럼장애가 발생하는 경우를 퓨린 자폐증(Purine autism)이라고 부른다. 많게는 자폐스펙트럼장애의 20% 내외가 퓨린 대사에 문제를 가지고 있을 것으로 추정된다. 소변에서 퓨린의 대사물질인 요산(uric acid)이 많이 배설된다고 알려져서 24시간 동안 소변을 모은 후 소변 내 요산의 양을 측정해 정상보다 높게 측정되면(hyperuricosuria) 퓨린 수치가 높다고 본다.

일단 소변 검사에서 퓨린 수치가 높으면 퓨린의 함량이 제한된 저퓨린

퓨린이 많아서 꼭 피해야 할 음식

- 건어물 : 마른 새우, 마른 멸치, 가다랑어포 등
- 등 푸른 생선류 : 청어, 참치, 멸치, 고등어, 정어리 등
- 육류 및 생선의 내장 : 국물을 제외한 삶은 고기를 권유
- 콩
- 시금치
- 버섯
- 맥주

식이요법(low purine diet)을 하는 것이 좋으며, 이를 꾸준히 지속하면 스펙트럼장애 증상이 호전된다.

갭스 식이요법 : 복합탄수화물과 유제품, 페놀이 함유된 식품을 제외한다

갭스(GAPS) 식이요법은 SCD 식이요법의 지침에 유제품을 추가로 제한한다. 반면, 포화지방을 적극적으로 추천한다. 포화지방은 무기질이나 비타민의 체내 흡수를 도와주기 때문이다.

갭스 식이요법을 위해서는 SCD와 마찬가지로 대부분의 당을 차단해야 한다. 단 음식이나 간식, 빵, 주스 등 첨가물이 들어간 가공식품은 물론 쌀을 포함한 곡류, 감자, 고구마 같은 녹말류도 모두 제외해야 한다.

갭스 식이요법에서는 자폐스펙트럼장애의 증상이 장과 밀접한 관련이 있다고 믿기 때문에 페놀이 들어간 음식도 철저하게 제한한다. 장 내에 곰팡이균이나 이스트가 많으면 페놀이 들어간 음식이 제대로 분해되지 못한다. 분해되지 못한 페놀은 장을 통해 흡수되고 그 페놀이 뇌 신경계를 손상시킬 수 있다. 페놀이 많은 음식으로는 수박, 딸기처럼 붉은색 과일이 있다.

이런 점은 주의하자

갭스 식이요법이 스펙트럼장애 치료에 적합한 부분도 있지만 맞지 않는 부분도 있다. 갭스 식이요법에서는 뼈와 고기를 우린 국물을 끼니마다 먹을 것을 추천하지만, 유기농이 아니라면 안전하지 않을 수 있다. 달걀도 무조건 먹으라고 하는데 면역계의 기능이 좋지 않아 알레르기반응이 있다면 추천하고 싶지 않다. 갭스 식이요법과 유사한 팔레오 식이요법(Paleo. 고대 원시 식사)에서는 단백질과 지방, 채소 위주의 식사를 해야 하고 과일은 좋다고 하지만 갭스 식이요법에서는 제한한다.

갭스 식이요법에서는 식이요법을 엄격히 실천하면서 고용량의 좋은 유산균(프로바이오틱스)과 곰팡이를 죽일 수 있는 항곰팡이제를 함께 복용하면 1~2주 내에 곰팡이나 이스트가 사멸한다고 말한다. 그러나 실제로는 사실이 아니다. 왜냐하면 갭스 식이요법처럼 탄수화물을 완전히 차단하는 식이요법은 간식과 과일을 절대 먹으면 안 되며 밥도 먹어서는 안 되는데, 엄격하게 갭스 식이요법을 실천해도 장 내 곰팡이균이나 이스트균은 쉽게 사멸되지 않기 때문이다. 곰팡이균이나 이스트균이 사멸하기까지 보통은 6개월에서 2년 넘게 소요되는 아이들도 많다. 장 건강이 자폐스펙

갭스(GAPS) 식이요법을 할 때 주의할 점

- 과일은 원칙적으로 추천하지 않는다. 갭스 식이요법을 진행하는 2년 동안 장 건강이 회복되면 당질이 낮은 자몽과 같은 과일을 소량으로(하루에 자신의 주먹 크기의 2분의 1) 섭취할 수 있다.
- 뼈와 고기 국물은 유기농으로!
- 달걀은 알레르기가 있다면 먹지 않는다.

트럼장애의 증상과 관련해서 중요하지만 장 건강이 스펙트럼장애의 모든 문제가 결코 아니기 때문이다.

갭스 식이요법을 효과적으로 실천하려면?

SCD와 갭스는 GFCF만으로는 증상 개선에 별 효과가 없었거나, 장 내 염증반응이 심해 생후 초기부터 장과 관련된 중대한 증상이 있었던 아이들에게 추천된다. 장과 관련된 증상이란 만성적인 변비와 설사, 혹은 모래처럼 부서지는 변이나 점액질이 많거나 너무 무른 변을 자주 보는 것을 말한다.

SCD와 갭스 식이요법이 증상 개선에 어느 정도 효과가 있다는 것은 동의하지만 실행하기가 정말 만만치 않다. 밀가루와 유제품을 제한하는 것은 한식을 하면서 어느 정도 따를 수 있지만 탄수화물을 극도로 제한하는 것이 현실적으로 어렵기 때문이다. 이로 인한 고충을 호소하는 부모들은 너무나 많다.

그럼 어떤 방법이 가장 이상적일까? GFCF를 하면서 증상 개선이 보인다면 이어서 소개할 팔레오 식이요법을 강력히 추천한다. 팔레오 식이요법을 충실히 실천한다면 GFCF, SCD, 갭스 식이요법보다 더 큰 효과를 기대할 수 있다. 만약 GFCF를 하면서 전혀 효과가 없다면 생의학적 영양요법이 필요할 수 있다. 그러나 이는 어디까지나 식이요법만 할 때의 얘기이고 자극치료를 병행해서 뇌 기능 불균형을 개선한다면 위장관의 문제나 자율신경 조절의 문제들은 자연스럽게 해결될 수 있다.

팔레오 식이요법 :
지방과 단백질 섭취를 늘리고, 가공식품은 먹지 않는다

채식동물의 경우 위장관에서의 영양소 구성비율은 지방, 단백질, 탄수화물 순이다. 이 사실을 참고해 지방과 단백질의 섭취는 늘이되 탄수화물의 비중을 줄이고, 탄수화물도 안전한 탄수화물만 먹는 팔레오 식이요법(Paleo. 고대원시 식사)이 생겨났다. 팔레오 식이요법은 말 그대로 원시시대처럼 사냥과 낚시로 잡은 고기를 구워 먹고 열매와 채소를 직접 재배해 먹는 식이요법이다. 식품을 가공하는 일이 없기 때문에 암을 유발하는 경화식용유에 대해 걱정할 필요가 없다.

팔레오 식단은 자가면역질환(결핵, 다발성 경화증, 루푸스, 소아당뇨, 갑상선 기능저하증 등), 아토피, 비염, 크론병(chrohns desease. 장의 만성 염증을 통해 복부 통증, 설사를 일으키는 질환)과 같은 만성 질환을 치료하는 것은 물론 건강한 피부와 몸매, 체형을 유지할 수 있는 식단으로 유명하다. 실제로 요요 없이 체중 감량에 성공한 사례가 가장 많은 식이법이다. 간헐적 단식이라고 알려진 식이법도 팔레오 식단에서 유래되었다.

그럼 팔레오 식이요법은 어떻게 할 수 있을까?

팔레오 식이요법은 음식을 조리하지 않는 생식을 의미하지 않는다. 인공적이고 가공된 것을 빼고 건강한 것을 먹는 식이법이다. 그 외의 특징을 요약하면 다음과 같다.

1. 고지방, 적당한 동물성 지방, 적당한 탄수화물을 섭취한다. 칼로리를 계산하거나 단백질을 제한하지 않는다.

2. 코코넛, 올리브, 아보카도, 마카다미아, 소고기·염소고기·돼지고기·오리고기의 지방 등 동물성·식물성 포화지방을 양껏 먹는다. 요리용으로는 코코넛오일을 쓰고, 올리브오일과 아보카도오일은 되도록 가열하지 않은 생오일을 먹는다.

3. 붉은 고기, 날짐승 고기, 달걀, 동물 내장(간, 염통, 심장, 돼지 내장 제외), 뼈를 우린 국물 등 동물성 단백질을 많이 섭취한다. 동물은 방목해 키우고 항생제와 호르몬, 환경독소로부터 비교적 안전한 것을 선택한다.

4. 채소는 제한 없이 자유롭게 먹고, 과일은 식후에 사과 반개 정도, 하루에 사과 1개로 제한해 섭취한다. 다이어트를 원하거나 장과 관련된 증상이 심하다면 과일은 먹지 않는다.

5. 안전한 탄수화물을 섭취한다. 안전한 탄수화물은 쌀, 고구마이다. 위험한 탄수화물은 밀, 보리, 콩류, 수수, 현미 등 안전한 탄수화물을 제외한 모두가 해당된다(일반적으로 현미가 겨에 포함된 영양소 때문에 좋다고 알려져 있으나 일부 과학자들은 현미에 붙은 겨가 자가면역을 유발한다고 경고한다. 그러나 이런 경고는 서양인들에게 해당되며 쌀을 주식으로 먹어온 동양인들에게는 그 치명도가 낮다고 생각된다. 하지만 장이 안 좋은 사람들에게는 현미 대신 백미를 먹을 것을 추천한다).

6. 설탕을 먹지 않는다. 프락토올리고당을 먹고, 프락토올리고당이 없

다면 차선책으로 꿀을 이용한다. 프락토올리고당은 위장관에서 소화되지 않고 장 내 좋은 유산균의 먹이가 되어 부티라트(butyrate, 낙산염)와 같은 단사슬지방산을 생성한다. 단, 프락토올리고당을 짧은

간헐적 단식

간헐적 단식으로 체중을 감량하려는 사람이라면 간헐적 단식의 본질에 대해 이해해야 한다. 음식을 먹고 소화하는 과정은 아무리 좋은 음식을 먹어도 노화를 가속화한다. 특히 단백질과 지방에 비해 탄수화물의 대사가 더 빨리 노화를 가속화하는데, 그 이유는 인슐린이 관여하기 때문이다.

간헐적 단식은 단순히 살을 빼는 것뿐만 아니라 몸을 가볍게 하고 대사 과정에 관여하는 장기를 쉬게 해 해독 과정을 돕는다. 그리고 최소한 8~16시간의 공복은 운동을 하면 발생하는 스트레스 저항과 신경 시냅스를 가속화하는 신경 영양인자인 BDNF의 생성을 가속화하는 장점이 있다. 실제로 한 끼를 굶으면 몸에 스트레스를 유발할 것 같지만 오히려 몸이 받는 스트레스는 줄어들고 신경세포의 생성을 돕는 물질이 만들어진다.

간헐적 단식을 가장 효과적으로 하는 방법은 아침을 든든히 먹고 점심을 굶는 것이다. 아침을 7시에 먹는다면 저녁을 먹기까지 최소한 12시간을 공복으로 보낼 수 있다. 이 시간이 고통스럽다면 중간에 코코넛오일 1~2수저와 따뜻한 커피, 차 혹은 뜨거운 물을 마신다면 배고픔의 고통 없이 비교적 자연스럽게 간헐적 단식을 할 수 있다. 저녁에는 폭식을 하지 않는다. 간헐적 단식이 익숙해지면 저녁까지 이어서 단식을 할 수 있는 정도가 된다. 물론 이 과정이 고통스럽지 않아야 하는 것이 중요한데, 점심을 건너뛰는 것을 일주일에 두 번 정도 할 수 있게 되면 다이어트는 물론 몸이 가벼워지는 것을 느낄 수 있을 것이다.

근육을 늘리거나 살을 찌우는 게 목적이 아니라 살을 빼는 것이 목적이라면 음식 조절이 80%이고 나머지 20%가 운동이라는 것을 꼭 명심하자.

*주의 : 간헐적 단식은 팔레오 식이요법의 이해를 돕기 위해 소개하는 것일 뿐 스펙트럼장애 아동들에게 권장하는 사항은 아니다.

시간에 과다 섭취할 경우 복통이나 가스가 많이 생길 수 있으니 주의한다(프락토올리고당은 원료가 옥수수여서 논란의 대상이긴 하지만 장 건강에 도움이 될 수 있다).

7. 버터와 자연발효 치즈, 크림, 플레인 요구르트는 허용하고 그 외 유제품(우유 포함)은 금지한다. 라벨을 보고 탄수화물이나 당류가 적은 것을 선택한다. 플레인 요구르트의 경우 플레인이라고 해놓고 탄수화물과 당류 포함량이 10%가 넘는 제품도 많으니 주의한다.

8. 배가 고플 때만 먹는다. 끼니를 거른 것에 대해 스트레스를 받지 말고 하루 세 끼를 꼭 먹어야 한다는 고정관념을 버린다. 이 부분은 간헐적 단식과 관련해서 중요하다.

9. 충분한 수면과 휴식이 중요하다. 최소한 밤 11시 이전에 잠들고, 잠을 잘 때는 보조등을 켜지 않는다.

팔레오 식이요법에서 허용되는 음식

- 단백질 : 고기(소고기, 돼지고기, 들소고기, 염소고기, 양고기, 오리고기 등), 해산물(조개류 포함), 달걀(비타민A · B군 · K2(메나퀴논, menaquinone), D가 많이 들어 있다)
- 지방 : 포화지방(코코넛오일, 버터)
- 탄수화물 : 쌀, 감자, 고구마, 타피오카(글루텐 프리 제품의 원료로 많이 쓰인다. 옥수수 제품보다 좋다)
- 채소, 과일(비타민C · K1(필로퀴논, phylloquinone), 엽산이 많이 들어 있다)

팔레오 식이요법에서 금지하는 음식

- 안전하지 않은 곡류 : 쌀은 제외, 콩, 밀가루, 수수, 기장, 조, 메밀, 보리, 퀴노아 등
- 유제품(버터, 치즈, 요구르트 제외)
- 콩(legumes)
- 가공식품, 설탕
- 식물성 기름

* 팔레오 식이요법도 때에 따라서는 감자를 안전한 탄수화물로 분류하고, 유제품의 허용 범위가 다를 수도 있다.

이 음식만은 조심하고 피하자

● **스펙트럼장애 아동들이 조심해야 하는 음식들** : 가지, 토마토, 감자, 파프리카

가지류(night shade)와 채소는 트로판알카로이드(tropane alkaloids)를 함유하고 있어 염증반응을 가속화하고 신경전달물질의 합성을 방해한다. 가지류에 포함된 니코틴(nicotine)은 아세틸콜린 합성을 방해한다. 이로 인해 부교감신경은 저하되고 교감신경은 활성화되므로 스펙트럼장애 아동들은 섭취에 조심해야 한다.

● **발달장애 아동들이 피해야 하는 음식** : 우유, 달걀, 콩

이 3가지 식품은 알레르기를 가장 쉽게 유발한다. 스펙트럼장애 아동들은 장 기능이 안 좋기 때문에 알레르기를 유발하는 음식을 먹으면 염증반응이 가속화된다. 성장이 마음에 걸린다면 우유와 달걀 대신 마그네슘이 들어간 칼슘 보조제를 섭취한다. 장 문제가 해결되면 그 후부터는 우유와 달걀을 먹을 수 있다.

뇌를 위한 영양요법

뇌에 가장 중요한 영양은 산해진미나 특수한 약초나 영양제가 아니다. 그렇게 영양을 흡수해도 뇌와 관련된 증상이 쉽게 좋아지지 않는다.

만약 스펙트럼장애 아이에게 생의학적 대사 과정과 연관되는 직접적인 문제가 있거나 증상이 있다면 부수적인 영양요법이 필요하겠지만, 그렇지 않다면 적합한 식이요법을 따르는 것이 좋다. 그 외에 탄수화물은 줄이고 좋은 지방과 좋은 단백질을 섭취해야 한다. '그 외'라고 했지만 스펙트럼장애 아이들의 부모 혹은 일반인들에게 절실하게 필요한 것은 '그 외'의 내용인지도 모른다.

탄수화물이 뇌에 꼭 필요한 에너지원인데 스펙트럼장애 아이들은 뇌나 인체가 필요로 하는 양 이상으로 탄수화물을 과잉 섭취한다. 단백질은 신체 구성요소와 신경전달물질을 만드는 데 중요하다. 스펙트럼장애 아이들 중에 편식이 심한 아이의 경우 단백질 섭취가 제한되면 정상적인 신경전달물질의 기능을 기대할 수 없다. 단백질을 잘 섭취한다 해도 뇌 기능(자율신경계)이 이를 소화, 흡수, 분배해서 이용할 수 있도록 뒷받침해야 한다. 신경전달물질을 만드는 데 단백질이 제대로 이용될 수는 있어도, 단백질은 탄수화물에 따라 신경전달물질의 전환이나 이용에 제한을 받을 수 있다. 가장 영향을 받는 신경전달물질 중의 하나가 안정과 정서를 담당하는 세로토닌인데, 탄수화물을 과잉 섭취하면 세로토닌의 합성이 일시적으로 증가하면서 탄수화물 중독을 부추긴다.

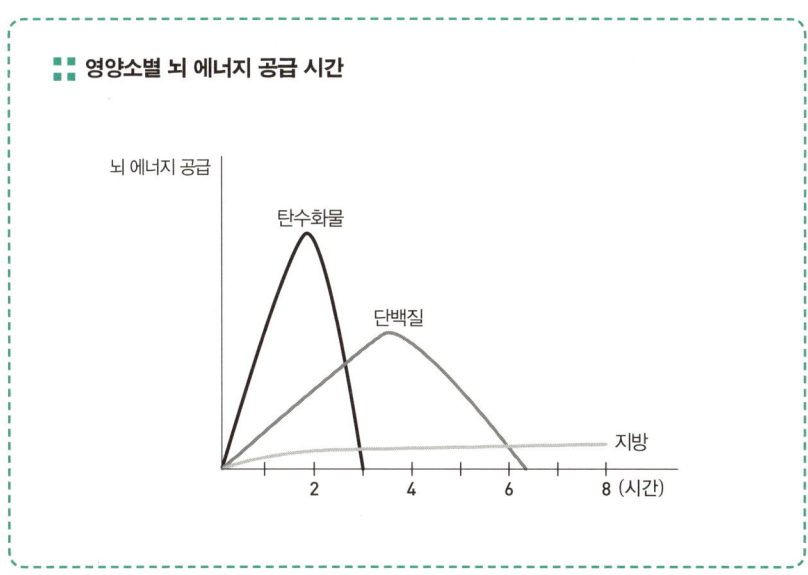

영양소별 뇌 에너지 공급 시간

지방은 뇌의 구성에 꼭 필요한 물질이다. 뇌세포도 지방으로 구성되어 있고 신경가소성에 따라 신경의 새로운 연결이 생성되고 신경이 손상되고 치유되는 모든 과정에 지방이 필요하다. 탄수화물보다 지방이 더 안정적으로 뇌에 에너지를 공급한다. 칼국수나 라면으로 한 끼를 해결했을 때보다 고기를 먹거나 지방이 많이 들어 있는 음식을 먹었을 때 속이 더 든든하고 졸린 현상이 줄어드는 것은 이 때문이다.

초기 6개월간의 식이요법과 그 후의 영양제 섭취법

생의학치료를 돕는 영양제 섭취에도 순서가 있다.

우선 항곰팡이제를 먹어 유해균을 억제해서 영양분을 소화할 수 있는 환경을 만들어주고, 유산균 섭취를 병행해 유익균의 수를 늘려주는 것이 좋다. 항곰팡이제와 유산균을 동시에 섭취할 수 없다면 유산균만이라도 꼭 섭취해야 한다. 이 밖에 해독 및 항산화작용을 하는 글루타티온, 체내 신진대사에 필수적인 비타민B군을 섭취해 장의 기능이 안정화되면 마지막으로 오메가-3를 섭취해 뇌에 좋은 지방을 지속적으로 공급해주어야 한다.

초기 6개월간의 식이요법

위장관의 기능이 좋지 않고 소화가 잘되지 않는 스펙트럼장애 아이들을 위해 초기 6개월간은 뇌 기능이 좋아지도록 기다리면서 소화가 잘되는 음식들을 가려 먹게 하는 것이 목표다.

이 기간에는 GFCF 식이요법을 실천한다. 설탕(과일 포함), 우유, 달걀, 밀가루 음식은 먹지 않는다. 군것질도 하지 않는다. 고기를 먹지 않고 소화가 잘되는 단백질을 추가로 준다. 그리고 아래의 영양제를 먹게 한다.

- 소화제(단백질, 지방, 탄수화물 모두)
- 장 영양제
- 곰팡이 잡는 영양제 : 마늘, 모린다
- 유산균
- 신경을 안정시키는 영양제 : 비타민B_6, 비타민B_{12}(메틸코발라민 methylcobalamin), 엽산
- 간 해독에 좋은 영양제 : 글루타티온, 황, EFA/DHA(비타민D가 들어 있는 대구간유)
- 비타민D : 14kg당 1000IU 섭취, 하루에 5000~10000IU까지 괜

찮다.

- 칼슘 : 신경을 흥분시키기 때문에 일단은 보류

> ### 초기 6개월간에 꼭 먹어야 하는 영양제와 해야 하는 검사
>
> ● **추천하는 영양제**
> 비타민B6, 비타민B12(메틸코발라민), 엽산, 글루타티온, 장 내 유해균 제거제(항곰팡이제), 유산균, 비타민D(항암, 면역력 증가, 뼈 성장, 간 해독)
>
> ● **검사**
> 혈액 검사(비타민B12, 비타민D 검사 : 수치가 50~75이면 정상, 100까지 나오면 좋음), 소변유기산 검사, 대변 검사(장 유익균과 유해균 비교)

일반적으로 알려진 영양소의 하루 권장복용량은 질병을 예방할 수 있는 최소한의 양을 의미하는데, 말 그대로 '질병을 예방할 수 있는 최소한의 요구량'이지 몸의 기능 회복이나 몸에 꼭 필요한 양을 의미하지 않는다. 그래서 생의학치료에서는 일반적인 영양제의 하루 권장복용량(RDI/RDV: Recommended Daily Intakes and Values)을 따르지 않는다. 영양제 용기의 라벨 설명에는 하루 2캡슐 정도를 복용하라고 쓰여 있는데 생의학 전문가들은 보통 그보다 몇 배에서 수십 배 이상의 영양제를 권고한다.

비타민A·D·E·K와 같은 지용성 비타민은 하루 복용량을 지켜야 위험하지 않을 수 있지만 스펙트럼장애 아이들에게 비타민D 외에는 지용성 비타민을 추천하지 않아 섭취하지 않아도 걱정할 필요는 없다. 우리가 알

고 있는 대부분의 수용성 비타민들은 많이 먹어도 몸에서 필요한 만큼만 쓰이고 나머지는 자연스럽게 배출된다.

생의학적 영양치료를 권고하는 전문가들은 자폐스펙트럼장애 아이의 경우 몸무게와는 크게 상관없이 마그네슘은 하루 500mg, 비타민B$_6$도 500mg까지 일정 기간 동안 복용하라고 추천한다. 이러한 권고량은 실제 제대로 따르기 힘들 정도로 많은 양인데 생의학적 영양치료의 대용량 요법(megadose)은 미국이나 유럽에서는 오랜 기간 동안 시행되면서 안전성을 인정받았고, 이에 대한 임상적 가이드라인도 논문들을 통해 구체적으로 밝혀진 상태이다.

간의 역할

대사 과정이나 영양제 복용과 관련해서 중요한 기관이 간이다. 간의 역할을 간단히 요약해본다.

- 화학물질, 호르몬, 약 성분을 해독한다.
- 비타민A·D·E·K·B와 아연, 구리를 저장한다.
- 콜레스테롤과 쓸개즙을 생성한다.
- 피를 정화시키고 면역세포를 저장한다.
- 단백질을 대사시켜 아미노산으로 만들고, 아미노산을 당으로 바꾼다.
- 탄수화물을 당으로 분해하고 당을 글루코켄으로, 글루코겐을 다시 당으로 변환시킨다.
- 지방산을 에너지원으로 사용할 수 있다.
- 지방단백질과 세포막 지질을 합성한다.
- 글루타티온을 생성한다.

초기 6개월간의 식이요법 이후에 섭취하면 좋은 영양제들

항곰팡이제

항곰팡이제는 장에 있는 곰팡이균과 칸디다균을 잡는 것은 물론 간 해독 및 항균 작용을 하는 자연 해독제이다. 위장관이 이스트균이나 곰팡이균에 감염되면 칸디다증(Candidiasis)이라는 곰팡이균 감염이 발생할 수 있다. 이것은 자폐스펙트럼장애 아이들의 장 기능 저하에 따르는 여러 증상들과 연관이 있다.

곰팡이가 많은 음식으로 발효식품(된장, 김치도 포함), 치즈, 주스, 건과일, 탄수화물, 과일 껍질이 있다. 장 건강이 좋지 않은 아이들은 장 건강이 회복되기까지 이 음식들을 피하는 것이 좋다.

- **곰팡이균이 너무 많으면**
  - 간에서 알코올 대사가 많이 일어난다. 알코올 분해 시에 비타민B_3, 아연, 비타민D가 많이 쓰이기 때문에 이러한 영양 성분이 결핍될 수 있다.
  - 노화의 속도가 빨라진다.
  - 다크서클이 생긴다.
  - 질염, 방광염 등의 염증이 증가한다. 특히 음주가 잦고 탄수화물을 즐겨 먹는 젊은 여성들의 경우 피부 질환과 우울증을 가지고 있다면 곰팡이균을 의심할 수 있다.
  - 피부 질환, 특히 알레르기성 피부 질환이 잦다.

- **곰팡이균을 죽이는 음식 또는 영양소**

  - 마늘, 자몽
  - 카프릴산(Caprylic acid), 자몽종자 추출물(Grapefruit Seed Extract), 오레가노오일(Oregano Oil), 운데실레닉산(Undecylenic Acid)

- **곰팡이균 치료 시 유의사항**

  - 곰팡이균이 치료되면서 아이가 열이 나거나 일시적으로 흥분하고, 대변 색깔이 바뀌거나 복통을 호소할 수 있다.
  - 가스가 급작스럽게 많이 생기거나 방귀 냄새가 더 고약해질 수 있다.

비타민B_6

비타민B_6는 약방의 감초처럼 세포 내 모든 대사 과정에 꼭 필요한 영양소다. 특히 뇌 신경계에서 두 가지 효소, 즉 간세포효소(transaminase)와 L-아미노산 탈탄산효소(L-amino acid decarboxylase)에 작용해 신경전달물질의 전환에 중요한 역할을 하는 것으로 알려져 있다.

자폐스펙트럼장애 아이들에게 대용량의 비타민B_6가 필요하다는 사실은 도파민의 중간 대사물인 호모바닐산(homovanillic acid: HVA)이 소변에서 다량 검출된다는 연구 보고를 통해서 알려졌다. 자폐스펙트럼장애 아이들에게 비타민B_6를 투여했더니 소변에서 검출된 호모바닐산(HVA)의 양이 감소되었다는 연구 결과를 바탕으로 비타민B_6가 자폐스펙트럼장애를 비롯한 신경정신과 장애에 효과가 있다는 것이 밝혀진 것이다. 이러한 기

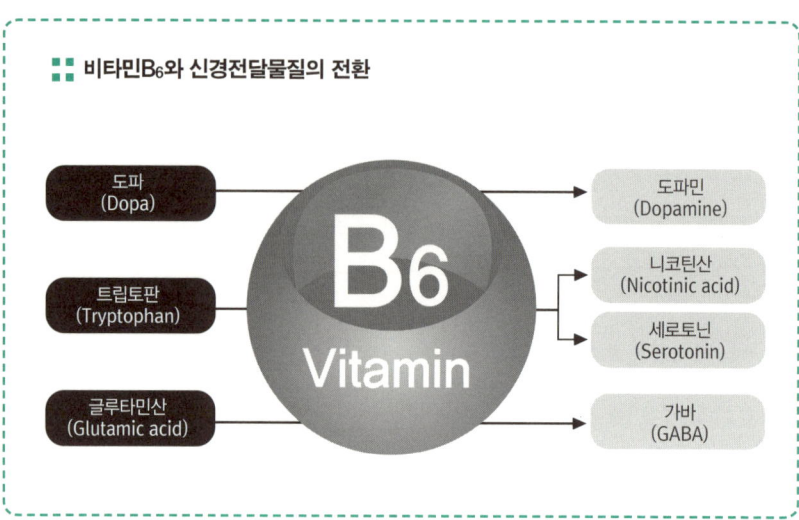

전은 자폐증의 치료뿐만 아니라 정신분열증, 치매 등 다른 신경정신과 장애에 사용되는 비타민B6의 처방에도 동일한 효과를 보이는 것으로 알려져 있다.

비타민B6의 적정 복용량은 아이 기준으로 체중 1kg당 하루에 17mg이며, 성인의 최대 허용치는 체중 1kg당 하루에 1g이다. 단, 처음에는 하루에 100mg을 복용하면서 1~2주 간격으로 하루에 100mg 정도씩 늘려간다. 스펙트럼장애 아이들의 대사 과정에 따라 비타민B6의 필요량이 다르기 때문에 보통은 하루 100mg부터 시작해 대용량으로 늘리는 것이다. 비타민B6는 수용성 비타민으로 신체에서 필요한 만큼만 쓰이고 대사 과정에서 남으면 소변으로 쉽게 배출된다.

체내에서 비타민B6이 결핍되면 마그네슘(Mg)을 체외로 배출해 결과적으로 마그네슘이 결핍될 수도 있다. 마그네슘은 하루에 400~600mg 정도를 복용하는 것이 스펙트럼장애 아이들에게 좋다고 권고되고 있다. 개인에 따라 필요 용량은 다르지만 비타민B$_6$와 함께 복용하면 상호작용을 하는 것으로 알려져 있다.

DMG와 TMG

콜린은 TMG(Trimethylglycine)로, TMG는 DMG(Dimethylglycine)로 변환한다. DMG나 TMG는 둘 다 세포 내 메틸레이션 대사 과정에서 치환과 전환에 필요한 메틸기(methyl groups)를 제공한다. TMG는 심장을 죽이는 킬러 물질로 알려진 호모시스테인을 메티오닌으로 재활용하고, SAMe를 생성하는 역할을 하며, DMG를 생성한다. TMG는 메틸레이션 대사 과정에 직접적으로 관여하는 반면 DMG는 메틸레이션 대사 과정의 주과정을 돕는 역할을 한다.

에이미 박사는 이런 관점에서 TMG를 먼저 사용하고 효과가 없으면 DMG를 사용하라고 하지만, 직접 DMG를 사용해도 문제는 없다. 자폐 연구의 전문가인 림랜드 박사는 자폐증의 치료에 있어서 DMG의 사용을 적극 추천하고 있으며, 그 용량은 학령전기에서는 아침에 한 번 125mg로 시작해 그 4배까지 증량할 것을 권고한다.

DMG는 세포 내 메틸레이션 대사 과정에 관여하지만 이를 통해 임상적으로 언어 지연이 있는 아이들에게 가바와 같이 처방해 효과를 거둘 수 있는 것으로 알려져 있다. 하루 600mg의 대용량으로 복용하는 경우 일시적인 부작용으로 과잉행동이 나타날 수도 있다.

아연(Zinc)

자폐스펙트럼장애 아이들은 체내 아연이 감소해 있는 것으로 알려져 있다. 중금속 검사 결과 서로 길항작용을 하는 구리의 비율이 증가해 아연이 감소하는 것인데, 아연은 마그네슘처럼 신체에서 활용도가 높다. 성호르몬을 만드는 데 필요할 뿐만 아니라 면역 체계, 기억력, 세로토닌의 신경전달물질 대사에도 필요하다.

칼슘(Ca)

유제품을 멀리하거나 피해야 하는 아이들에게 칼슘은 꼭 복용해야 하는 영양 성분으로 생각되지만, 신경계의 자극 기능 때문에 칼슘을 별도로 먹는 것을 권하지 않는다. 칼슘은 신경계 말단부에서 뇌를 불필요하게 자극시킬 수 있기 때문이다. 이런 이유로 뇌 외상이나 중풍 환자들에게는 칼슘 섭취를 제한한다.

비타민D

임상적으로 대부분의 스펙트럼장애 아이들이 비타민D 결핍을 심각하게 앓고 있다. 비타민D의 중요성에 대해서는 최근에 많이 부각되고 있어 다행이지만 외부 활동보다는 실내 활동이 증가하고 있어 일반 아이들도 비타민D가 많이 필요하다. 비타민D는 지용성 비타민이므로 비타민D 결핍이 있다면 초기에는 하루에 총 1만IU까지 섭취하는 것은 괜찮다. 1개월 정도는 1만IU를 복용하고 그 후엔 하루에 1000IU를 복용할 수 있다.

견과류, 현미, 콩이 우리 아이에게 위험한 이유

견과류는 단단한 껍질에 쌓여 있는 열매로 밤, 호두, 잣, 땅콩, 도토리, 은행, 피스타치오, 아몬드 등이 이에 속한다. 특히 올레인산, 리놀렌산, 오메가-3가 함유돼 있어 콜레스테롤을 낮추고 동맥경화를 예방하는 효과가 있으며, 비타민과 무기질도 다량 들어 있어 최근 웰빙 식품으로 손꼽히고 있다.

견과류와 현미에는 피트산이 많다

그러나 '견과류는 무조건 좋다'고 절대로 말할 수 없다. 매체에서는 견과류에 파이토케미컬(phytochemicals)이 들어 있어 건강에 좋은 것처럼 말하지만, 견과류에 들어 있는 피트산(phytic acid)이 독소로 작용하고 피트산 성분에 의해 미네랄의 흡수율이 감소되기 때문이다.

피트산은 쌀과 같은 곡류뿐만 아니라 견과류, 씨 등에 들어 있다. 국내에서는 현미나 견과류에 피트산이 들어 있어 오히려 중금속과 같은 유해물질을 몸 밖으로 배출해내는 효과가 있다고 하지만 실상은 좋은 면보다 나쁜 면이 더 많다.

그 이유는 소, 양과 같은 초식동물은 피트산을 소화시킬 수 있지만 인간은 그렇지 못하기 때문이다. 인간의 몸속에 들어간 피트산은 아연이나 철과 결합해 음식의 흡수율을 저하(논문에 따르면 피트산이 없을 때 신체는 20%의 철과 60%의 마그네슘을 더 흡수시킬 수 있다고 함)시키고, 단백질 소화효소의 작용을 방해해 신경전달물질의 원료가 되는 아미노산의 흡수를 방해한다. 그리고 무엇보다 피트산은 소화가 되지 않아 흡수가 되면 알레르기반응을 일으킬 수 있고, 면역계가 민감한 사람에게는 자가면역질환을 발생시킬 수도 있다. 임신 중 견과류 복용으로 자녀의 알레르기 위험이 낮춰진다는 보고도 있지만 그것은 어디까지나 알레르기반응을 보이지 않는 건강한 산모에 국한된 이야기이다.

인체가 안전하게 수용할 수 있는 피트산의 양은 하루 100~400mg 정도인데 100g의 아몬드(일반 컵으로 1/3 정도)에는 1200~1400mg의 피트산이 함유되어 있고, 100g의 현미에도 900mg의 피트산이 들어 있다. 이것이 견과류와 현미를 권하지 않는 이유이다.

견과류를 복용하는 목적이 오메가-3 때문이라면 다시 한번 생각해봐야 한다. 왜냐하면 견과류는 염증을 악화시키는 오메가-6가 너무 많이 들어 있고, 생각보다 오메가-3의 좋은 공급원이 아니기 때문이다. 독소로 작용하는 피트산이 들어 있는 것도 중요한 이유다. 잘못 보관할 경우 아플라톡신(Aflatoxin)이란 독소를 함유한 곰팡이가 생길 수 있는데, 이 경우 가열해도 없어지지 않기 때문에 섭취하지 말아야 한다.

콩의 에스트로겐 성분과 피트산이 건강을 해친다

영양학적 치료의 선구자로 알려진 조셉 메르콜라(Joseph Mercola)는 발효된 콩으로 만드는 메주콩에 대해 '유기농 메주로 만들어 발효시킨 메주콩 제품이 아니라면 메주콩이나 메주콩 제품도 멀리해야 한다'라고 말한다. 특히 콩은 갑상선 질환, 뇌 기능 저하, 유방암, 신석증(腎石症), 면역 관련 질환, 알레르기성 질환, 불임증과 관련이 있으니 임신부 혹은 수유 중인 여성은 예외 없이 콩을 먹지 말아야 한다고 말한다.

두유도 마찬가지인데 콩에 포함되어 있는 식물성 에스트로겐 때문이다. 이 호르몬 성분은 미량으로도 인체의 호르몬 균형에 막대한 영향을 준다. 신생아가 남아인 경우 생후 1~2년간은 막대한 양의 테스토스테론이 생산되는데 이때 에스트로겐이 외부에서 유입되면 테스토스테론 생성에 많은 지장을 준다. 임산부도 콩 섭취를 제한해야 하는데, 교차반응을 하는 식물성 에스트로겐이 태아가 자궁에서 성장하는 데 악영향을 주기 때문이다.

콩에 함유된 피트산도 칼슘, 마그네슘, 구리, 철분, 아연 등 영양소의 섭취를 방해한다. 피트산은 발효를 제외한 어떠한 요리 방법으로도 사라지지 않는다. 이러한 이유로 제대로 발효된 유기농 메주콩 제품 이외에는 영양결핍이 유발될 수 있다. 이는 피트산이 여러 영양소와 결합해 장에서 영양소가 흡수되는 데 지장을 주기 때문이다.

참고문헌

1장

- Atladóttir HO1, Parner ET, Schendel D, Dalsgaard S, Thomsen PH, Thorsen P. Time trends in reported diagnoses of childhood neuropsychiatric disorders: a Danish cohort study. Arch Pediatr Adolesc Med. 2007 Feb;161(2):193-8.
- Autism and Developmental Disabilities Monitoring Network Surveillance Year 2006 Principal Investigators; Centers for Disease Control and Prevention (CDC). MMWR Surveill Summ. 2009 Dec 18;58(10):1-20.
- B. M. Gutteling, et al. The Effects of Prenatal Stress on Temperament and Problem Behavior of 27-month-old Toddlers Eur. Child and Adolescent Psychiatry 2005, 14:41-51
- D. Hansen et al. Severe Emotional Stress in First Trimester Linked with Congenital Malformations Lancet 2000, 356:875-880
- Ellen Kanitz, Winfried Otten and Margret Tuchscherer Changes in endocrine and neurochemical profiles in neonatal pigs prenatally exposed to increased maternal cortisol. Research Unit Behavioural Physiology, Research Institute for the Biology of Farm Animals, Wilhelm-Stahl-Allee 2, 18196 Dummerstorf, Germany
- Evans, J., Heron, J., Francomb, H., etal (2001) Cohort study of depressed mood during pregnancy and after childbirth. BMJ, 323, 257-260.
- Fetal plasma testosterone correlates positively with cortisol. Arch Dis Child Fetal Neonatal Ed. 2005 Mar; 90(2):F166-9.
- Gitau R, Adams D, Fisk NM, Glover V (2005) Arch Dis Child Fetal Neonatal Ed; 90(2): F166-9.
- Gitau R, Cameron A, Fisk NM, Glover V. (1998) Lancet 352, 707-708.
- Gitau R, Fisk N.M., Cameron A, Teixeira J, Glover V. (2001). JClinEndMet. 86, 104-109.
- Glover V, Miles R, Matta S, Modi N, Stevenson J. (2005) Ped Res ; 58(6):1233-1237.
- Glover V. (2006) Antenatal maternal stress/anxiety and effects on child neuro development EARLY HUM DEV. 82: 534-534
- Grether JK, Rosen NJ, Smith KS, Croen LA. Explore recent research addressing the increasing incidence of autism. Investigation of shifts in autism reporting in the California Department of Developmental Services. J Autism Dev Disord. 2009 Oct;39(10):1412-9. [Epub 2009 May 29.]

- IL Ward and J Weisz, Maternal stress alters plasma testosterone in fetal males, Science, Vol 207, Issue 4428, 328-329
- Liu K, Zerubavel N, Bearman P. Social demographic change and autism. Demography. 2010 May;47(2):327-43.
- Lou HC et al. Prenatal stressors of human life affect fetal brain development. Dev Med Child Neurol, 1994; 36: 826-32
- M. Weinstock Brain, The Potential Influence of Maternal Stress Hormones on Development and Mental Health of the Offspring Behavior and Immunity 2005, 19:296-308
- M.H. Teicher, et al, The Neurobiological Consequences of Early Stress and Childhood Maltreatment Neuroscience and Biobehavioral Reviews 2003, 27:33-44
- MARGARET R. OATES, FRC PsychAdverse effects of maternal antenatal anxiety on children: causal effect or developmental continuum? Department of Psychiatry, University of Nottingham, A Floor South Block, Queen's Medical Centre, Nottingham NG7 2UH, UK
- McDonald ME, Paul JF. Timing of increased autistic disorder cumulative incidence. Environ Sci Technol. 2010 Mar 15;44(6):2112-8.
- Miller NM, Fisk NM, Modi N, Glover V (2005) Bjog; 112(7): 921-6.
- O'Connor TG, Ben-Shlomo Y, Heron J, Golding J, Adams D, Glover V (2005) Biol Psychiatry; 58:211-217.
- O'Connor TG, Heron J, Golding J, Beveridge M, Glover V (2002) Brit J Psychiat 180, 502-508.
- O'Connor, T.G., Heron, J., Golding, J., & Glover, V., and the ALSPAC study team (2003). JChildPsycholPsychiat 44, 1025-1036.
- Prevalence of autism spectrum disorders—Autism and Developmental Disabilities Monitoring Network, United States, 2006.
- Previc FH1.Prenatal influences on brain dopamine and their relevance to the rising incidence of autism. Med Hypotheses. 2007;68(1):46-60. Epub 2006 Sep 7.
- Psychological Influences of Stress and HPA Regulation on the Human Fetus and Infant Birth Outcomes C. A. Sandman, et al. Annals of the NY Acad. of Sciences 1994, 739:198-210 (Stress in third trimester can permanently influence brain mechanisms and behavior)
- R Hering-Hanit, R Achiron, S Lipitz, A Achiron Asymmetry of fetal cerebral hemispheres: inutero ultra sound study Department of Neurology, Meir General Hospital, Sapir Medical Center, KfarSaba, Israel, Department of Obstetrics and Gynecology, The Chaim She baMedical Center, TelHashomer, and Sackler Faculty of Medicine, TelAviv University, Israel, Neuro immunology Unit, The Chaim She baMedical Center

- Rosenkranz MA1, Busse WW, Johnstone , Swenson CA, Crisafi GM, Jackson MM, Bosch JA, Sheridan JF, Davidson RJ. Neural circuitry underlying the interaction between emotion and asthma symptom exacerbation. Proc Natl Acad Sci U S A. 2005 Sep 13;102(37):13319-24.
- Sarah DeWeerdt, Brain Tissue Study Deepens Autism-Schizophrenia Link: Gene expression patterns point to new autism candidate genes that could also play roles in schizophrenia and bipolar disorder Spectrum on June 6, 2016
- Taylor, A., Fisk, N.M., Glover, V. (2000) Lancet 355, 120.
- Teixeira J, Fisk N, Glover V. (1999) BMJ 318, 153-157.
- Van den Bergh BR, Mulder EJ, Mennes M, Glover V (2005) Neurosci Biobehav Rev; 29(2): 237-258.
- Van den Bergh BRH; Mulder EJH; Mennes M; Glover V. (2005) Antenatal maternal anxiety and stress and the neurobehavioural development of the fetus and child: links and possible mechanisms. A review NEUROSCI BIOBEHAV R. 29: 237-258
- Van den Bergh, et al. Antenatal Maternal Anxiety and Stress and the Neurobehavioural Development of the Fetus and Child: Links and Possible Mechanisms. A review. B.R.H. Neuroscience and Biobehavioral Reviews 2005, 29:237-258
- Weinstock M. Alterations induced by gestational stress in brain morphology and behaviour of the offspring. Prog Neurobiol, 2001; 65: 427-51.
- 김병년. 대학생의 자기통제력과 스마트폰 중독 간의 관계에서 우울의 매개 효과(The Mediating Effect of Depression on The Relationship Between Self-control and Smartphone-Addiction in University Students). 한국가족복지학 제39호 pp.49-81, 1229-4713
- 최현석, 이현경, 하정철. 스마트폰 중독이 정신건강, 학교생활, 대인관계에 미치는 영향 -K대 대학생을 중심으로(The influence of smartphone addiction on mental health, campus life and personal relations -Focusing on K university students). 한국데이터정보과학회지 Vol.23 No.5 [2012]
- 현은자, 조메리명희, 조경선, 김태영. 어머니의 스마트폰 중독 수준, 양육 효능감, 양육 스트레스 관계 연구(A study of the relationships among mother's smartphone addiction levels, parenting efficacy and parenting stress). 유아교육연구, 33권, 3호, Startpage 207, Endpage 225, Totalpage 19

2~3장

- Ben Shalom D. B. (2009). The medial prefrontal cortex and integration in autism. Neuroscientist 15, 589–598. 10.
- Bense S1, Stephan T, Bartenstein P, Schwaiger M, Brandt T, Dieterich M. Fixation suppression of optokinetic nystagmus modulates cortical visual-vestibular interaction. Neuroreport. 2005 Jun 21;16(9):887-90.
- Bloch MH, Leckman JF, Zhu H, Peterson BS.Caudate volumes in childhood predict

- symptom severity in adults with Tourette syndrome. Child Study Center, Yale University School of Medicine, New Haven, CT, USA.
- Brock J, Brown CC, Boucher J, Rippon G. The temporal binding deficit hypothesis of autism.Dev Psychopathol. 2002 Spring;14(2):209-24.
- Cherkassky VL1, Kana RK, Keller TA, Just MA. Functional connectivity in a baseline resting-state network in autism. Neuroreport. 2006 Nov 6;17(16):1687-90.
- Chez, M.G., et al., Frequency of epileptiform EEG abnormalities in a sequential screening of autistic patients with no known clinical epilepsy from 1996 to 2005. Epilepsy Behav, 2006. 8(1): p. 267-71.
- Courchesne E., Pierce K. (2005). Why the frontal cortex in autism might be talking only to itself: local over-connectivity but long-distance disconnection. Curr. Opin. Neurobiol. 15, 225-230.
- Department of Special Education, University of Georgia, Athens 30602.
- Elżbieta Szelag, Joanna Kowalska, Tadeusz Galkowski, Ernst Pöppel(2004) Temporal processing deficits in high-functioning children with autism. British Journal of Psychology 95(Pt 3):269-82.
- Eric Strand, Out of Sync?-Autism Cause. Publication: Psychology Today Magazine, Publication Date: Nov/Dec 2004.
- Frith U., Happé F. (1994). Autism: beyond "theory of mind". Cognition 50, 115-132.
- Frith U., Happé F. (1999). Theory of mind and self-consciousness: what is it like to be autistic? Mind Lang. 14, 82-89
- FX Castellanos, JN Giedd, P Eckburg, WL Marsh, AC Vaituzis, D Kaysen, SD Hamburger and JL Rapoport Quantitative morphology of the caudate nucleus in attention deficit hyperactivity disorder. Child Psychiatry Branch, NIMH, Bethesda, MD 20892.
- G. W. Hynd, M. Semrud-Clikeman, A. R. Lorys, E. S. Novey and D. Eliopulos. Brain morphology in developmental dyslexia and attention deficit disorder/hyperactivity
- G. W. Hynd, M. Semrud-Clikeman, A. R. Lorys, E. S. Novey and D. Eliopulos. Brain morphology in developmental dyslexia and attention deficit disorder/hyperactivity. Department of Special Education, University of Georgia, Athens 30602.
- Gepner B1, Mestre D, Masson G, de Schonen S. Postural effects of motion vision in young autistic children.Neuroreport. 1995 May 30;6(8):1211-4.
- Gerry Leisman and Robert Melillo(2007), A call to arms: Somatosensory perception and action, Behavioral and Brain Sciences, Volume 30, Issue 2, pp. 214-215
- Happé F., Frith U. (2006). The weak coherence account: detail-focused cognitive style in autism spectrum disorders. J. Autism Dev. Disord. 36, 5-25.
- J. A. Wada, R. Clarke and A. Hamm Cerebral hemispheric asymmetry in humans. Cortical speech zones in 100 adults and 100 infant brains. Arch Neurol. 1975

Apr;32(4):239-46.

- Joan Arehart-Treichel, Poor Intra-Brain Synchrony May Underlie Autism, Psychiatr News August 18, 2006, Volume 41, Number 16, page 20

- Jolliffe T1, Baron-Cohen S. A test of central coherence theory: linguistic processing in high-functioning adults with autism or Asperger syndrome: is local coherence impaired? Cognition. 1999 Jun 22;71(2):149-85.

- Just MA, Cherkassky VL, Keller TA, Kana RK, Minshew NJ. Functional and anatomical cortical underconnectivity in autism: evidence from an FMRI study of an executive function task and corpus callosum morphometry. Cereb Cortex. 2007 Apr;17(4):951-61. Epub 2006 Jun 13.

- Just MA, Cherkassky VL, Keller TA, Minshew NJ. Cortical activation and synchronization during sentence comprehension in high-functioning autism: evidence of underconnectivity. Carnegie Mellon University, Center for Cognitive Brain Imaging, Department of Psychology, Pittsburgh, PA 15213, USA.

- Kana RK1, Keller TA, Cherkassky VL, Minshew NJ, Just MA. Sentence comprehension in autism: thinking in pictures with decreased functional connectivity. Brain. 2006 Sep;129(Pt 9):2484-93. Epub 2006 Jul 10.

- Kate Plaisted, Lisa Saksida, José Alcántara, and Emma Weisblatt, Towards an understanding of the mechanisms of weak central coherence effects: experiments in visual configural learning and auditory perception.Philos Trans R Soc Lond B Biol Sci. 2003 Feb 28; 358(1430): 375–386.

- Kellerman GR1, Fan J, Gorman JM. Auditory abnormalities in autism: toward functional distinctions among findings. CNS Spectr. 2005 Sep;10(9):748-56.

- Liu Y., Cherkassky V. L., Minshew N. J., Just M. A. (2011). Autonomy of lower-level perception from global processing in autism: evidence from brain activation and functional connectivity.

- Marco Iacoboni, SPECIALIZED BRAIN CELLS PREDICT INTENTIONS AS WELL AS DEFINE ACTIONS, University of California, Los Angeles (UCLA), Health Sciences 18-Feb-2005

- Martha R. Herbert Autism: A Brain Disorder, or a Disorder That Affects The Brain? Clinical Neuropsychiatry(2005) 2, 6, 354–379. Grandin T. (1996). Thinking in Pictures and Other Reports from My Life with Autism. New York: Vintage Books.

- Mary V Solanto, Dopamine dysfunction in AD/HD: integrating clinical and basic neuroscience research, Behavioural Brain Research Volume 130, Issues 1–2, 10 March 2002, Pages 65–71.

- McAlonan GM1, Daly E, Kumari V, Critchley HD, van Amelsvoort T, Suckling J, Simmons A, Sigmundsson T, Greenwood K, Russell A, Schmitz N, Happe F,Howlin P, Murphy DG. Brain anatomy and sensorimotor gating in Asperger's syndrome. Brain. 2002 Jul;125(Pt 7):1594-606.

- Mohtashem Samsam, Raheleh Ahangari, and Saleh A Naser, Pathophysiology of autism spectrum disorders: Revisiting gastrointestinal involvement and immune imbalance, World J Gastroenterol. 2014 Aug 7; 20(29): 9942-9951.

- Molloy CA1, Dietrich KN, Bhattacharya A. Postural stability in children with autism spectrum disorder. J Autism Dev Disord. 2003 Dec;33(6):643-52.

- Mottron L1, Peretz I, Ménard E. Local and global processing of music in high-functioning persons with autism: beyond central coherence? J Child Psychol Psychiatry. 2000 Nov;41(8):1057-65.

- Naito Y1, Tateya I, Hirano S, Inoue M, Funabiki K, Toyoda H, Ueno M, Ishizu K, Nagahama Y, Fukuyama H, Ito J. Cortical correlates of vestibulo-ocular reflex modulation: a PET study. Brain. 2003 Jul;126(Pt 7):1562-78. Epub 2003 May 21.

- Philip Teitelbaum, Osnat B. Teitelbaum, Joshua Fryman, and Ralph Maurer, Infantile Reflexes Gone Astray in Autism, Department of Psychology, Gainesville, FL. Computer Science Department, Georgia Institute of Technology, Atlanta, GA. Department of Child Psychiatry, University of Florida Medical School, Gainesville, FL.

- Philos. Trans. R. Soc. Lond. B Biol. Sci. 358, 375-386. 10.1098/rstb.2002.1211. Booth R1, Charlton R, Hughes C, Happé F. Disentangling weak coherence and executive dysfunction: planning drawing in autism and attention-deficit/hyperactivity disorder. Philos Trans R Soc Lond B Biol Sci. 2003 Feb 28;358(1430):387-92.

- Plaisted K. C. (2001). Reduced generalization in autism: an alternative to weak central coherence inThe Development of Autism: Perspectives from Theory and Research, eds Burack J. A., Charman T.

- Poor Intra-Brain Synchrony May Underlie Autism. Psychiatric News, 41(16), p. 20

- Robert A. Mason, Marcel Adam Just(2004), How the Brain Processes Causal Inferences in Text. A Theoretical Account of Generation and Integration Component Processes Utilizing Both Cerebral Hemispheres, Psychological Science 15(1):1-7.

- Robert Melillo and Gerry Leisman, Autistic Spectrum Disorders as Functional Disconnection Syndrome, Rev Neurosci 2009; 20(2):111-31

- Rodolfo R. Llinás, Urs Ribary, Daniel Jeanmonod, Eugene Kronberg, and Partha P. MitraThalamocortical dysrhythmia: A neurological and neuropsychiatric syndrome characterized by magnetoencephalography, Proc Natl Acad Sci U S A. 1999 December 21; 96(26)

- Scott R. Miller, PhD; Carlin J. Miller, PhD; Juliana S. Bloom, MEd; George W. Hynd, EdD; Jason G. Craggs, Med Right Hemisphere Brain Morphology, Attention-Deficit Hyperactivity Disorder (ADHD) Subtype, and Social Comprehension. J Child Neurol February 2006 vol. 21 no. 2 139-144

- T. Kujala, T. Lepistö, T. Nieminen-von Wendt, P. Näätänen, R. Näätänen, Neurophysiological evidence for cortical discrimination impairment of prosody in Asperger syndrome, Neuroscience Volume 383, Issue 3, 5 August 2005, Pages 260-

265.

- Takarae Y1, Minshew NJ, Luna B, Sweeney JA. Oculomotor abnormalities parallel cerebellar histopathology in autism. J Neurol Neurosurg Psychiatry. 2004 Sep;75(9):1359-61.

- Tan U, Ors R, Kürkçüoglu M, Kutlu N, Cankaya A. Right-, left-dominance and ambidexterity in grasp reflex in human newborn: importance of left brain in cerebral lateralization. Int J Neurosci. 1992 Feb;62(3-4):197-205.

- Tan U. The grasp reflex from the right and left hand in human neonates indicates that the development of both cerebral hemispheres in males, but only the right hemisphere in females, is favoured by testosterone. Int J Psychophysiol. 1994 Feb;16(1):39-47.

- Teitelbaum, P., Teitelbaum, O.B., and Maurer, R.G. (2002). A proposed primate animal model for autism. International Journal of Autism. Submitted for publication.

- Villalobos ME1, Mizuno A, Dahl BC, Kemmotsu N, Müller RA. Reduced functional connectivity between V1 and inferior frontal cortex associated with visuomotor performance in autism.Neuroimage. 2005 Apr 15;25(3):916-25.

- Welsh JP, Ahn ES, Placantonakis DG. Is autism due to brain desynchronization?. Neurological Sciences Institute, Oregon Health and Science University, Beaverton, OR 97006, USA.

- Welsh JP1, Ahn ES, Placantonakis DG. Is autism due to brain desynchronization? Int J Dev Neurosci. 2005 Apr-May;23(2-3):253-63.

- Yirmiya N., Zelazo P. R., editors. (Nahwah, NJ: Lawrence Erlbaum Associates;), 149–170. Plaisted K., Saksida L., Alcántara J., Weisblatt E. (2003). Towards an understanding of the mechanisms of weak central coherence effects: experiments in visual configural learning and auditory perception.

- Zohar Eviatar, Marcel Adam Just(2006) Brain correlates of discourse processing: An fMRI investigation of irony and conventional metaphor comprehension. Neuropsychologia 44(12):2348-59.

2부

- "Keeping Kids Healthy: Newborn Reflexes". 2001-10-14. Retrieved 2007-10-11. Siegler, R.; Deloache, J.; Eisenberg, N. (2006). How Children Develop. New York: Worth Publishers. p. 188.

- "Spark: The Revolutionary New Science of Exercise and the Brain." - Ratey M.D., John, J., Hagerman, Eric; Little, Brown & Company. Ed 1, January 2008, According to Harvard Psychiatry Professor nothing beats exercise for promoting brain heath.

- Amiel-Tison C, Grenier A. Neurological Assessment during first year of life. New York. Oxford University Press, 1986; 46-94.
- Berquin, PC et al (1998) Cerebellum in Attention Deficit Hyperactivity Disorder. Neurology 50, 1087-1093
- Deslandes, A., Moraes, H., Ferreira, C., Veigal, H., Silveria, H. Mouta, R., Laks, J. (2009). Exercise and mental health: Many reasons to move. Neuropsychobiology, 59, 191-198.
- Heyn P.; Abreu B. C.; Ottenbacher K. J. (2004). The effects of exercise training on elderly persons with cognitive impairment and dementia: a meta-analysis. Archives of physical medicine and rehabilitation, 85(10), 1694-704.
- Leroux, BG; N'guyen The Tich, S; Branger, B; Gascoin, G; Rouger, V; Berlie, I; Montcho, Y; Ancel, PY; Rozé, JC; Flamant, C (22 February 2013). "Neurological assessment of preterm infants for predicting neuromotor status at 2 years: results from the LIFT cohort". BMJ Open. 3 (2): e002431. doi:10.1136/bmjopen-2012-002431.
- Mi-Sook Park, Ki-Won Byun, Yong-Kyung Park, Mi-Han Kim4, Sung-Hwa Jung, Hong Kim, Effect of complex treatment using visual and auditory stimuli on the symptoms of attention deficit/hyperactivity disorder in children J Exer Rehabil 2013; 9(2): 316-325.
- Parmelee, Arthur H., Jr. (May 5, 1963). "The Hand-Mouth Reflex of Babkin in Premature Infants". Pediatrics. 31 (5): 734-740.
- Pedroso, Fleming S.; Rotta, Newra T. (2004). "Babkin Reflex and Other Motor Responses to Appendicular Compression Stimulus of the Newborn". Journal of Child Neurology. 19 (8): 592-596.
- Schneider T1, Turczak J, Przewłocki R. Environmental enrichment reverses behavioral alterations in rats prenatally exposed to valproic acid: issues for a therapeutic approach in autism. Neuropsychopharmacology. 2006 Jan;31(1):36-46.
- Schott, JM; Rossor, MN (2003). "The grasp and other primitive reflexes". J. Neurol. Neurosurg. Psychiatr. 74 (5): 558-60.
- Sohn, M.; Ahn, L.; Lee, S. (2011). "Assessment of Primitive Reflexes in Newborns". Journal of Clinical Medicine Research. 3 (6): 285-290. doi:10.4021/jocmr706w. PMC 3279472Freely accessible. PMID 22393339.
- Teitelbaum, O.; Benton, T.; Shah, P. K.; Prince, A.; Kelly, J. L.; Teitelbaum, P. (2004). "Eshkol-Wachman movement notation in diagnosis: the early detection of Asperger's syndrome". Proc. Natl. Acad. Sci. U.S.A. 101 (32): 11909-14. doi:10.1073/pnas.0403919101.
- Yang B, Chan RC, Zou X, Jing J, Mai J, Li J. Time perception deficit in children with ADHD. Brain Res. 2007 Sep 19;1170:90-6. Epub 2007 Jul 17.

3부

1장

- Atladóttir HO, Pedersen MG, Thorsen P, Mortensen PB, Deleuran B, Eaton WW, Parner ET., Association of family history of autoimmune diseases and autism spectrum disorders. Pediatrics. 2009 Aug;124(2):687-94. [Epub 2009 Jul 5.]
- de Magistris L, Familiari V, Pascotto A, Sapone A, Frolli A, Iardino P, Carteni M, De Rosa M, Francavilla R, Riegler G, Militerni R, Bravaccio C. Alterations of the intestinal barrier in patients with autism spectrum disorders and in their first-degree relatives. J Pediatr Gastroenterol Nutr. 2010 Oct;51(4):418-24.
- DeSoto MC. Ockham's Razor and autism: the case for developmental neurotoxins contributing to a disease of neurodevelopment. Neurotoxicology. 2009 May;30(3):331-7. [Epub 2009 Mar 21.]
- Dodds L, Fell DB, Shea S, Armson BA, Allen AC, Bryson S. The Role of Prenatal, Obstetric and Neonatal Factors in the Development of Autism. J Autism Dev Disord. 2010 Oct 5.
- Ekiel A, Aptekorz M, Kazek B, Wiechua B, Wilk I, Martirosian G. Intestinal microflora of autistic children. Med Dosw Mikrobiol. 2010;62(3):237-43.
- Fagiolo E1, Toriani-Terenzi C. Th1 and Th2 cytokine modulation by IL-10/IL-12 imbalance in autoimmune haemolytic anaemia (AIHA). Autoimmunity. 2002 Feb;35(1):39-44.
- Frye R, Rose S, Slattery J, Wynne R, Tippett M, Pavliv O, Melnyk S, James J., Oxidative Stress Induces Mitochondrial Dysfunction in a Subset of Autism Lymphoblastoid Cell Lines in a Well-Matched Case Control Cohort PLOS ONE. 2014 January;9(1). [Epub 2014 Jan 8.]
- Inflammation in brain tissue a possible clue to autism Medical Research News Published: 24-Aug-2006
- Keil A, Daniels JL, Forssen U, Hultman C, Cnattingius S, Söderberg KC, Feychting M, Sparen P. Parental autoimmune diseases associated with autism spectrum disorders in offspring. Epidemiology. 2010 Nov;21(6):805-8.
- Li X1, Chauhan A, Sheikh AM, Patil S, Chauhan V, Li XM, Ji L, Brown T, Malik M. Elevated immune response in the brain of autistic patients. J Neuroimmunol. 2009 Feb 15;207(1-2):111-6. doi: 10.1016/j.jneuroim.2008.12.002. Epub 2009 Jan 20.
- Mohtashem Samsam, Raheleh Ahangari, and Saleh A Naser. Pathophysiology of autism spectrum disorders: Revisiting gastrointestinal involvement and immune imbalance. World J Gastroenterol. 2014 Aug 7; 20(29): 9942-9951.
- Mora M, Quintero L, Cardenas R, Suárez-Roca H, Zavala M, Montiel N. Association between HSV-2 infection and serum anti-rat brain antibodies in

patients with autism. Invest Clin. 2009 Sep;50(3):315-26.

- Rachel West DO, Emily Roberts, Lubov S Sichel and John Sichel Improvements in Gastrointestinal Symptoms among Children with Autism Spectrum Disorder Receiving the Delpro® Probiotic and Immune modulator Formulation J Prob Health 2013 June; 1:1
- Reichelt KL, Knivsberg AM. The possibility and probability of a gut-to-brain connection in autism. Ann Clin Psychiatry. 2009 Oct-Dec;21(4):205-11.
- Theoharides TC1,2,3,4, Tsilioni I1, Patel AB1,2, Doyle R5. Atopic diseases and inflammation of the brain in the pathogenesis of autism spectrum disorders. Transl Psychiatry. 2016 Jun 28;6(6):e844.
- Vargas DL1, Nascimbene C, Krishnan C, Zimmerman AW, Pardo CA. Neuroglial activation and neuroinflammation in the brain of patients with autism.Ann Neurol. 2005 Jan;57(1):67-81.
- Wasilewska J, Jarocka-Cyrta E, Kaczmarski M. Gastrointestinal abnormalities in children with autism. Pol Merkur Lekarski. 2009 Jul;27(157):40-3.

2장

- "Effect of heat treatment, enzymatic, and microbial processing and quantification of peptide hormones in milk and dairy products." Proceedings of the NIH Technology Assessment Conference: Bovine Somatotropin. December 5-7, 1990. National Institutes of Health, Bethesda, Maryland.
- A preliminary investigation of ADHD symptoms in persons with celiac disease. Journal of Attention Disorders. 2006;1-5.
- Aneja, A. and E. Tierney, Autism: the role of cholesterol in treatment. Int Rev Psychiatry, 2008. 20(2): p. 165-70.
- Anthony F. Philipps, et al. "Fate of Insulin-Like Growth Factors I and II Administered Orogastrically to suckling rats." Pediatric Research, vol. 37, no. 5, 1995, pp. 586-592.
- Association between Migraine and Celiac disease: Results froma preliminary case-controlled and therapeutic study. Am J Gastroenterol. 2003;98:626-9.
- Brain-White-Matter Lesions in Celiac Disease: A prospective study of 75 diet-treated patients. Pediatrics. 2001;108.
- Burk K, et al. Sporadic cerebellar ataxia associated with gluten sensitivity. Brain. 2001;5:1013-1019
- Gluten sensitivity as a neurlogical illness. J Neurol Neurosurg Psychiatry. 2007:72:560-563.
- Jerome A. Moore, et al. "Equivalent Potency and Pharmacokinetics of Recombinant

Human Growth Hormones with or without an N-Terminal Methionine." Endocrinology 122. 1988. pp. 2920.

- Lien, L., Lien, N., Heyerdahl, S., Thoresen, M., & Bjertness, E. (2006). Consumption of soft drinks and hyperactivity, mental distress, and conduct problems among adolescents in Oslo, Norway. American Journal of Public Health, 96, 1815-1820.
- Lorenzo L, et al. Coeliac disease and hearing loss: Preliminary data on a new possible association. Scan J Gastroenterol. 2007;19:1-5
- Mechanisms underlying celiac disease and its neurlogic manifestations. 2005;62:791-799.
- Neurological complications of coeliac disease. Postgrad Med J. 2002; 78:393-398.
- Neuromuscular disorder as a presenting feature of coeliac disease. J Neurol Neurosurg Psychiatry. 1997;63:770-775.
- Occult Celiac disease presenting as eplipsy and MRI changes that responded to gluten free diet. Neurology. 2007;13:533-534.
- Oddy, W. H., Robinson, M., Ambrosini, G. L., O'Sullivan, T. A., de Klerk, N. H., Beilin, L. J., Stanley, F. J. (2009). The association between dietary patterns and mental health in early adolescence. Preventive Medicine, 49, 39-44.
- P.V. Malvern, H.H. Head, R.J. Collier, F.C. Buonomo. "Periparturient Changes in secretion and mammary uptake of insulin and in concentrations of insulin and insulin-like growth factors in milk of dairy cows." J. Dairy Science 70. 1987, pp. 2254-2265.
- Pan, X., Zhang, C., & Shi, Z. (2011). Soft drink and sweet food consumption and suicidal behaviours among Chinese adolescents. Acta Paediatrica, 100, 215-222.
- Rosenkranz MA1, Busse WW, Johnstone T, Swenson CA, Crisafi GM, Jackson MM, Bosch JA, Sheridan JF, Davidson RJ. Neural circuitry underlying the interaction between emotion and asthma symptom exacerbation. Proc Natl Acad Sci U S A. 2005 Sep 13;102(37):13319-24. Epub 2005 Sep 2
- Volta, U, et al. Clinical findings of anti-neuronal antibodies in Coeliac disease with neurological disorders. Scan J Gastroeneterol. 2002;11:1276-1281.
- Whiteley P, Haracopos D, Knivsberg AM, Reichelt KL, Parlar S, Jacobsen J, Seim A, Pedersen L, Schondel M, Shattock P. The ScanBrit randomised, controlled, single-blind study of a gluten- and casein-free dietary intervention for children with autism spectrum disorders. Nutr Neurosci. 2010 Apr;13(2):87-100.
- Zhang, J., et al., Association of serum cholesterol and history of school suspension among school-age children and adolescents in the United States. Am J Epidemiol. 2005. 161(7): p. 691-9.

3장

- Herbert MR. Contributions of the environment and environmentally vulnerable physiology to autism spectrum disorders. Curr Opin Neurol. 2010 Apr;23(2):103-10.
- James, S.J., et al., Metabolic biomarkers of increased oxidative stress and impaired methylation capacity in children with autism. Am J Clin Nutr, 2004. 80(6): p. 1611-7.
- Kern JK, Geier DA, Adams JB, Mehta JA, Grannemann BD, Geier MR. Toxicity Biomarkers in Autism Spectrum Disorder: A Blinded Study of Urinary Porphyrins. Pediatr Int. 2010 Jul 4.
- Kozielec, T. and B. Starobrat-Hermelin, Assessment of magnesium levels in children with attention deficit hyperactivity disorder (ADHD). Magnes Res, 1997. 10(2): p. 143-8.
- Rossignol, D.A. and J.J. Bradstreet, Evidence of mitochondrial dysfunction in autism and implications for treatment. American Journal of Biochemistry and Biotechnology, 2008. 4(2): p. 208-217.

4장

- Abnormal Indices T-cell Deficiency (J Autism Child Schizo 7:49-55 1977)
- Abnormal Intestinal Permeability P D'Eufemia (Acta Pediatr 1995; 85; 1076-9)
- Andrew Wakefield, Lancet 1998; 351: 637-4) TJ Borody, Center for Digestive Diseases, New S. Wales, Austral.
- Apparent temporal association autism onset and lead exposure (Clinical Pediatrics 27: 1; 41-44 1988)
- B12 deficiency suggested by elevated urinary methylmalonic acid (Lancet 1998; 351: 637-41)
- B6 and Magnesium therapeutic efficacy--multiple positive studies (start with Am J Psych 1978; 135: 472-5)
- Below normal glutamine (14 of 14), high glutamate (8 of 14) (Invest Clin 1996 June; 37(2): 112-28)
- Boaz NT. Evolving health: the origins of illness and how the modern world is making us sick. New York: Wiley & Sons, Inc, 2002.
- Cordain L. Cereal grains: humanity's double edged sword. World Rev Nutr Diet 1999;84:19-73.
- Eaton SB, Konner M, Shostak M. Stone agers in the fast lane: chronic degenerative diseases in evolutionary perspective. Am J Med 1988;84:739-49.
- Elevated Stool Creosols (Lancet 7.12.85)

- Feed your genes: How our genes respond to the foods we eat, The Norwegian University of Science and Technology (NTNU): September 20, 2011.
- G.I. Symptoms reported by parents: diarrhea, constipation, gas, belching, probing, visibly undigested food and need for rubs.
- Hair Lead Levels Correlate with Teacher-Rated and Physician-Diagnosed ADHD (Arch Environ Health 1996; 51(3): 214-20)
- Higher blood lead levels in Autism and documented response to EDTA Chelation (Am J Dis Chld 130: 47-48, 1976)
- Higher Copper/Zinc ratios in autistic children. (J. Applied Nutrition 48: 110-118, 1997)
- Hypocalcinurics Improve with Calcium Supplementation Lower Hair Calcium in Autistics Reported (Dev Brain Dysfunct 1994; 7: 63-70) ARI parent survey for therapeutic responses by autistic children: Colicky Infants and Older Children Diarrhea-Prone (V Colquhoun HACSG, Sussex UK 1987)
- Ileal Lymphoid Nodular Hyperplasia (Lancet, July 18, 1998)
- James SJ, Melnyk S, Fuchs G, Reid T, Jernigan S, Pavliv O, Hubanks A, Gaylor DW. Efficacy of methylcobalamin and folinic acid treatment on glutathione redox status in children with autism. Am J Clin Nutr. 2009 Jan;89(1):425-30. [Epub 2008 Dec 3.]
- Loren Cordain, S Boyd Eaton, Anthony Sebastian, Neil Mann, Staffan Lindeberg, Bruce A Watkins, James H O'Keefe, and Janette Brand-Miller, Origins and evolution of the Western diet: health implications for the 21st century1,2AmJClinNutrFebruary2005vol.81no.2341-354.
- Low activated B6 (P5P) in 42%. Autistic group also higher in serum copper. (Nutr. and Beh 2:9-17, 1984)
- Low C4B levels (Clin Exp Immunol 83: 438-440 1991)
- Low Complement C4B (J Am Acad Child Adolesc Psych 1995; 34(8): 1009-14)
- Low Derivative Omega-6 RBC Membrane Levels 50 of 50 autistics assayed through Kennedy Krieger had GLA and DGLA below mean. Low Omega-3 less common (may even be elevated) (J Orthomolecular Medicine Vol 12, No. 4, 1997)
- Low EGOT (functional B6) in 82% and all 12 subjects low in 4 amino acids (tyrosine, carnosine, lysine, hydroxylysine). Dietary analysis revealed below-RDA intakes in Zinc (12 of 12 subjects, Calcium (8 of 12), Vitamin D (9 of 12), Vitamin E (6 of 12) and Vitamin A (6 of 12) (G. Kotsanis, DAN Conf., Sept, 1996)
- Low Methionine levels not uncommon (Observation by J. Pangborn)
- Low or absent IgA (Autism Develop Dis 16: 189-197 1986)
- Lower RBC Magnesium than controls (J. Hayek, Brain Dysfunction, 1991)

- Lower serum Magnesium than controls (Mary Coleman, The Autistic Syndromes 197-205, 1976)
- Low-Level Lead Exposure Induces Hyperactivity in Rats (Science 182(116): 1022-1024
- Marked Improvement in 7 of 13 Chelated for "Non-Toxic" Lead Levels (A J Psych 1976 133(10): 1155-1158)
- Microbial Overgrowth--fungal, bacterial and viral William Shaw, Biological Basis of Autism and PDD, 1997. E Bolte on Clostridium (Med Hypoth, 1998; 51: 133-144)
- Morris CR, Agin MC. Syndrome of allergy, apraxia, and malabsorption: characterization of a neuro developmental phenotype that responds to omega 3 and vitamin E supplementation. Altern Ther Health Med. 2009 Jul-Aug;15(4):34-43.
- Mousain-Bosc, M., et al., Improvement of neurobehavioral disorders in children supplemented with magnesium-vitamin B6. II. Pervasive developmental disorder-autism. Magnes Res, 2006. 19(1): p. 53-62.
- Neonatal and Maternal Hair Lead Predict LD at Age 6 (Lancet 2:285 1987)
- P Shattock and A Broughton IAG elevations W Walsh and W McGinnis pyrrole elevations
- Peroxisomal Malfunction (P Kane, J of Orthomolec Med 1997; 12-4: 207-218 and 1999; 14-2: 103-109)
- Phase II Depression (S. Edelson, DAN Conference Sept, 1997, and Toxicology and Industrial Health 14 (4): 553-563 1998)
- Recurrent Infections Euro Child/Adolesc Psych, 1993:2(2):79-90 J Autism Dev Disord 1987; 17(4): 585-94
- Reduced NK Cell Activity (J Ann Acad Chil Psyc 26: 333-35 '87)
- Reduced sulphate conjugation and lower plasma sulphate in autistics. (Dev. Brain Dysfunct 1997; 10:40-43)
- Severe Stomach Aches (Am J Clin Nutr 1995; 62:761-8)
- Skewed ("elevated") Viral Titers increasing grass-roots reports V Singh University of Michigan
- Starobrat-Hermelin, B. and T. Kozielec, The effects of magnesium physiological supplementation on hyperactivity in children with attention deficit hyperactivity disorder (ADHD). Positive response to magnesium oral loading test. Magnes Res, 1997. 10(2): p. 149-56.
- Start of the Debate-1998 Study by Andrew J. Wakefield, et al.Torrente F1, Ashwood P, Day R, Machado N, Furlano RI, Anthony A, Davies SE, Wakefield AJ, Thomson MA, Walker-Smith JA, Murch SH. Small intestinal enteropathy with

우리 아이
독특한 행동,
특별한 뇌
별책 부록

스펙트럼장애 홈케어

홈셀프
운동법

GFCF
레시피

전나무숲

부록 1

홈셀프
운동법

이 책에서 소개하는 운동 프로그램은 집에서 아이와 함께 하기에 무리가 없는 운동들로, 뇌를 자극하고 활성화함으로써 좌우 뇌의 기능 불균형을 바로잡고 저하된 뇌의 기능을 올리는 데 초점을 두었다. 이 운동들을 꾸준히 하면 뇌의 건강뿐만 아니라 성장, 발달에도 도움이 된다. 뇌의 기능이 좋아져 좌우 뇌의 기능이 균형을 찾으면 증상은 자연스럽게 사라질 것이다.

원시반사운동

대부분의 원시반사는 생후 몇 개월 이내에 영아의 신경조직이 발달하면서 점차 사라지기 시작해 생후 1년이 되면 스스로 조절할 수 있는 의도적인 행동으로 대체된다. 그러나 급격한 환경의 변화, 불충분한 자극 등으로 원시반사들이 사라지지 않고 지속될 경우 행동 조절, 인지, 언어, 학습과 같은 고차원적 기능을 담당하는 대뇌의 성장을 지연시킨다. 능동적이고 반복적으로 원시반사운동을 하면 신경계의 순차적인 발달을 도울 수 있다.

■■ 원시반사운동의 효과

능동적이고 반복적인 원시반사운동을 통해 신경계의 순차적인 발달을 도울 수 있다.

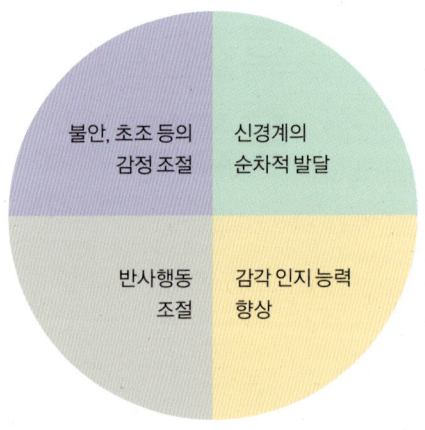

■■ 원시반사운동 시 주의할 점

동작을 진행할 때 박자에 맞추어 동작이 정확히 나올 수 있도록 천천히 진행하는 것이 중요하다. 각각의 동작을 10분 동안 진행하는 것이 1세트이며, 하루에 3세트 이상 진행하는 것이 원시반사를 없애는 데 도움이 된다.

불가사리운동 >>

1 같은 쪽 팔과 다리가 위로 올라오도록 교차시킨 상태에서 몸을 웅크린다.

2 숨을 내쉬면서 팔, 다리를 쭉 펴고 고개를 뒤로 젖힌다.

3 숨을 들이쉬면서 이마가 무릎에 닿도록 몸을 최대한 웅크린다. 이때 위로 오는 팔, 다리는 1번과 반대로 한다.

천사운동 >>

1 천장을 보고 바로 누워 양팔을 15도 정도 벌린다. 이때 손바닥은 위를 향한다.

2 팔과 다리를 바닥에서 떼지 않고 동시에 천천히 사진과 같이 벌려준다.

3 팔과 다리를 바닥에서 떼지 않고 동시에 천천히 시작 동작으로 돌아온다.

포복운동 >>

1 똑바로 엎드린 상태에서 양팔을 15도 정도 벌린다.

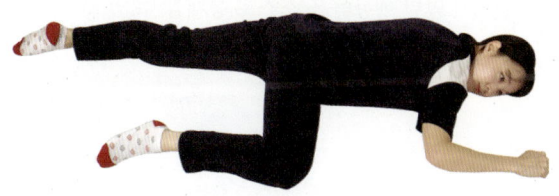

2 오른쪽 팔과 다리를 바닥에서 떼지 않고 동시에 천천히 사진과 같이 벌려준다. 이 때 고개도 천천히 오른쪽으로 돌려 팔을 바라본다.

3 팔, 다리, 고개를 바닥에서 떼지 않고 동시에 천천히 시작 동작으로 돌아온다.

4 왼쪽 팔과 다리로 1~3 과정을 반복한다.

눈 운동

눈은 두뇌와 가장 가까이에 위치하는 기관으로, 눈의 움직임은 뇌와 연결된 뇌신경들의 지배를 직접적으로 받아 미세하게 조절된다. 눈의 수의적 움직임과 반사적 움직임이 적용된 눈 운동은 뇌의 저차원적인 기능부터 고차원적 조절 능력까지 함께 끌어올릴 수 있어 통제되지 않던 행동들을 스스로 통제할 수 있게 된다.

■■ 눈 운동의 효과
조절되지 않던 행동들을 스스로 통제할 수 있도록 돕는다.

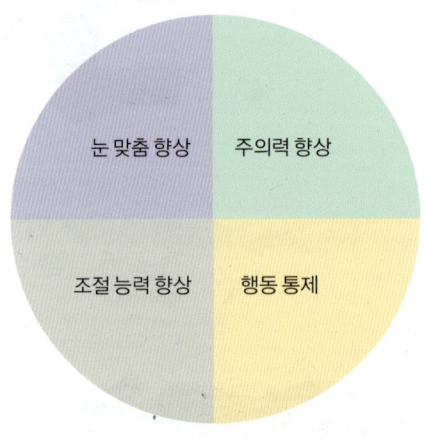

■■ 눈 운동 시 주의할 점
표적을 정확히 응시한 채 눈 운동을 진행하는 것이 중요하다. 목표물은 눈에서 30~50cm 정도 떨어진 곳에 자신의 눈높이에 맞춰놓은 상태에서 눈 운동을 시작한다. 각각의 동작은 10회씩 하루에 3세트 진행하는 것이 도움이 된다.

대뇌자극운동 >>

1 눈높이에 맞게 오른팔을 쭉 뻗고 엄지손톱이 중앙에 오도록 한다.

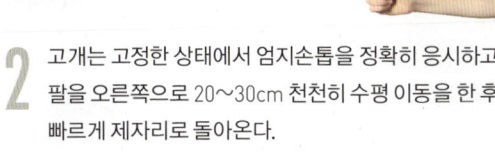

2 고개는 고정한 상태에서 엄지손톱을 정확히 응시하고 팔을 오른쪽으로 20~30cm 천천히 수평 이동을 한 후 빠르게 제자리로 돌아온다.

3 왼팔을 뻗어 1~2과정을 반복한다.

시각협응운동 >>

1 눈높이에 맞게 오른팔을 쭉 뻗고 엄지손톱이 중앙에 오도록 한다.

2 엄지손톱을 계속 응시한 상태에서 팔을 천천히 눈 앞 5~10cm 정도까지 당겼다가 천천히 제자리로 돌아간다.

3 왼팔을 뻗어 1~2과정을 반복한다.

전정안구반사운동

상운동

1. 눈높이에 맞게 오른팔을 쭉 뻗고 엄지손톱이 중앙에 오도록 한다.

2. 눈은 엄지손톱을 계속 응시한 상태에서 머리만 위로 빠르게 올렸다가 천천히 중앙으로 돌아온다.

3. 왼팔을 뻗어 1~2과정을 반복한다.

좌우 운동

1. 눈높이에 맞게 오른팔을 쭉 뻗고 엄지손톱이 몸의 중앙에 오도록 한다.

하운동

1 눈높이에 맞게 오른팔을 쭉 뻗고 엄지손톱이 중앙에 오도록 한다.

2 눈은 엄지손톱을 계속 응시한 상태로 머리만 아래로 빠르게 내렸다가 천천히 중앙으로 돌아온다.

3 왼팔을 뻗어 1~2과정을 반복한다.

2 눈은 엄지손톱을 계속 응시한 상태에서 고개만 왼쪽 방향으로 빠르게 돌렸다가 천천히 중앙으로 돌아온다.

3 왼팔을 뻗어 1~2과정을 반복한다.

중심근육운동

중심근육에는 정보를 받아들이는 감각수용체의 70% 이상이 분포되어 있다. 그래서 중심근육을 강화시키면 뇌에 더 많은 자극을 줄 수 있어 뇌 기능이 향상되고, 아이들의 행동 조절과 학습 능력까지 향상될 수 있다.

■■ 중심근육운동의 효과

뇌 기능의 향상을 돕는다.

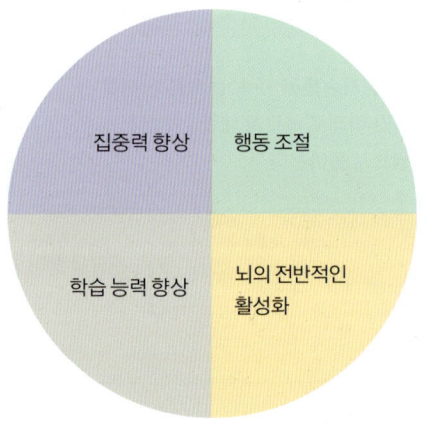

- 집중력 향상
- 행동 조절
- 학습 능력 향상
- 뇌의 전반적인 활성화

■■ 중심근육운동 시 주의할 점

중심근육운동을 할 때는 골반과 어깨가 틀어지지 않고 평형을 이루어야 하고, 옆에서 살짝 건드려도 넘어지지 않을 정도로 힘 있게 버텨야 한다. 한 동작당 1분씩 진행해 4가지 동작을 모두 진행하는 것을 1세트로 하고, 하루에 3세트 이상 하면 효과적이다. 익숙해지면 한 동작당 1분 30초씩 진행하길 권장한다.

허리 올리기 >>

편하게 누운 상태에서 무릎을 세우고 사진과 같이 허리와 엉덩이를 들어올린다.
이때 골반이 좌우로 틀어지거나 무릎과 발이 벌어지지 않도록 한다.

브릿지 >>

시선은 주먹 사이를 바라본 상태에서 등과 다리를 곧게 펴고 골반이
한쪽으로 기울지 않도록 평형을 유지한 채 몸을 들어올린다.

옆으로 브릿지 >>

어깨, 등, 다리를 곧게 펴고 옆으로 누워 시선은 정면을 바라본다.
팔과 발에 지탱한 채 몸통을 서서히 들어올린다.
방향을 바꾸어 동일한 방법으로 실시한다.

V업 >>

양 무릎을 붙여 곧게 펴고 시선은 본인의 발끝을 바라본 채 상체와 다리를 들어
올린다. 이때 너무 눕거나 한쪽으로 기울지 않도록 평형을 유지한다.

밸런스보드 운동

밸런스보드는 나무판과 압력을 조절할 수 있는 고무 받침으로 다양한 운동이 가능하다. 똑같은 운동을 하더라도 밸런스보드 위에서 하게 되면 온몸의 근육이 균형을 잡기 위해 움직이기 때문에 평형감각 증진에 도움이 된다.

■■ 밸런스보드 운동의 효과

밸런스보드 운동은 균형과 관련되는 여러 가지 신체 시스템의 기능을 향상시킨다. 불안정한 표면 위에서의 운동은 근육과 감각세포를 깨워주며 외부 자극에 대해 올바르게 반응할 수 있도록 도와준다. 또 발목에서 무릎, 골반, 중심근육까지 자극을 전달해 뇌의 활성도를 높여준다.

■■ 밸런스보드 운동 시 주의할 점

10초 동안 흔들리지 않고 자세를 유지하는 것을 목표로 한다. 보드 주변을 돌다가 넘어질 수 있으니 주변을 깨끗이 치운 뒤에 운동을 한다.

중심 잡기 기본 운동 »

양발 서기

모아 서기

일자 서기

한 발로 서기

1. 보드 위에서는 양 손을 허리에 얹고 똑바로 선다.
2. 보드가 지면과 수평이 되도록 전신에 힘을 주고 균형을 유지한다.
3. 운동 목표를 달성하면 다음 단계로 넘어간다.
4. 모든 단계를 성공했다면 눈을 감고 도전해 본다.

코끼리 중심 잡기 >>

1. 허리를 숙인 채 코끼리 코를 하고 보드 주변을 10바퀴 돈다.

2. 10바퀴를 다 돌면 보드 위에 올라가 바른 자세로 균형을 잡는다.

3. 보드 위에서 14쪽의 '중심 잡기 기본 운동'의 동작을 순서대로 진행한다.

4. 모든 단계를 성공했다면 눈을 감고 도전해본다.

캥거루 중심 잡기 >>

1. 보드에 선 상태로 균형을 잡고 나서 보드 아래로 뛰어내려 착지했다가 다시 보드 위로 뛰어서 올라온다.

2. 보드 위에서 14쪽의 '중심 잡기 기본 운동'을 순서대로 진행한다.

3. 보드를 기준으로 앞, 좌, 뒤, 우 순서대로 1번과 2번 과정을 반복한다(예를 들어 앞으로 뛰고 보드 착지, 왼쪽으로 뛰고 보드 착지).

중간 공 운동

지름 15~20cm의 말랑한 고무공으로 운동을 한다. 이 정도 지름의 무겁지 않은 공이라면 어떤 공이든 상관이 없다. 공에 작은 돌기가 있을 경우 손을 비롯한 신체에 더 많은 자극을 줄 수 있다.

■■ 중간 공 운동의 효과

중간 공을 사용해서 운동을 하면 전두엽과 중심근육에 자극을 준다. '비비꽈운동'을 통해 중심근력을 향상시키고, '표적 맞추기 운동'을 통해 행동을 억제하는 능력을 기를 수 있다. 중심근육의 발달은 뇌로 가는 자극 전달력을 향상시킨다. 중간 공 운동은 ADHD나 틱장애를 가진 아이들에게 특히 도움이 된다.

비비꽈운동 »

발을 붙이고

발을 떼고

보드 위에서

1. 앉은 상태에서 양쪽 바닥에 표적을 표시한다.

2. 발을 땅에 붙인 상태에서 몸을 좌우로 틀며 공을 오른쪽, 왼쪽 바닥 표적에 번갈아 찍는다. 표적을 한 번 찍으면 1개로 계산해, 80개씩 3세트를 한다. 이때 허리는 45도 기울어짐을 유지하고 25초 안에 40개를 하도록 한다.

3. 발을 떼고 2번 과정을 반복한다.

4. 밸런스보드 위에서 2번 과정을 반복한다.

5. 모든 단계를 성공했다면 눈을 감고 도전해본다.

표적 맞추기 운동 >>

1 A4 용지를 반으로 접은 크기의 표적을 아이의 눈높이에 1개, 아이의 눈높이보다 20cm 위에 1개를 붙이고 표적과 1m 떨어진 곳에 기준선을 표시한다.

2 아이의 눈높이에 있는 표적과 20cm 위에 있는 표적을 번갈아 맞춘다.

1 벽을 왼쪽에 두고 다리를 어깨너비로 벌리고 선다. 벽에 표적 2개를 붙이고 바닥에도 같은 색 표적을 붙인 뒤 바닥에 있는 표적 하나를 터치한다.

2 벽에 있는 동일한 색의 표적을 터치한다. 다른 색의 표적도 같은 방법으로 터치한다.

3 1번 과정과 동일한 방법으로 바닥의 표적 하나를 터치한 뒤 벽에서 1m 떨어진 곳에서 공을 던져 벽 표적을 맞추고 잡는다. 다른 색의 표적도 같은 방법으로 터치한다.

4 표적 맞추기 20회를 1세트로 하고, 3세트를 진행한다.

TIP
- 20회 중 16회 이상 표적을 정확히 맞추고 가슴 높이에서 공을 받도록 한다.
- 아이가 표적을 잘 맞추는 정도에 따라 표적의 크기와 표적과의 거리를 조정한다.
- 밸런스보드 위에서 표적 맞추기를 하면 균형감각 발달에도 많은 도움이 된다.

작은 공 운동

지름 7cm 내외의 말랑한 고무공으로 운동을 한다. 말랑한 공이 없다면 탱탱볼, 콩주머니 등으로 대체해도 무방하다. 공 운동을 하며 맞았을 때 아프지 않을 공을 선택하면 된다.

■■ 작은 공 운동의 효과

작은 공 운동은 메트로놈을 76박자로 맞춰놓고 진행한다. 정해진 박자에 맞춰 공 운동을 하면 청각인지 자극과 타이밍, 리듬감, 예측 행동을 담당하는 전두엽의 기능을 더욱 향상시킬 수 있다.

작은 공 운동 ▶▶

양손 받기

한 손 받기

어깨 치기

박수 두 번 치기

1 메트로놈의 '땡' 소리에 맞춰 공을 허리 높이에서 수직으로 눈높이보다 20cm 위로 던졌다가 허리 높이에서 받는다. 이때 눈은 계속 공을 따라간다.

2 양손 받기, 한 손 받기, 어깨 치기, 박수 두 번 치기를 60회씩 진행하되 50회 이상 연속 성공하는 것을 목표로 한다.

 TIP
- 밸런스보드 위에서 진행하면 균형감각 자극에 도움이 된다.
- 가족, 친구들과 '누가 더 많이 하나' 게임으로 진행하면 더 즐겁게 할 수 있다.
- 숫자 거꾸로 세기, 구구단 외우기를 하면서 함께 진행해도 좋다.
- 공의 높이는 눈높이보다 20cm 위까지 던지고 허리 높이에서 받는다. 이 원칙을 지켜야만 운동의 효율성이 올라간다.

건강한 요리, 햄버그스테이크　　　24

아이와 함께 즐기는, 봄동 밀푀유나베　　　26

아이를 위한 요리, 실곤약 파스타　　　28

낯선 듯 낯설지 않은, 된장크림파스타　　　30

맛부터 영양까지, 닭가슴살 김치롤　　　32

맛·영양·재미까지 한번에, 치킨만두　　　34

필수지방산 함유, 고등어간장구이　　　36

건강하고 상큼한, 삼색피클　　　38

밥도둑, 약고추장　　　40

장(腸)도 맛도 활짝, 감자채피자　　　42

영양 만점, 고구마전　　　44

건강한 간식, 라이스페이퍼 튀김　　　46

부록 2

GFCF 레시피

(글루텐과 카제인을 제한하는 식이요법)

우리나라에서 스펙트럼장애 아이를 위한 식이요법을 철저히 지키기란 여간 어려운 일이 아니다. 아이들은 이미 달콤한 맛과 부드러운 맛에 길들여져 있고, 대체할 수 있는 식품은 턱없이 부족하기 때문이다. 여기서 소개하는 GFCF 레시피는 기존에 먹던 음식을 대체할 수 있도록 구성했지만 특수한 영양을 보충하는 것은 아니며, 스펙트럼장애 아이들이 공통적으로 겪는 장 건강의 문제점을 해결하고자 하는 최소한의 식이요법이다. 생의학적 대사 과정에 직접적인 문제가 있는 아이는 전문적인 처방과 그에 맞는 식이요법이 필요하니 참고사항으로 보고 활용하길 바란다 (계량은 일반 가정에서 쓰는 밥숟가락과 차숟가락으로 했다).

건강한 요리 햄버그스테이크

■■ **재료 준비(2인분)**   다진 돼지고기 150g, 다진 소고기 150g, 다진 양파 4큰술, 다진 마늘 1/2큰술, 다진 파 1/2큰술, 소금·후추 조금씩, 강황가루 1작은술, 아몬드가루 2큰술, 코코넛오일 1큰술, 새싹채소 적당량

*아몬드가루는 스테이크의 고소함과 영양을 한층 높여준다.

토마토소스 : 토마토 2개, 다진 양파 2큰술, 다진 마늘 1작은술, 코코넛밀크 60ml, 바질잎 3장, 소금·후추 약간씩, 코코넛오일 적당량, 프락토올리고당 1작은술(옵션)

■■ 뇌 기능 UP!
재료 이야기

- **육류 :** 돼지고기, 소고기 등의 살코기는 단백질과 지방이 풍부하다. 인체를 구성하는 세포는 대부분 단백질로 이루어져 있으며 뇌세포 또한 단백질과 지방으로 구성되어 있다.

- **토마토 :** 토마토는 미국 〈타임〉이 선정한 10대 슈퍼푸드의 하나로 선정될 만큼 영양이 풍부한 식품이다. 특히 라이코펜, 카타카로틴과 같은 항산화물질이 많은데 열을 가해 조리해야 흡수가 더 잘된다.

- **강황 :** 강황의 커큐민 성분은 세포 손상으로 오는 염증을 줄여주고 뇌 질환의 원인이 되는 유해 단백질 '베타아밀로이드'의 수치를 낮추기 때문에 뇌 건강에 도움이 된다.

■■ 요리 START!

토마토소스 만들기

1. 토마토는 꼭지를 제거하고 껍질을 벗겨 잘게 썬다.
2. 달군 팬에 코코넛오일을 두르고 다진 마늘과 다진 양파를 넣고 달달 볶다가 소금, 후추를 넣고 중불에서 계속 볶는다.
3. 토마토가 잘 볶아지면 코코넛밀크와 잘라놓은 바질잎을 넣고 끓인다.
4. 토마토가 뭉개질 때까지 푹 끓인 후 소금이나 프락토올리고당으로 간을 한다. 토마토소스 완성!

햄버그스테이크 만들기

1. 다진 돼지고기와 소고기, 다진 양파, 다진 마늘, 다진 파, 소금, 후추, 강황가루, 아몬드가루를 그릇에 담고 고루 섞고 치댄다. 반죽을 많이 치댈수록 구울 때 모양이 흐트러지지 않고 식감도 부드럽다.
2. 반죽을 두 덩이로 나누어 둥글넓적하게 모양을 낸 뒤 가운데 부분을 살짝 눌러준다.
3. 팬에 코코넛오일을 두르고 스테이크를 센 불에서 지진다. 겉면이 익으면 중불로 줄여서 속까지 골고루 익힌다.
4. 스테이크가 익으면 토마토소스를 뿌리고 새싹채소를 올려주면 건강한 햄버그스테이크 완성!

아이와 함께 즐기는 봄동 밀푀유나베

■■ **재료 준비(한 냄비 분량)**

봄동, 깻잎, 소고기(샤브샤브용), 표고버섯, 느타리버섯, 팽이버섯, 숙주, 청경채

*버섯의 종류와 청경채는 선택사항이며, 봄동 대신 배추를 사용해도 좋다.

다시 육수 : 국물용 멸치 1줌, 무 1/5개, 다시마 조금, 파 1개, 물 1ℓ, 국간장 조금

레몬폰즈소스 : 레몬즙 1/2개, 프락토올리고당 2큰술, 간장 6큰술, 다시육수 6큰술, 다진 마늘 조금

*레몬폰즈소스는 재료를 고루 섞어 만든다.

■■ **뇌 기능 UP!
재료 이야기**

- **봄동** : 가열했을 때 배추보다 비타민의 파괴가 적고 아미노산이 풍부하다.
- **소고기** : 소고기에는 세로토닌의 원료가 되는 트립토판이 함유되어 있어 감정 조절에 도움이 된다.
- **깻잎** : 무기질과 비타민이 풍부할 뿐만 아니라 면역력을 높여주고, 빈혈을 예방하며, 위장을 보호하는 효과가 있다.
- **표고버섯** : 항암작용과 면역성 질환 예방에 좋다.
- **느타리버섯** : 대장에서 콜레스테롤 등의 지방 흡수를 방해해 비만을 예방한다.

■■ **요리 START!**

다시 육수 만들기

1 국간장을 제외한 육수 재료를 냄비에 넣고 끓이다가 팔팔 끓어오르면 다시마를 건져내고 20분 정도 중불에서 끓인다. 국간장으로 간을 한 후 체에 밭쳐 국물만 준비한다.

밀푀유나베 만들기

1 깨끗이 씻은 봄동 잎 2장을 그릇에 겹쳐놓고 그 위에 깻잎 3장을 쌓은 뒤 샤브샤브용 소고기를 꼼꼼히 올린다.
2 봄동, 깻잎, 소고기 순으로 서너 번 정도 더 쌓은 뒤에 냄비 크기에 맞게 등분한다.
3 냄비에 숙주, 느타리버섯, 청경채 순서로 깔아준 뒤 2의 재료를 차곡차곡 넣는다. 가운뎃부분에 팽이버섯과 표고버섯을 올린다.
4 육수를 붓고, 고기가 익고 육수가 잘 밸 때까지 보글보글 끓인다.
5 잘 익은 밀푀유나베는 레몬폰즈소스에 찍어 먹는다.

아이를 위한 요리 실곤약 파스타

■■ **재료 준비**(1인분) 실곤약 200g, 파프리카 1/4개, 브로콜리 조금, 양파 1/4개, 마늘 5톨, 베이컨 2줄, 아몬드가루 1작은술, 강황가루 1/2큰술, 소금·후추·식초 약간씩, 코코넛오일 약간

■■ 뇌 기능 UP!
　　재료 이야기

- **실곤약** : 면을 먹고 싶어 하는 아이들을 위한 대체식품이다. 칼륨이 함유되어 있어 나트륨 배출을 돕는다.
- **아몬드** : 아몬드에 있는 피트산은 최소한 12시간 정도 물에 담가서 불린 후 건조기나 오븐에 저온으로 말려서 생으로 먹거나 요리할 때 넣으면 많이 줄어든다. 장 증상이 심하면 아몬드를 먹지 않거나 하루 최대 10g으로 섭취량을 제한한다.

■■ 요리 START!

1. 실곤약은 식초를 살짝 넣고 찬물에 헹군 후 체에 밭쳐 물기를 뺀다.
2. 베이컨과 양파, 파프리카는 아이들이 먹기 좋은 크기로 썰어 둔다.
3. 달궈진 팬에 코코넛오일을 두르고 약한 불에 마늘을 볶는다.
4. 마늘이 잘 익으면 베이컨과 양파를 넣고 깊은 향과 맛이 나도록 달달 볶는다.
5. 파프리카와 브로콜리를 넣고 볶다가 소금과 후추를 넣어 간을 한다.
6. 물기를 빼둔 실곤약을 넣고 강황가루를 넣는다.
7. 고소한 아몬드가루를 넣고 볶는다. 이때 토핑으로 쓸 아몬드가루를 조금 남겨둔다.
8. 소금으로 간을 하고 남은 아몬드가루를 솔솔 뿌려주면 맛도 비주얼도 최고인 실곤약 파스타 완성!

낯선 듯 낯설지 않은 된장크림파스타

■■ **재료 준비(1인분)**

된장 2작은술, 우렁이 1컵(종이컵 기준), 양송이버섯 2개, 양파 1/4개, 애호박 1/5개, 마늘 3톨, 글루텐 프리 파스타면(냉동면 200g. 건조면일 경우 달라질 수 있음), 코코넛밀크 200ml, 물 200ml, 무향 코코넛오일 2큰술, 후추 조금, 청양고추(옵션)

■■ 뇌 기능 UP!
재료 이야기

- **된장 :** 된장에는 낫두균, 레시틴 등의 성분이 포함되어 있어 뇌를 건강하게 하고, 섬유질이 풍부해 변비에 효과적이다. 된장은 반드시 원재료에 밀가루가 들어가지 않은 제품을 구입한다.

- **우렁이 :** 칼슘이 풍부해 아이들의 성장을 돕고, 성인의 골다공증 예방에 도움이 된다.

- **코코넛밀크 :** 유당불내증이 있는 사람들이 우유를 이용한 요리를 할 때 대체품으로 적합하다.

■■ 요리 START!

1 양송이버섯은 껍질을 벗기고, 마늘과 양파는 슬라이스한다.

2 애호박과 양송이버섯을 먹기 좋은 크기로 자른다. 매콤한 맛을 원한다면 청양고추도 잘라놓는다.

3 팬에 무향 코코넛오일을 두르고 마늘, 양파, 우렁이, 양송이버섯, 애호박 순으로 볶는다. 후추를 살짝 뿌려 넣어 볶는다.

4 재료가 잘 볶아졌으면 코코넛밀크와 물, 된장을 넣는다. 이때 된장은 간을 보면서 양을 조절한다.

5 삶아둔 파스타면을 넣어준다.

6 면에 소스가 잘 스미도록 고루 섞으면 완성!

맛부터 영양까지 닭가슴살 김치롤

■■ **재료 준비(김밥 모양으로 1줄 분량)**

묵은지, 파프리카 색깔별로 1개씩, 양파 1개, 새송이버섯 2개, 닭가슴살 300g, 카레가루 조금, 소금·후추 조금, 레몬즙 조금, 코코넛오일 조금

■■ 뇌 기능 UP! 재료 이야기

- **김치** : 발효식품에는 다양한 효능을 가진 유산균이 풍부하다. 김치 유산균은 염분과 산도가 높은 환경에서도 살아남을 만큼 생명력이 강한 유산균으로 장 내 환경을 개선하는 데 도움을 준다.

- **닭가슴살** : 닭고기에는 피로 회복 물질인 이미다졸 디펩티드(Imidazole Dipeptides)가 함유되어 있다. 인지력과 집중력을 높여주는 티로신도 풍부하다.

■■ 요리 START!

1. 파프리카, 양파, 새송이버섯은 길게 썰어서 준비한다.
2. 닭가슴살은 가늘고 길게 썰어 소금, 후추, 카레가루, 레몬즙을 넣고 조물조물 양념해서 10~20분 정도 재워둔다.
3. 묵은지는 물에 씻어 물기를 빼둔다.
4. 달궈진 팬에 코코넛오일을 두르고 닭가슴살을 카레가루를 뿌려 볶는다.
5. 닭가슴살이 완전히 익으면 파프리카와 양파, 버섯을 넣고 살짝 볶아 아삭한 식감을 살려준다.
6. 김치를 넓게 펴고 볶아놓은 닭가슴살과 채소를 적당히 넣은 뒤 김밥을 말듯 돌돌 말아준다.
7. 김치말이를 한입 크기로 썰어 접시에 가지런히 놓는다.

닭가슴살 김치롤에 어울리는 '김치 살사소스' 만들기

닭가슴살 김치롤에 '김치 살사소스'를 올려 먹으면 더 맛있다. 김치 살사소스는 라이스페이퍼 튀김과 곁들였던 살사소스(47쪽)에 다진 김치만 넣어주면 만들기 끝!

맛·영양·재미까지 한번에 치킨만두

■■ **재료 준비(닭날개 6개 기준)** 닭날개 6개(날개 죽지까지 있는 부분), 으깬 두부 1/3모 분량, 으깬 닭가슴살 200g, 부추 50g, 당근 50g, 양파 1/4개, 소금·후추·강황가루·올리브오일 조금

간장소스 : 간장 2큰술, 프락토올리고당 2큰술, 다진 마늘 2큰술

■■ **요리 START!**

간장소스 만들기

1. 간장, 프락토올리고당을 1:1 비율로 섞어 치킨에 바를 소스를 만든다. 다진 마늘은 기호에 따라 가감한다.

치킨만두 만들기

1. 양파, 당근, 부추를 곱게 다진다.
2. 팬에 올리브오일을 두르고 닭가슴살부터 넣어 익힌다.
3. 닭가슴살이 익으면 1의 채소를 넣고, 으깬 두부를 넣어 볶는다.
4. 재료들이 익을 때쯤 소금, 후추로 간을 한다.
5. 닭날개를 가위로 살짝 자른 후 그 안에 4의 재료를 가득 담고 이쑤시개로 봉한다.
6. 간장소스나 강황가루를 치킨만두 위에 바른다.
7. 200도로 예열된 오븐에 넣어 30분 동안 굽는다(오븐이 없다면 팬에 튀긴다. 이때 소스가 탈 수 있으니 초벌구이를 한 뒤에 소스를 발라 다시 굽는다).
8. 구워진 치킨만두를 접시에 예쁘게 담아 완성한다.

필수지방산 함유 고등어간장구이

■■ **재료 준비**(고등어 1마리 분량)

고등어 1마리, 양파 1/4개, 무향 코코넛오일 조금, 소금·후추 조금

간장양념 : 다진 마늘 2톨 분량, 간장 2큰술, 프락토올리고당 2큰술, 물 2큰술, 생강가루 1작은술, 소금·후추 조금씩

■■ 뇌 기능 UP!
재료 이야기

- **고등어** : 고등어는 두뇌 발달에 좋은 DHA가 풍부한 식재료 중 하나로, 좋은 지방인 오메가-3까지 풍부히 들어 있어 뇌 기능 발달에 좋다.

- **생강가루** : 고등어의 잡내를 없애는 효과가 있다.

■■ 요리 START!

간장양념 만들기

1 재료를 섞어 간장양념을 만들어둔다.

고등어간장구이 만들기

1 고등어에 칼집을 살짝 넣고 소금, 후추를 살짝 뿌린다.
2 양파는 얇게 채썰어 얼음물에 담근다. 양파의 매운맛도 없어지고 식감도 좋아진다.
3 무향 코코넛오일을 팬에 두르고 고등어를 굽는다.
4 고등어가 적당히 익으면 준비한 간장양념을 끼얹어가며 조린다. 밀가루를 묻히지 않아 살이 으스러질 수 있으니 조심히 다룬다.
5 양파의 물기를 제거하고 고등어 위에 얹으면 완성!

건강하고 상큼한 삼색피클(무·강황·비트)

■■ **재료 준비(1ℓ 유리병 기준)**

무(중간 크기) 1/3개, 양파 1/2개, 청양고추 2개, 강황가루 적당량, 소금 1큰술

* 무, 양파, 청양고추의 비율을 6:3:1로 했으나 취향에 따라 재료의 비율을 조절할 수 있다.

간장식초물 : 물, 간장, 감식초, 프락토올리고당을 2:1:1:1의 비율로 준비, 통후추, 월계수잎 적당량

* 프락토올리고당은 열을 가하지 않고 사용하는 것이 좋다.

■■ 뇌 기능 UP!
재료 이야기

- **감식초** : 뇌의 기능이 좋지 않아 자율신경계 조절에 문제가 생기면 위산 분비가 잘 안 되어서 소화불량을 겪는데, 이때 레몬이나 식초가 도움이 된다. 위산이 잘 분비되지 않으면 유해균이 증가해 장 내 환경이 안 좋아진다.

- **간장** : 시중에 판매하는 간장 중 '산분해간장'은 제조 과정에서 3-MCPD이란 유해물질이 생성되는데, 이 물질은 신장과 생식기에 작용해서 신장 기능과 생식기 능력을 저하시킨다. 간장을 구입하기 전에 '산분해간장'이 아닌지를 꼭 확인하자. 그리고 원재료를 확인해서 밀가루가 들어가지 않은 제품을 구입한다.

■■ 요리 START!

간장식초물 만들기

1. 물, 간장, 감식초를 냄비에 넣고 통후추와 월계수잎 1장을 넣은 뒤 팔팔 끓여준다. 다 끓으면 식힌 뒤에 프락토올리고당을 넣으면 간장식초물 준비 끝!

무피클 만들기

1. 무, 양파, 청양고추는 먹기 좋은 크기로 어슷하게 썬다.
2. 유리병에 썰어놓은 무, 양파, 청양고추를 넣고 간장식초물을 붓는다.
3. 강황피클과 비트피클은 식초물 재료를 달리해서 같은 방법으로 만든다.
   - **강황피클** : 1의 재료에 물, 감식초, 프락토올리고당을 2:1:1의 비율로 맞춰 넣고 통후추와 월계수잎을 넣어 끓인다. 팔팔 끓으면 불을 끄고 강황가루를 넣어준다.
   - **비트피클** : 1의 재료 중 무 대신 비트를 넣어주면 비트피클이 된다. 물, 감식초, 프락토올리고당의 비율을 2:1:1로 맞춰 넣고 소금 1큰술과 통후추, 월계수 잎을 넣어 끓인다.
4. 유리병에 담은 피클은 반나절 실온에 보관한 뒤 냉장고에 넣고 다음날부터 먹는다.

밥도둑 약고추장

■■ 재료 준비   고추장 300g, 다진 소고기 300g, 양파 작은 것 1개, 다진 마늘 2큰술, 무향 코코넛오일 1큰술, 간장 2큰술, 프락토올리고당 200g, 후추 조금

■■ 뇌 기능 UP!
　　재료 이야기

● **고추장** : 고추장을 사기 전에 원재료와 함량을 확인하길 바란다. 고추장은 밀가루로 만든 것보다는 찹쌀로 만들고 식품첨가물은 되도록 적게 들어간 것이 좋다.

■■ 요리 START!

1. 다진 소고기에 다진 마늘, 후추, 간장을 넣고 조물조물 밑간을 한다.
2. 양파는 잘게 다져놓는다.
3. 팬에 무향 코코넛오일을 두르고 다진 양파를 넣고 볶는다.
4. 양파가 투명해지기 시작하면 밑간을 한 소고기를 넣고 볶는다.
5. 고기의 핏기가 사라지면 고추장을 넣고 잘 섞는다.
6. 프락토올리고당을 넣고 계속 볶는다.
7. 수분이 날아가고 고기 알갱이가 돌아다니기 시작하면 약고추장 완성!

장(腸)도 맛도 활짝 감자채피자

■■ **재료 준비(중간 팬 2개 분량)**

감자 3개, 파프리카 색깔별로 1개씩, 양송이버섯 3개, 양파 1/2개, 베이컨 3줄, 브로콜리 1줌, 생모차렐라치즈 1줌, 토마토소스 1컵(종이컵 기준), 코코넛오일 조금

*채소는 냉장고에 있는 채소들을 활용해도 좋다.

■■ **뇌 기능 UP!
재료 이야기**

- **감자** : 다른 채소들은 불을 가해 조리를 하면 대부분 비타민C가 파괴되는 반면 감자는 쉽게 파괴되지 않는다. 칼륨이 많아서 나트륨의 배출을 도와 짠 음식을 좋아하는 아이들에게 도움이 된다.

- **양파** : 양파에 함유된 케르세틴은 만성 염증을 예방하고, 비타민C와 마그네슘은 항산화제로 체내 유해산소를 없애고 염증을 막아주는 효능이 있다.

- **브로콜리** : 흥분을 억제하는 신경전달물인 가바(GABA)를 합성하려면 비타민B_6가 필요하다. 브로콜리는 비타민B_6가 풍부하고, 브로콜리에 들어 있는 칼슘은 흡수력이 높아 아이들의 성장에 도움이 된다.

- **치즈** : 장 증상이 심하다면 치즈를 제한하길 바란다. 꼭 치즈를 먹어야 된다면 유화제 등의 식품첨가물이 들어 있지 않고 탈지유, 크림 등이 최소한으로 들어간 자연발효 치즈를 선택하는 것이 좋다.

■■ **요리 START!**

1 모차렐라치즈는 솔솔 뿌리기 좋게 잘라둔다.

2 감자는 껍질을 벗긴 뒤 잘 익도록 최대한 얇게 썰어둔다.

3 채소와 베이컨은 아이들이 먹기 좋은 크기로 썰어둔다.

4 잘 달구어진 프라이팬에 코코넛오일을 넉넉하게 두른 후 얇게 썬 감자를 넣고 볶는다.

5 감자가 투명해지기 시작하면 뒤집개로 꾹꾹 눌러가며 익히고, 감자가 노릇노릇해지면 토마토소스를 골고루 발라준다.

6 채소와 베이컨을 올린 후 모차렐라치즈를 솔솔 뿌린다. 팬의 뚜껑을 닫고 치즈를 녹이면 완성!

영양 만점 고구마전

■■ **재료 준비(4인분)**   호박고구마 2개, 찹쌀가루 1.5컵, 프락토올리고당 2큰술, 코코넛오일 조금, 견과류(호박씨, 해바라기씨, 호두) 조금

■■ 뇌 기능 UP!
　　재료 이야기

- **고구마 :** 고구마에 함유된 셀룰로오스와 식이섬유는 배변에 도움이 된다. 세라핀이라는 성분은 장을 청소하는 기능이 있어 장 건강에 도움을 준다.

- **프락토올리고당 :** 단맛을 내기 위해 쓰이는 설탕은 장 내 유해균의 먹이가 되지만 프락토올리고당은 장 내 유해균은 감소시키고 유익한 비피더스균 등을 증가시켜 장 건강을 돕는다.

■■ 요리 START!

1. 고구마는 삶거나 쪄서 준비해둔다.
2. 견과류는 기름 없이 팬에 구워놓는다.
3. 고구마에 프락토올리고당을 넣고 으깬다. 고구마가 뜨거울수록 더 쉽게 으깨진다.
4. 으깬 고구마에 찹쌀가루를 넣고 치대면 고구마전 반죽 완성!
5. 반죽을 적당한 크기로 떼어 동글납작하게 빚는다.
6. 코코넛오일을 팬에 두른 뒤 빚어놓은 반죽을 투명해질 때까지 굽는다.
7. 기름 없이 볶은 견과류를 잘 구워진 전에 올려서 접시에 예쁘게 담는다.

건강한 간식! 라이스페이퍼 튀김

■■ **재료 준비**

라이스페이퍼 튀김 : 라이스페이퍼, 코코넛오일, 새우가루

*새우가루가 없다면 마른 팬에 건새우를 넣고 볶은 뒤 믹서로 곱게 갈아 식혀서 쓴다.

살사소스 : 토마토 1개, 아보카도 1/2개, 다진 양파 2큰술, 다진 마늘 조금, 레몬즙 조금, 소금·후추 조금씩, 코코넛오일 2큰술

■■ 뇌 기능 UP!
재료 이야기

- **라이스페이퍼** : 일반적으로 글루텐 프리 제품은 쌀, 메밀, 수수, 퀴노아, 전분, 감자, 옥수수, 타피오카 등을 활용한 것이 많다. 제품을 구입하기 전에 성분 표시를 꼭 확인하고, 알레르기를 일으키는 옥수수가 들어간 것은 피하도록 하자.

- **코코넛오일** : 모유의 성분인 라우르산을 53% 정도 함유하고 있어서 면역력을 강화하고 바이러스, 세균 등으로부터 몸을 보호하고 질병을 예방하는 효과가 있다. 코코넛오일의 중사슬 포화지방은 체내 지방으로 흡수되지 않고 에너지로 쓰이기 때문에 아이들의 건강에 더욱 효과적으로 작용한다.

- **마른새우** : 마른새우는 생새우에 비해 단백질이 5배 많고, 같은 양의 우유보다 칼슘 함량이 약 20배 높다. 마른새우를 갈면 감칠맛과 단맛이 있어서 조미료로 활용하기 좋다.

■■ 요리 START!

살사소스 만들기

1 토마토는 끓는 물에 데친 뒤 얼음물에 담갔다가 꺼내 껍질을 제거하고 잘게 썬다. 나머지 재료들도 잘게 손질해준다.

2 준비한 재료들을 모두 섞어 레몬즙을 뿌린다.

3 중탕으로 녹인 코코넛오일을 섞으면 살사소스 완성!

라이스페이퍼 튀기기

1 라이스페이퍼는 가위로 8등분을 한다.

2 코코넛오일을 냄비에 자작하게 넣고 끓인다. 코코넛오일이 끓으면 라이스페이퍼를 넣고 튀긴다.

3 튀겨진 라이스페이퍼는 키친타월을 깐 넓적한 접시에 올려 식힌 뒤에 새우가루를 솔솔 뿌려 살사소스에 찍어 먹는다.

우리아이
도특한 행동
특별한 뇌

필요한 도움을 준다면
우리 아이도 충분히
가치 있게 살아갈 수 있다!

아무리 약을 먹고 여러 가지 치료를 받아도
증상이 여전한 자폐스펙트럼장애.
그동안의 치료가 효과가 없었던 이유는 진짜 원인을 고려하지 않고
눈에 보이는 증상을 없애는 것에만 치중한 치료법 때문이다.
생의학치료로 장의 기능을 개선하고,
대뇌반구 통합치료로 좌뇌와 우뇌의 기능 불균형을 개선하면
우리 아이의 증상은 점점 좋아지고,
세상을 향한 도전도 서서히 시작될 것이다!

epithelial IgG and complement deposition in children with regressive autism. Mol Psychiatry. 2002;7(4):375-82, 334.

- Striking Chelation Results in 50 Vancouver Children (Turning Lead into Gold, paperback, Nancy Hallaway and Ziggert Strauts 1996)

- Sulphation low in 15 of 17 (mean 5 vs. nl 10-18), Glutathione Conjugation low in 14 of 17 (mean 0.55 vs 1.4-2.9), Glucuronidation low in 17 of 17 (mean 9.6 vs. 26.0-46.0), Glycine Conjugation low in 12 of 17 (15.4 vs. 30.0-53.0), Sulphation Deficit (Biol Psych 1; 46(3): 420-4, 1999)

- Urinary Peptide Elevations-P. Shattock and A. Broughton.
  Urinary Organic Acids Elevations- W. Shaw.
  IAG Elevations-A. Broughton.
  More Infections and Antibiotics (Am J Clin Nutr 1995; 62: 761-8)
  Parasitosis 67%-M. Lyon and J. Cline.

우리 아이 독특한 행동, 특별한 뇌

초판 1쇄 발행 | 2016년 11월 29일
초판 4쇄 발행 | 2023년 3월 20일

지은이　　| 장원웅
펴낸이　　| 강효림

편집　　　| 곽도경
디자인　　| 채지연
마케팅　　| 김용우

종이　　　| 한서지업(주)
인쇄　　　| 한영문화사

펴낸곳　　| 도서출판 전나무숲 檜林
출판등록 | 1994년 7월 15일·제10-1008호
주소　　　| 10544 경기도 고양시 덕양구 으뜸로 130
　　　　　 위프라임트윈타워 810호
전화　　　| 02-322-7128
팩스　　　| 02-325-0944
홈페이지 | www.firforest.co.kr
이메일　 | forest@firforest.co.kr

ISBN | 978-89-97484-86-7 (13590)

※ 책값은 뒷표지에 있습니다.
※ 이 책에 실린 글과 사진의 무단 전재와 무단 복제를 금합니다.
※ 잘못된 책은 구입하신 서점에서 바꿔드립니다.